Das Buch

Unbegrenzte Liebe zu erleben ist die innigste Sehnsucht unzähliger Menschen. Dass es für jeden möglich ist, seinen Seelenpartner zu finden, zeigt Anne Heintze.
Dabei bedeutet Seelenpartnerschaft nicht immer einen »Himmel voller Geigen«, und sie muss auch nicht unbedingt ewig währen. Wir können im Leben durchaus mehreren Seelenpartnern begegnen! Denn entscheidend ist nicht die Dauer des Zusammenseins, sondern die Intensität, die es beiden ermöglicht, innerlich zu wachsen, die Liebesfähigkeit zu entfalten und wahre Liebe ins Leben einzuladen.
Seelenpartner sind zwar füreinander bestimmt – doch sie erkennen sich nur, wenn sie dafür innerlich bereit sind. Dies zeigt sich an bestimmten Qualitäten, denen sich mit etwas Reflexion und innerem Aufräumen auf die Sprünge helfen lässt. Dieses Buch zeigt, worauf es dabei ankommt – um Schritt für Schritt Herz und Geist für eine wirkliche Seelenpartnerschaft zu öffnen.

Die Autorin

Anne Heintze, führende Expertin für Hochbegabung und Hochsensibilität in Deutschland. Ihr Herz schlägt für alle Menschen, die viel vom Leben wollen, die mehr fühlen, tiefer wahrnehmen und große Visionen realisieren wollen. In ihrer *OpenMind Akademie* berät und unterstützt Anne Heintze seit 1988 außergewöhnliche Menschen dabei, ihr Potenzial voll auszuschöpfen, auch und gerade in deren Beziehungen. Anne Heintze lebt und arbeitet in der Nähe von Frankfurt/Main.

Anne Heintze

SEELEN PARTNER

Liebe ohne Limit

Bedingungslose Liebe
finden und schenken

WILHELM HEYNE VERLAG
MÜNCHEN

Sollte diese Publikation Links auf Webseiten Dritter enthalten,
so übernehmen wir für deren Inhalte keine Haftung, da wir uns diese
nicht zu eigen machen, sondern lediglich auf deren Stand
zum Zeitpunkt der Erstveröffentlichung verweisen.

Verlagsgruppe Random House FSC® N001967

2. Auflage
Taschenbucherstausgabe 06/2017

Copyright © 2015 by Integral Verlag, München
Copyright © dieser Ausgabe 2017 by Wilhelm Heyne Verlag, München,
in der Verlagsgruppe Random House GmbH,
Neumarkter Straße 28, 81673 München
Alle Rechte sind vorbehalten. Printed in Germany.
Redaktion: Dr. Diane Zilliges
Umschlaggestaltung: Guter Punkt, München
Hintergrund: © MalyDesigner/thinkstock
Herz: © Anna_Guz/thinkstock
Illustrationen: Markus Weber/Guter Punkt, München
Satz: Leingärtner, Nabburg
Druck und Bindung: GGP Media GmbH, Pößneck
ISBN 978-3-453-70330-8

www.heyne.de

Inhaltsverzeichnis

Die Sehnsucht nach der grenzenlosen Liebe 13

Perspektivwechsel 19

Was ist Seelenpartnerschaft eigentlich? 20

Liebe ohne Limit: Zeitgemäß oder realitätsfern? 23

Der Hafen der Ehe als Warenumschlagplatz 23

Antiquiert oder ein tiefinnerster Seelenwunsch? 24

Sinn und Sinnlichkeit 25

Wege zur Liebe ohne Limit für alle Liebenden 27

Jeder Mensch kann grenzenlos lieben 28

Intensiv geliebt oder einfach nur ausgehalten? 29

Liebe geschieht immer wieder, denn Liebe ist 31

Anne: Meine Reise. Irrwege, Umwege und Weitergehen 32

Was ist die Seele? Worüber reden wir hier eigentlich? 37

Damit wir nicht aneinander vorbeireden 39

Was ist Seele für dich? 40

Was ist Seelenpartnerschaft? 43

Woran erkennst du, dass du einen Seelenpartner gefunden hast? 46

Seelen haben kein Geschlecht! 48

Seelenpartnerschaft und »irdische« Liebe 48

Die bedingungslose, grenzenlose Liebe 49

Seelenpartnerschaft und »normale« Liebe? 51

Licht und Schatten der Seelenpartnerschaft 53

»Wahnsinnige Verliebtheit« und Seelenpartnerschaft 55

Seelenwanderung als mögliche Erklärung für Seelenliebe 58

Marion, 43 60

Spiritualität: Differenzierung und Gefahren 65

Verstand und Wirklichkeit 67

Die Gefahren einer absichtsvollen Spiritualität 68

Balanceakt zwischen Ego und Erleuchtung 70

Das Ego in Beziehungen 71

Die Rückbesinnung auf die Seele 71

Die Realität als Schlüssel zur Erleuchtung 72

Das transpersonale Bewusstsein:
Wach, eins, verbunden 73

Spirituelle Intelligenz 76

Seelenpartnerschaft und Bewusstsein 77

Seelische Wärme in einer kalten Welt 79

Ein Umgang mit Konflikten 81

Heilung – der Weg zum neuen Ich 82

Sexualität in einer spirituellen Seelenpartnerschaft 83

Partnerschaft als Weg der Entfaltung 84

Der Seelenpartner als Spiegel 85

Das Ende der Kindheit 86

Bewusstheit ist der Schlüssel 88

Wege zur Liebe ohne Limit 91

Anstrengung – Liebe ist lohnende Arbeit 94

Anziehung – Der Wald und das Echo in uns 100

Begehren – Auch Flautesegeln
dient dem Fortkommen 106

Bewerten – Warum eigentlich nicht? 112

Elena und Paul 117

Dankbarkeit – Das große Zaubermittel 121

Dialoge – In Worten und noch viel mehr 127

Eigenverantwortung –
Da ist niemand anderes als du! 134

Nadja, 31, und Karsten, 59 140

Freiheit – Verbundenheit ohne Zwänge 143

Friedfertigkeit – Das Sahnehäubchen 149

Geistesklarheit – Kampf der Gefühlsduselei 155

Geschlechtlichkeit – Männlein oder Weiblein? 160

Lukas, 33 166

Heilung – Mit Selbstachtung und Würde 169

Hingabe – Verschmelzung im Du 174

Individualität – Aufgehen in der Liebe
ohne Selbstaufgabe 182

Judith, 36 188

Intimität – Seelenkommunikation
auf Körperebene 190

Leidenschaft – Akzeptierte Vergänglichkeit 195

Liebesbewusstsein – Wisse, was Liebe
für dich bedeutet 201

Liebesintelligenz – Fünf Schritte
zur Liebeskultur 206

Nicole 210

Nähe – Im Wechselspiel mit Distanz 213

Offenheit – Die nackte Seele 217

Partnerschaftlichkeit – Geben und Nehmen
in Balance 222

Rücksicht – Tanz der Bedürfnisse 228

Nina, 40 233

Sanftmut – Tugend der Seelenliebe 237

Selbstliebe – Mit Cellulitis und anderen Makeln 243

Toleranz – *Das* Zauberwort für Lebenslieben 250

Verbundenheit – Pack sie beim Schopf,
wenn sie da ist! 254

Holger, 46 258

Vergebung – Heilen von Verletzungen 263

Vertrauen – Blind und innig 269

Visionen – Lebens(t)räume müssen atmen! 274

Wachstum – Ganz ohne Projektionen 278

Wertschätzung – Denkmal der Liebe 283

Barbara, 45 288

Zärtlichkeit – Hauchfeiner Kitt der Seelenliebe 291

Zuversicht – Geilgute Grundlage
des Liebeslebens 295

Stolperfallen beim Lieben
ohne Limit 299

Gebundene Partner 300

Angst vor Nähe 302

Unehrlichkeit 303

Entscheidungsschwäche 305
Homosexualität 306
Gespielte Gefühle 307
Komplizierte Beziehungen 309
Alte Verletzungen 311
Chaotische Teufelskreise 313
Fehlende Achtung 314
Macht und Ohnmacht 316
Unmännlich und unweiblich 317
Quälende Eifersucht 318

Lass dich wachküssen, Dornröschen! 321

Anhang 327

Die Autorin/Kontakt 327
Buchtipps 328

Du sehnst dich

Und gleichzeitig fürchtest du ihn,
Den Menschen, der dir wirklich nahe ist,
Den Menschen, der dich wirklich zutiefst innennackt erkennt,
Den Menschen, der dich schmerzhaft verletzen wird,
Den Menschen, der dir Salz in deine brennenden Wunden reibt,
Den Menschen, der deinen Körper und deine Seele
zum Vibrieren bringt,
Den Menschen, der mit dir tiefste Verbundenheit teilt,
Den Menschen, der deine dunkelsten Seiten spiegelt,
Den Menschen, dessen Verlust dein Herz zerreißen könnte,
Den Menschen, vor dem du dich nicht verstecken kannst
und willst,
Den Menschen, der dein Feuer entfacht und mit Liebeskerosin
überschüttet,
Den Menschen, der deine Opferhaltung und deine Rechthaberei
verstummen lässt,
Den Menschen, den dein Ego nicht beeindrucken kann und will,
Den Menschen, der deinen zaudernden Verstand
zum Schweigen bringt,
Den Menschen, der dein Atem ist,
Deinen Seelenpartner.

Die Sehnsucht nach der grenzenlosen Liebe

Vielleicht bist du bereits ein Experte auf dem Gebiet der persönlichen Evolution und dieses Buch ist nur ein kleiner Puzzlestein auf deinem Weg. Vielleicht ist dieses Buch aber auch dein erster Schritt in die Welt der tiefen, allumfassenden Liebe.

In jedem Fall wird es eine abenteuerliche Entdeckungsreise zur Erforschung deiner Beziehungen zu dir selbst, zu anderen Menschen und zum Sein. Lass dich überraschen!

Aber das Buch sollte nicht neben anderen im Bücherregal verstauben. Worte werden nur dann zur Wirklichkeit, wenn du sie mit deinem Handeln zum Leben erweckst. Wende an, was du für dich für wichtig hältst, bleib nicht in der Theorie. Schwimmen kannst du auch nicht lernen, wenn du ein Buch darüber liest. Liebe lebendig!

Dann beginnst du einen persönlichen Wachstumsprozess und erlebst die Eröffnung eines inneren Raums, in dem du Liebe und persönliche Kraft erfahren kannst. Wenn du den ersten Schritt auf dem Weg zur Liebe ohne Limit getan hast, wirst du nicht mehr umkehren wollen, selbst wenn es Tage gibt, an denen dir diese Abenteuerreise viel Kraft abverlangt.

Alles Werden braucht Zeit. Setz dich nicht unter Druck, sondern bewege die Gedanken und Gefühle auch gern eine ganze Zeit lang tief in dir. Manchmal ist die Zeit noch nicht reif, manchmal brauchen Liebes-Träume für ihre Realisierung eine Art Schwangerschaft, bis die Umsetzung gelingen kann. Die

Kunst ist, sich der Weisheit des Lebens und der Liebe ganz und gar hinzugeben und dabei die alltäglichen Impulse wahrzunehmen und mit ihnen zu gehen. In deinem Tempo. Gestatte dir den inneren Raum zum Reifen und Werden. Liebe wächst durch zartfeine Achtsamkeit.

Du wirst hier gelegentlich Worte lesen, die weder esoterisch weichgespült noch besonders diplomatisch formuliert sind. Ich schreibe von *müssen*, wenn es ein *Muss* ist und keine Alternative dazu gibt. Menschen wollen nicht »müssen«, ich weiß. Aber es macht keinen Sinn, klare Fakten kommunikationspsychologisch zu verbrämen, wenn sie offensichtlich sind. Wachrütteln und Hinschauen tut manchmal weh. So geschieht Veränderung. Nicht in der netten Komfortzone beim Lesen auf dem wolkenweichen Sofa. Wahre innere Freiheit und reale Liebe ohne Limit lassen keine Kompromisse zu. Mach mit, oder leg das Buch schnell zur Seite.

Übrigens: Warum ich Du sage? Mit dieser persönlichen Ansprache können wir uns auf einer tieferen, ehrlicheren und offeneren Ebene begegnen als mit dem distanzierten Sie. Das Du ermöglicht viel eher einen Zugang zu den unbewussten Ebenen unserer Existenz, und in dieser Dimension möchte ich mich mit dir unterhalten. Hinzu kommt, dass ich mit den Menschen, mit denen ich zusammenarbeite und die sich mir anvertrauen, ohnehin im Du verbunden bin. Daher bleibe ich gern dabei.

Da fällt mir ein Gespräch von neulich ein. Es war mal wieder das Gespräch. Ich nenne es das Gespräch, weil es immer wieder in fast gleicher Art entsteht. Also: Ich sprach mit einer klugen und erfolgreichen Frau – nennen wir sie mal Brunhild. Brunhild ist vierzig Jahre alt und ein attraktives und schickes weibliches Wesen. Sie ist aber auch zutiefst frustriert, weil sie schon so lange Single ist und einfach kein Mann in

Sicht ist. Sie klagte lange und ausdauernd darüber, wie schwer es heutzutage sei, einen passenden Mann zu finden: Die Guten sind natürlich alle nicht frei, die übrigen will sie natürlich auch nicht, denn sie seien ja meist beziehungsunfähig oder leiden noch unter Altlasten. Schlimm wird das Ganze für Brunhild, weil ihre Freundinnen sogar ihren Seelenpartner gefunden hätten und sie sich vom Leben so ungerecht behandelt fühlt. Brunhild reagierte auf verschiedene Fragen von mir so:

»Wie wäre es denn mit dem Mann, mit dem du letzte Woche ausgehen wolltest?«, sagte ich. »Der war doch so brennend interessiert an dir.«

»Der war nicht mein Typ und drum habe ich das Treffen abgesagt.«

»Bist du ganz sicher? Woher weißt du das?«

»Das hatte ich im Gefühl.«

»Okay. Hast du denn schon mal eine Online-Partnerbörse ausprobiert?«, fragte ich.

»Was ist denn das für eine abwegige Idee? Ich würde mich niemals mit jemandem verabreden, den ich im Internet kennengelernt habe! Da sind nur die Männer zu finden, die woanders keine Frau abkriegen. Die zweite Wahl will ich ganz bestimmt nicht.«

»In Ordnung. Du könntest ja auch mal die Stadt wechseln und damit deinen Suchradius vergrößern. Bei deinem Job findest du überall was und deine Firma hat doch so viele verschiedene Standorte. Versuch doch da mal dein Glück.«

Ein entsetzter Blick von Brunhild: »Bist du verrückt? Wegziehen aus Berlin? Niemals!«

»Du könntest ja auch einfach mal innerhalb der Stadt umziehen, ganz ans andere Ende, in eine neue Gegend, mit neuen Menschen, anderen Orten und neuen Inputs?«

Sie schaute mich an, als hätte ich ihr etwas total Unanständiges vorgeschlagen: »Wo ist da denn der Sinn?«

Kurz und gut, es liegt auf der Hand: Brunhild möchte eigentlich gar keine Partnerschaft. Sie will auch nicht einfach einen Mann, mit dem sie eine echte Beziehung versuchen kann, sie will auf jeden Fall den »richtigen« Mann. Sie möchte einen Seelenpartner. Der muss aber unbedingt direkt aus der Nachbarschaft sein, darf keine Vergangenheit haben, muss eine bestimmte Größe und einen passenden Beruf haben, sollte bitte keine Kinder haben, ihre Interessen teilen und noch mehr Punkte auf ihrer Liste erfüllen.

Diese Vorstellungen hat sie sich seit vielen Jahren zusammengebastelt und wer ihnen nicht entspricht, fällt sofort durchs Raster. Irgendetwas verändern will sie an dieser Erwartungshaltung aber nicht. Sie will auch nichts für die Liebe tun, sie will gefunden werden. Sie will auch auf keinen Fall noch länger auf ihren Seelenpartner warten. Und wenn sie *diesen* Mann nicht bekommen kann, dann bleibt sie lieber allein und meckert über das Leben und wie unfair es zu ihr ist.

Aber genau das ist die schmerzhafte Wahrheit: Brunhild wird mit all diesen Bedingungen, Ansprüchen und Erwartungshaltungen aller Wahrscheinlichkeit nach noch lange allein bleiben, denn sie hat eine riesige Mauer zwischen sich und ihrem ersehnten Ziel aufgebaut.

Ich frage dich: Hast du auch so eine Mauer zwischen dir und deinem Ziel?

- Was wäre, wenn du wirklich offen wärst?
- Wie wäre es, wenn du dich auf das konzentrieren würdest, was dir das Leben jetzt bietet, und auf das, was möglich ist?

- Wie wäre es, wenn du aufhören würdest, nach dem einzig wahren Seelenpartner zu suchen, nach dem »richtigen und passenden« Mann und erst einmal die Klage über die Ungerechtigkeit des Lebens beendest?

Hör auf zu jammern und alle anderen für das Fehlende in deinem Leben verantwortlich zu machen! Sei mutig. Sei frech. Sei unverschämt. Riskier was! Was soll schon passieren? Wenn es dir auch so geht wie Brunhilde: Was kann schon schlimmer sein als das, was gerade ist? Du kannst nur gewinnen!

Deine Lebensliebe wirst du dann finden, wenn du weißt, was *wirklich* wichtig ist, und Abschied nehmen kannst von dem, was albernes Anspruchsdenken ist, und vor allem, wenn du dann entsprechend *handelst* und nicht in deinen Gedankengebilden stecken bleibst.

Dazu musst du die volle Verantwortung für dich und dein Leben übernehmen! Da gibt es kein »du solltest« oder »du könntest«. Das ist ein radikales: »Du musst«. Sonst bleibst du Opfer deiner Lebensumstände und vergisst völlig, wie groß dein Einfluss darauf ist. Du hast es ganz und gar selbst in der Hand, ob dein Seelenpartner jetzt oder übermorgen in dein Leben treten kann oder ob sich der Mensch an deiner Seite als solcher entpuppt.

Wenn du dich einlässt, vollkommen und existenziell, dann kannst du nämlich sogar dem Mann oder der Frau auf der anderen Seite vom Bett eine Chance geben, dem Menschen, mit dem du bereits zusammen bist. Du müsstest keine Bruder-Schwester-Beziehung führen, wenn du für deine Liebe brennst, wenn du darauf verzichtest, recht haben zu wollen, wenn du mit offenen Karten spielst, wenn du nicht mehr taktierst und einen Handel führen willst (wenn du – dann ich …), wenn du dich *innennackt* zeigst.

Das Gleiche gilt, wenn du alleinstehend bist und eine wahre Seelenliebe ohne Limit suchst: Zeig dich immer ganz und gar, sei grundehrlich mit dir und verstell dich nicht. Zeig alles, was du bist und hast, alle Stärken und Schwächen. Teile deine Gedanken und Gefühle mit, sprich über deine Ängste und Sehnsüchte. Mach dich dabei nicht nieder, suhl dich nicht in Fehlern und Makeln, sondern verlass die Opferrolle *für immer*, um nie wieder zurückzukehren.

Der Weg zur Liebe ohne Limit kennt keine Opfer, nur Beschenkte.

Manchmal kann man die Lebensgeschenke nicht leicht erkennen und manchmal noch schwerer annehmen. Du wirst mit deiner Offenheit anecken, du wirst Kopfschütteln ernten, du wirst alle unehrlichen Heuchler aus deinem Leben verscheuchen und dein Freundeskreis wird sich verändern. Du wirst nur noch Menschen um dich herum haben wollen, die dich nicht bremsen und die keine Angst vor deiner Kraft und deiner Schönheit haben. Das ist das Risiko.

Dich wirklich einzulassen auf den Weg der Liebe ohne Limit ist riskant. Es gibt keine Hintertürchen. Aber du kannst stehen bleiben und Pausen einlegen, du kannst auch umkehren. Du hast die Wahl. Wie immer.

Wenn du aber brennst für die Liebe, für die Ehrlichkeit, für dein Sosein, dann sei mutig und mach mit. Kleinkarierte Weicheier und engstirnige Kleingeister wirst du auf dem Weg nicht treffen, sie geben bereits bei dieser Reisebeschreibung hier auf. Deine Weggefährten sind neugierige Träumer, weiterdenkende Menschen. Tiefer wahrnehmende Menschen. Achtsame Menschen. Frauen und Männer, die Glückspilze, Unerschütterliche, Neugierige, Suchende, Pioniere, Romantiker, Visionäre,

Zeitgeister, Vorreiter, Hoffnungsträger, Weltverbesserer, Altruisten, Sonntagskinder, Freaks, Lebenskünstler, Querdenker, Philanthropen oder sonstige positive Liebes-Aktivistinnen sind oder sein wollen. Wer mit Mut und Kraft total fokussiert den Weg der Liebe geht, ist eines ganz sicher nicht: Allein!

 Perspektivwechsel

Wenn du ein Mensch bist, der schon eine Weile auf Trampelpfaden unterwegs ist, lade ich dich zu einem Perspektivwechsel ein. Denk einfach mal paradox und antizyklisch. Mach das Gegenteil von dem, was du normalerweise tust. Sei mutig und neugierig auf die Verschiebung deiner Wahrnehmung. Du wirst so leicht aus altbekannten Teufelskreisen ausbrechen können. Sei keine Brunhild!

Ich bin ein bekennender Fan von antizyklischem Verhalten. Antizyklisches Verhalten und antizyklische Kommunikation schenken Überraschungen und helfen, Gewohnheiten zu überprüfen. Vielleicht gibt es ja noch bessere Alternativen, andere Möglichkeiten, ungeahnte Erkenntnisse zu gewinnen, jenseits des Bekannten?

Antizyklisches Denken und Handeln lohnt sich in vielen Situationen im Alltag. Ich erlebe es immer wieder, wie effektiv und schnell antizyklisches Verhalten Veränderungsprozesse unterstützt. Ein einfaches Beispiel: Menschen, die uns in Gesprächen hetzen und unterbrechen, bewirken meist, dass wir auch schneller reden und andere eher unterbrechen. Es ist geradezu ansteckend. Antizyklisches Verhalten heißt in diesem Fall: bewusst bremsen, längere Pausen einschalten, mehr überlegen, mehr wiederholen. Oder aber – was ganz einfach ist: Unfreundlichem Benehmen begegne ich mit Freundlichkeit. In der Regel weckt Unfreundlichkeit auch Unfreundlichkeit. Wer verletzenden oder aggressiven Aussagen bewusst freundlich begegnet, handelt ebenfalls antizyklisch.

So ein unerwartetes Verhalten ist vor allem in alten eingefahrenen Beziehungen hilfreich. Es rüttelt wach, verblüfft und ermöglicht so neuartige Begegnungen. Sei mutig!

So kann es leichter gelingen, ausgetretene Trampelpfade zu verlassen und lebendig neue Erfahrungen zu machen. Frag dich einfach: Was könntest du – rein experimentell – einmal ausprobieren, um die Wirkung von antizyklischem Verhalten zu erleben?

Probiere es einfach mal aus: Statt alter Gewohnheiten ein neues, antizyklisches Verhalten.

Bei der Suche nach der Liebe ohne Limit ist so ein radikaler Perspektivwechsel richtig hilfreich. Du verlässt ausgetretene Pfade, und folgst nicht mehr den Routen, die deine Eltern und alle deine Vorfahren gegangen sind. Sei konsequent und gesteh dir ruhig ein, wenn du schon immer mal über die Stränge schlagen wolltest. Neben dem wunderbaren Effekt durch so manche neue Ansichten, macht das Ganze auch noch richtig Spaß! Also los!!!

 ## Was ist Seelenpartnerschaft eigentlich?

Was bedeutet es, eine Seelenpartnerschaft zu leben? Was ist das überhaupt, wonach wir alle so eine tiefe Sehnsucht haben? Wie können wir etwas erdenken und entdecken, von dem wir nicht einmal wissen, was es genau ist – womit wir es dann auch nicht wirklich beschreiben können?

Seit vielen Jahren beschäftigt mich das Thema Seelenpartnerschaft. Ich habe zahllose Menschen auf ihrem Weg zur Liebe ohne Limit begleitet, sie persönlich zu ihrer Liebesgeschichte befragt und in Online-Foren regen Gedanken- und Erfahrungsaustausch zum Thema bedingungslose Liebe und Seelenpartnerschaft gehabt. Ich sprach mit Menschen wie du und ich, mit Philosophen, Gurus, Erwachten, Lehrern aller Art (Yoga, Meditation, Astrologie), Therapeuten, Psychologen, Coaches und vielen anderen Menschenbegleitern. Dabei zeigt sich eins:

Die Sehnsucht nach einem Seelenpartner ist unglaublich groß!

Dabei ist diese Sehnsucht keineswegs nur bei spirituell geprägten Menschen vorhanden. Es scheint bei den allermeisten Menschen tief im Innern der Wunsch verborgen zu sein, die wahre, bedingungslose Liebe zu finden, die jedoch viel mehr ist als nur eine Lebenspartnerschaft. Sie ist die Symbiose, das totale Vertrauen und Erkennen einer anderen Seele, die sich als Teil des eigenen Seins anfühlt. Die Seelenpartnerschaft sprengt alle beengenden Grenzen des Einzelnen. Im Einssein mit dem geliebten Menschen existieren keine Beschränkungen mehr.

In den Gesprächen der letzten Jahre verrieten mir viele Menschen, was sie zum Erleben einer erfüllten Seelenpartnerschaft für essentiell wichtig halten. Sie vertrauten mir ihren persönlichen Entwicklungsweg an, erläuterten ihre Wertvorstellungen, und oft betrauerten sie auch (zunächst) eine Art »Scheitern«. Nicht immer ist ein gefühltes Scheitern aber das

Ende einer Seelenpartnerschaft! Sie kann durchaus auch nach vielen Jahren wieder aufleben. Und selbst wenn es ein Ende der gelebten Partnerschaft ist, die Seelen werden immer verbunden bleiben. Und der Einzelne wird sicher einen wesentlichen Schritt auf dem Weg zu sich selbst vorangekommen sein.

Die wesentlichen Erfahrungen vieler Menschen und deren Konsequenzen sind hier zusammengefasst. Dieses Buch ist also in Wahrheit ein Gemeinschaftsprojekt. Die Impulse, Ideen und Übungen wurden mir von vielen Menschen geschenkt, und ich danke allen, die an der Realisierung dieses Projekts beteiligt waren und sind. Vor allem danke ich meinen Lebenslieben, von denen ich reich beschenkt wurde, sowohl mit Glück, als auch mit Schmerz, sodass ich inneres Wachstum erfahren konnte.

Liebe ohne Limit:
Zeitgemäß oder realitätsfern?

Wir teilen mit unseren »Freunden« in sozialen Netzwerken das Leben. Wir floaten durch das Internet, entscheiden uns für Gleitzeit am Arbeitsplatz und wechseln denselben nicht selten im Jahresrhythmus. Die einzige Beständigkeit der Jetztzeit scheint vom Unbeständigen auszugehen. Nur in einem Bereich streben wir nach der Ewigkeit: in der Liebe. Aber passt eine lebenslange Bindung an einen Partner überhaupt noch in eine Welt der Flexibilität und des Sich-Ständig-Veränderns?

 ## Der Hafen der Ehe als Warenumschlagplatz

Für frühere Generationen war völlig klar: Wer sich für einen Menschen entschieden und diesen geheiratet hat, hat sich bis zum Tod an ihn oder sie gebunden. Einmal den Bund der Ehe eingegangen, gab es kein Vertun mehr, dass die Reise ab jetzt gemeinsam weitergeht – wohin auch immer. Ob glücklich oder unglücklich, die Beziehung wurde bis zum Ableben eines Partners aufrechterhalten. Freiwilligkeit spielte dabei oft keine Rolle. Die Menschen waren sich bewusst, andernfalls gesellschaftlich geächtet zu sein. Eine Scheidung war undenkbar.

Dies hat sich in den letzten Dekaden deutlich geändert. Niemand wird mehr schief angeschaut, weil er geschieden oder getrennt ist. Es sei denn, man ist vielmal geschieden, so wie ich, das kann schon manchmal zu Irritationen führen und fragende Blicke hervorrufen.

Ein Zusammenleben basiert dieser Tage und in unseren Breiten auf der freien Entscheidung beider Partner. Diese Tatsache hat das Format »Ehe« verändert. Die Ansprüche an den Gatten, die Gattin sind andere geworden. Die Gewissheit, jederzeit »gehen zu können«, verlangt ein Neuüberdenken der Sinnhaftigkeit einer lebenslangen Bindung.

Antiquiert oder ein tiefinnerster Seelenwunsch?

Das ewige Aneinanderbinden gilt als überholt. Dass sich Verliebte noch immer heiraten und sich vor dem Standesbeamten und/oder vor Gott die Treue schwören, scheint ein Relikt aus vergangenen Zeiten. Oder ist es doch so viel mehr?

Der Mensch strebt nach Sicherheit. Und gerade in einer sich immer schneller drehenden Welt braucht es einen ruhigen Ankerplatz, der erdet. Sich der Herausforderung der ersehnten Liebe ohne Limit mit einem Partner zu stellen, sorgt zumindest in *einem* Lebensaspekt scheinbar für Kontinuität. Im Beruf entscheiden Zeitverträge über unser Schicksal, zu Hause soll es unspektakulärer und kalkulierbarer zugehen. Je unbeständiger die Welt da draußen für jeden von uns wirkt, desto größer wird anscheinend das Verlangen danach, mit einem Partner tatsächlich zu verschmelzen.

Heute wollen sich Menschen vor allem selbst verwirklichen. Sie leben viel mehr Ich als Du und noch seltener ein Wir. Wer immer nur seine eigenen Interessen im Blick hat, wird schwerlich eine enge Lebensgemeinschaft leben können.

Stehen sich also die Selbstverwirklichung und die Partnerschaft im Wege?

Ganz im Gegenteil. Nach meiner Erfahrung gibt es nichts Besseres, Intensiveres und auch Wirkungsvolleres zur Entfaltung des vollen Potenzials eines Menschen als eine Partnerschaft. In einer lebendigen Beziehung werden sich wirklich innennackte Menschen alles abverlangen und jeden ungeklärten Punkt auf den Tisch packen. So offen und ohne Limit liebende Menschen werden einander das Beste und Schrecklichste entlocken und somit zur Reifung der Persönlichkeit beitragen.

Wer seine persönliche Selbstverwirklichung an der Seite und mithilfe des Partners realisieren möchte, ist nicht altmodisch. Er oder sie beschreitet einfach nur einen bekannten Pfad auf neue Art und Weise. Zu dieser Entdeckungsreise lade ich dich herzlich ein!

 Sinn und Sinnlichkeit

Einige Menschen, die sich mit dem Phänomen der Seelenpartnerschaft schon intensiv beschäftigt haben, werden sich vielleicht wundern, dass manche der im Folgenden aufgeführten Wege zur Liebe ohne Limit über Körperlichkeit und Sinnlichkeit führen. Insbesondere sehr spirituell geprägte Menschen glauben oft, dass sie über geistige Übungen, intensives Arbeit an Glaubenssätzen, positives Denken oder mit esoterischen Hilfsmitteln die Fähigkeit zur Seelenpartnerschaft erreichen können. Das widerspricht jedoch den Erfahrungen der Menschen, die ich befragt habe, und auch meinen eigenen. Wir haben einen Körper erhalten und er ist unser

Medium, um mit der Welt in Verbindung zu treten – mit der Alltagswelt in Beruf und Privatleben wie auch mit der geistigen Welt.

Der Körper ist ein Werkzeug, das durch eine meisterliche Nutzung die Kommunikation mit allem ermöglicht, was uns umgibt. Wir haben unsere Sinne erhalten, um Sinnlichkeit durch sie zu erfahren. Das Entsagen dieser Sinnlichkeit mag in vielen spirituellen Traditionen propagiert werden. Ich weiß jedoch, dass bei vielen Menschen über kultivierte, veredelte Sinnlichkeit der Zugang zu weiten inneren Welten geöffnet werden kann.

Immer dann, wenn sinnliche Sexualität nicht nur im »Sexen«, dem hormongesteuerten und orgasmusgetriebenen Vereinigen zweier Körper mit dem Austausch von Körpersäften, besteht, kann wahre Intimität und Nähe entstehen. Dann können alle unsere Sinne beseelt sein und damit den Zugang zu metaphysischen Dimensionen öffnen. Sinnlichkeit meint also nicht nur erotische Sexualität, sondern vor allem auch Intimität, Zärtlichkeit, Hingabe, Nähe und Verbundenheit über unsere Sinneskanäle.

Hochsensible, hochsensitive und hochbegabte Menschen haben oft einen direkten Zugang zu Spiritualität. Das, was diese Menschen außergewöhnlich macht, ist eine intensive Wahrnehmung mit allen Sinnen. Wenn du eine hohe Empfindsamkeit besitzt, diese Gabe anerkannt hast und in gelöster Weise lebst, wirst du sehr wahrscheinlich einen leichteren Zugang zur Liebe ohne Limit haben. In meinem Buch »Außergewöhnlich normal: Hochbegabt, hochsensitiv, hochsensibel« habe ich bereits ausführlich die Zusammenhänge zwischen intensiver Wahrnehmungsfähigkeit und Spiritualität, auch in Bezug auf Partnerschaft, beschrieben. Viele außergewöhnliche Menschen haben mir über ihre Suche nach dem

Seelenpartner oder über ihr Leben in einer Seelenpartnerschaft berichtet. Gerade euch gilt mein besonderer Dank für eure Offenheit und euer Vertrauen!

Ich lade dich ein auf eine Reise.

Viele Wege führen bekanntlich nach Rom, wie das Sprichwort sagt, und auch auf dieser Reise werden wir viele verschiedene Wege beschreiten. Die eine oder andere Wegkreuzung möchtest du vielleicht ignorieren, möglicherweise weckt sie Widerstand in dir. Ich bitte dich, insbesondere bei Abwehrgefühlen, die einen Widerstand anzeigen, genau hinzuschauen und Wege zu finden, diesen Widerstand in dir zu überwinden. Widerstände sind Hinweise auf anstehende Entwicklungsschritte. Wenn wir ihnen ausweichen, können wir leicht auf Umwege geraten.

Wege zur Liebe ohne Limit für alle Liebenden

Du musst weder genau wissen, was eine Seele ist, noch an Seelenwanderung oder Seelenpartnerschaft glauben, um eine glückliche und lebendige Partnerschaft zu zelebrieren. Die Wegbeschreibungen, die du im Hauptteil des Buches findest, werden deine Partnerschaft bereichern und die Verbundenheit mit deinem geliebten Menschen vertiefen.

Menschen, die alleinstehend sind, können die Wege zum Lieben ohne Limit ebenso nutzen, denn die Selbstliebe ist ganz sicher das Meisterstück der Liebe. Letztlich wird nur ein Mensch, der sich selbst mit seinem Körper, seinem Charakter, seinen Ängsten, Sehnsüchten und fiesesten Gedanken annimmt und liebt, auch in der Lage sein, einem anderen die grenzenlose Liebe zu schenken.

Du wirst hier viele Anregungen bekommen, um die Selbstliebe in dir stetig wachsen zu lassen. Darüber hinaus kannst du durch dieses Buch vielleicht auch deine früheren Beziehungen besser verstehen, sie loslassen, dir selbst und deinen Ex-Partnern verzeihen und dann Wiederholungen von uralten Beziehungsmustern vermeiden. Das nächste Beziehungsabenteuer kann dann kommen!

 ## Jeder Mensch kann grenzenlos lieben

Hochsensible und hochsensitive Menschen haben mir häufig von ihrem Wunsch berichtet, grenzenlos lieben zu können und zu dürfen. Es geht ihnen also besonders darum, Liebe zu verschenken und nicht unbedingt darum, bedingungslos geliebt zu werden.

Jeder Mensch darf grenzenlos lieben! Wer sollte es auch verbieten? Du brauchst dazu weder ein Objekt der Liebe noch von irgendeinem Menschen die Erlaubnis oder eine entsprechende Resonanz dazu.

Wie schön, dass die Liebe sich nicht abhalten lässt, wenn sie da ist!

Wie schön, dass der Zustand des Liebens kein Liebesobjekt benötigt!

Wie schön, dass Liebe ganz allein gelernt und vermehrt werden kann.

Ich verrate hier keine Geheimrezepte. Es sind offene Geheimnisse, die sich gern finden lassen und die als Wegweiser für alle Suchenden nach der Liebe ohne Limit dienen können. Geheimniskrämerei braucht die Seelenliebe nicht.

Intensiv geliebt oder einfach nur ausgehalten?

Herrlich bereichernde, prickelnde, transformierende Liebesbeziehungen lassen sich nicht an der Dauer festmachen. Lieber ein paar Wochen und Monate intensiv geliebt als jahrelang ausgehalten, die Zähne zusammengebissen und weitergemacht mit etwas, was schon lange tot ist. »Bis dass der Tod uns scheidet« kann nicht nur bedeuten, dass einer von beiden nicht mehr atmet, sondern kann auch bedeuten, dass einer von beiden schlicht keine Luft zum Leben in dieser Beziehung mehr bekommt.

Die meisten Menschen haben immer noch in ihren Köpfen, dass es die Liebe fürs Leben geben muss. Sie suchen diesen einen Menschen, mit dem sie das ganze Leben teilen wollen. Dieses altmodische Beziehungsmodell scheint überholt zu sein. Die Wünsche nach Liebe haben sich nicht verändert, aber Beziehungen wurden mittlerweile zu seriellen Angelegenheiten. Die heute dreißigjährigen Menschen haben deutlich mehr Beziehungen und entsprechend auch viel mehr Trennungen als Sechzigjährige erlebt, obwohl diese doppelt so alt sind.

Es sieht so aus, als sei es heute sehr viel schwerer geworden, eine langjährige Beziehung aufrechtzuerhalten. Auch die Trennungen von Paaren, die schon seit mehr als einem Vierteljahrhundert zusammen sind, nehmen mittlerweile dramatisch zu.

Woran liegt das? Sind die heutigen Menschen schlicht und einfach beziehungsunfähig? Oder geben die modernen Menschen einfach zu leicht auf und haben ihr Beziehungsverhalten der Ex-und-hopp-Gesellschaft angepasst? Ja, sicher hat sich unser gesamtes Umfeld in den vergangenen dreißig

Jahren deutlich verändert. Wir alle haben eine starke Individualisierung erlebt. Dadurch haben sich Beziehungen ebenfalls verändert.

Wir hatten eine sexuelle Revolution, wir hatten die Emanzipationsbewegung und damit einhergehend eine komplette Rollenveränderung. Heute geht es in Beziehungen nicht mehr darum, familiäre Gebote und Interessen oder kirchliche Gebote zu erfüllen, sondern in allererster Linie um die beiden Liebespartner.

Die Liebenden können sich jeden Tag neu entscheiden, ob sie mit dem Partner zusammen sein und unter welchen Bedingungen sie ihre Partnerschaft fortführen möchten. Daraus ergibt sich eine permanente, kontinuierliche und nie endende Beziehungsarbeit, die gleichzeitig eine enorme Freiheit bedeutet. Das, was ich gleich über meine eigene Lebensgeschichte schreiben werde, wird auch Kettenbiografie in Liebesbeziehungen genannt. Es ist heute vollkommen normal, dass Menschen in ihrem Leben drei oder mehr relevante Beziehungen gehabt haben.

Das ist die Realität. Unsere Wunschvorstellungen von einer nie endenden Liebe bis ans Ende aller Tage bestimmen jedoch immer noch weitgehend die Glücks- und Zufriedenheitsskalen der Menschen. Bei jeder Trennung schwingt also eine tiefe Enttäuschung mit. Beziehungen beruhen heute nicht mehr auf materiellen Abhängigkeiten, die emotionalen Abhängigkeiten haben jedoch enorm zugenommen. Vertrauen, Intimität, Gefühle, Geborgenheit, Nähe und auch Sexualität haben stark an Bedeutung gewonnen. Das ist natürlich einerseits sehr positiv, aber auf der anderen Seite macht es Beziehungen wirklich kompliziert.

Wir entscheiden uns also heute eindeutig für Beziehungen mit hoher Liebesqualität und messen der Beziehungsdauer weniger Bedeutung zu. Oder, anders ausgedrückt: Es gibt eine eindeutige Konkurrenzsituation zwischen Qualität und Quantität (=Dauer) einer Beziehung. Und das ist auch gut so. Wir haben die Möglichkeit zu merken, dass etwas nicht mehr funktioniert, und es dann auch zu verändern. Jeder Mensch, der Veränderungen in seinem Liebesleben zulässt, hat damit die Chance auf eine deutliche Verbesserung der Lebensqualität.

Persönliches Wachstum in einer Partnerschaft und mit jeder neuen Partnerschaft wird so möglich. Gleichzeitig bedeutet dieser Beziehungswandel aber auch, das die heutigen Beziehungen besonders viel Bindungsfähigkeit benötigen, denn es ist sehr viel Mühe und Arbeit notwendig, um eine Partnerschaft zu erhalten und nicht einfach den Partner zu wechseln.

Liebe geschieht immer wieder, denn Liebe ist

Ich hatte wundervolle Seelenpartnerschaften und habe sie noch, auch wenn ich nicht mit einem meiner Seelenpartner zusammenlebe. Wenn ich durchs Leben liefe mit dem Gedanken, nie mehr weniger als die bisher erlebten innigen Lebenslieben haben zu wollen, würde ich mir viele bereichernde Begegnungen mit anderen wundervollen Menschen versagt haben. Ich liebte und liebe immer wieder einen Menschen, sehr innig und beglückend. Es ist mir auch bewusst, dass aus der einen oder anderen Beziehung durchaus noch eine Seelenpartnerschaft hätte werden können, aber ich habe nie versucht, etwas zu erzwingen, was sich nicht von allein ergab. Das Wollen steht einer Seelenpartnerschaft im Weg wie dem Zug ein Betonklotz auf seinen Gleisen: Es führt zu Unfällen.

Das ist aber etwas, was ich bei vielen Menschen erlebt habe: Sie vergleichen Lebenspartner oder Beziehungsformen miteinander. Sie wollen partout einen »wahren« Seelenpartner finden, bei dem vermeintlich der Himmel voller Geigen ist, und versagen sich durch diesen Druck das Wunder der Gegenwart. Das kann nicht gut gehen. Meine Erfahrung ist: Alles kommt, wie es kommen soll, auch wenn ich selbst viel dafür tun kann. Das ist für mich kein Widerspruch. Ich übernehme Verantwortung und tue etwas für das Gelingen meiner Visionen, und gleichzeitig bin ich demütig gegenüber dem, was das Leben mir auf meinem Weg anbietet.

Während die Seelenpartnerschaft mit einem anderen Menschen nicht immer möglich ist, so kann ich doch in jeder Sekunde meines Lebens eine innige Beziehung zu *meiner eigenen Seele,* zu mir selbst, pflegen. Nur wenn ich das schaffe, kann ich auch eine reife und erwachsene Beziehung, ohne Projektionen und Abhängigkeiten erleben.

Wer diesen Gedanken konsequent zu Ende denkt und dazu noch tief in sich hineinfühlt, wird erkennen, dass uns Selbstliebe und Akzeptanz des eigenen Wesens mit all den Schwächen und Unzulänglichkeiten, die nun einmal zum menschlichen Dasein gehören, erst bereit machen, sich völlig auf einen anderen Menschen und seine Seelenqualität einzulassen.

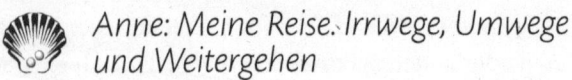

Anne: Meine Reise. Irrwege, Umwege und Weitergehen

Eine Seelenpartnerschaft kann man nicht suchen, sie geschieht, wenn wir bereit dazu sind. Das bedeutet jedoch nicht, dass wir wirklich vorbereitet sind auf das, was mit einem Seelenpartner kommt.

Mir selbst ist es zum ersten Mal im Alter von neunundzwanzig Jahren passiert. Ich sah einen Mann zum ersten Mal und dachte: »Aha, da ist er ja.« Wirklich, das war mein erster Gedanke. Es war in einen Seminar- und Therapiezentrum auf Lanzarote, wo ich zu der Zeit lebte und arbeitete und derjenige Gast war. Am gleichen Abend fügte es sich, dass in einem großen Speiseraum nur noch ein kleiner Tisch zum Essen frei war, ich mich dorthin setzte und er nach wenigen Minuten dazu kam. Ein stundenlanges Gespräch folgte, in dem wir uns prächtig austauschen konnten. Die Tage danach ergaben weitere Treffen, auch mit meinen Kindern, die ihn sofort innig liebten. Am Abend des achten Tages haben wir uns verlobt, ohne auch nur einen Kuss, geschweige denn mehr körperliche Nähe gehabt zu haben. Wir gehörten zusammen. Am Morgen des nächsten Tages lag ein kleines Päckchen im Staub vor meiner Haustür. Es enthielt wunderschöne Gedichte, die mein Innerstes berührten – nein, mehr noch – vollständig öffneten. Es waren Codeworte.

Wir hatten zwar viele Übereinstimmungen im Inneren, aber dennoch passte dieser Mensch »eigentlich« überhaupt nicht zu mir. Und ich war kein bisschen verliebt, meine Hormone spielten nicht verrückt. Ich liebte ihn sofort mit all seinem Sein und all den Stärken und Schwächen, die ihn ausmachten. Er passte wirklich nicht zu mir: Der Mann wirkte äußerlich total unattraktiv auf mich, lebte in Norddeutschland, war viel zu alt (fast zwanzig Jahre älter), hatte bereits zwei Ehen hinter sich und daraus sieben Kinder. Ich wollte aber immer gern noch mehr eigene Kinder haben. Wie sehr dieser Wunsch mein Wesen geprägt hat, zeigte sich erst später.

Jedenfalls zogen wir zusammen, hatten praktisch sofort extreme Konfliktsituationen und heirateten dennoch auf ungewöhnliche Art und Weise. Die gemeinsamen Jahre mit ihm waren geprägt von intensivsten Gesprächen, Gedankenaustausch und Gefühlsstürmen. Wir haben einander abwechselnd verlassen und sind wieder zusammengekommen. Die Jahre waren brüllheiß und eiskalt, alles dicht beieinander. Sie endeten, als eine andere Frau in sein Leben trat, die er später auch heiratete. Dennoch blieben wir in den zwanzig folgenden Jahren füreinander wichtige Gesprächspartner und tauschten uns regelmäßig über unsere Leben aus. Einen zweiten Heiratsantrag, nachdem er Witwer wurde, habe ich abgelehnt zugunsten unserer intensiven, vertrauensvollen Seelenfreundschaft bis zu seinem Ende. Es war eine richtige Entscheidung.

Allerdings hatte ich die gleiche Idee, der ich später immer wieder begegnete: Einen solchen Seelenverwandten trifft man nur einmal im Leben. Was für ein Irrtum!

Der Trennung folgten Jahre des Schmerzes und der inneren Abnabelung, immer mit ihm als meinem besten Gesprächspartner an meiner Seite. Nie hat er sich dem Gespräch entzogen und je älter er wurde, umso selbstreflektierter wurde er auch und erkannte seine eigenen Anteile, die zur Trennung geführt hatten. Das hat mir sehr geholfen. Es dauerte lange, bis ich akzeptieren konnte, dass unsere gemeinsame Zeit nicht vorbei ist, sondern nur den Aggregatszustand gewechselt hat.

Ich liebte später wieder, sehr und innig und voller Vertrauen, und ging eine weitere enge Liebesbeziehung ein. Diese Liebe hatte andere Vorzeichen: Sie entstand aus Liebe zu Kindern und dem Wunsch, Teil einer glücklichen Familie zu sein. Und sie war wunderschön, auch sehr verbunden und bereichernd. Ich liebe ihn immer noch und es ist eine ganz andere Art der Seelenverwandtschaft als beim ersten Mal. Ich erkannte, dass ich auf viele verschiedene Arten lieben kann und dass Liebe kein Zementblock ist, der so und nicht anders sein darf.

Eine weitere Seelenliebe begegnete mir viel später erneut, als ich frei und wieder alleinstehend war. Wieder traf ich völlig unvermittelt einen Menschen, der mich in der ersten Sekunde der Begegnung mitten ins Herz traf und es zum Leuchten brachte. Wir verbrachten wunderschöne gemeinsame Stunden, Wochen und Monate, bis sich auch diese Partnerschaft als unlebbar erwies. Wir hatten völlig andere

Lebenskonzepte und Ziele. Ich war schon über vierzig und meine Familienplanung hatte ich wirklich abgeschlossen. Ich hatte fünf Kinder beim Aufwachsen begleitet und war für weitere sieben Kinder Besuchs-Stiefmutter, das reichte mir wirklich. Er war aber viel jünger als ich und wollte unbedingt noch Kinder zeugen und eine Familie haben. Wir lebten mehrere Hundert Kilometer voneinander entfernt und das ließ sich aus beruflichen Gründen nicht ändern. Es kam, wie es kommen musste: Wir trennten uns, trotz unserer Verbundenheit. Diesen wechselte aber auch nur den Aggregatszustand und wurde zu einer tiefen Freundschaft, die auch heute noch sehr lebendig ist.

Und auch später habe ich wieder und wieder geliebt und ich liebe heute noch. Ich liebe Menschen, viele Menschen. Ich liebe Männer am meisten, denn ich bin hetero. Aber ich liebe auch Frauen, selbst wenn sie mich sexuell nicht interessieren. Ich liebe meine Ex-Partner, denn sie haben lange mein Leben begleitet. Ich liebe meine Kinder und ich liebe meine Freunde. Ich liebe meine Seelenpartner und ich liebe meine Erdenlieben. Ich liebe diejenigen, mit denen ich einige Liebesmonate geteilt habe, und auch die, die mich viele Jahre begleitet haben. Für so viele Lieben ist Platz in mir. Und da ist noch Platz für viel Liebe in den kommenden Jahren und für viele neue, alte, bekannte und unbekannte Wesen.

Was ist die Seele?
Worüber reden wir hier eigentlich?

»Wenn einer 75 Jahre alt ist, kann er nicht fehlen, dass er mitunter an den Tod denke. Mich lässt dieser Gedanke in völliger Ruhe, denn ich habe die feste Überzeugung, dass unser Geist ein Wesen ist ganz unzerstörbarer Natur; es ist ein Fortwirkendes von Ewigkeit zu Ewigkeit. Es ist der Sonne ähnlich, die selbst unsern irdischen Augen unterzugehen scheint, die aber eigentlich nie untergeht, sondern unaufhörlich fortleuchtet.«

Johann Wolfgang von Goethe

Das Wort Seele kommt in zahlreichen Redewendungen vor wie beispielsweise »mit Leib und Seele« oder »Balsam für die Seele«, wir sprechen von unserer Seelenlage oder unserem Seelenleben. Was ist mit diesem wohlklingenden Wort eigentlich genau gemeint?

Die menschliche Seele wurde und wird unter sehr unterschiedlichen Aspekten betrachtet. Wer sich auf die Suche begibt, dem Wort Seele nachzuspüren, trifft auf diverse Lehren und Traditionen. Der Begriff findet sich im Zusammenhang mit der Mythologie, der Religion, der Philosophie oder der Psychologie. Im allgemeinen Sprachgebrauch verwenden wir Seele oft als Sammelbegriff für unsere emotionalen Empfindungen sowie für das, was sich in unserem Geist abspielt. Seele ist heute weitgehend dasselbe wie Psyche – ein Wort, das theoretischer, medizinischer und weniger seelenvoll klingt. Aber als Leitwort kann Seele ebenfalls für alles gelten, was unseren Gefühlsregungen zugrunde liegt, diese in eine Ordnung bringt und auf unseren Körper und dessen Funktionen ausstrahlt.

Viele Menschen glauben, unsere Seele sei unsterblich und der physische Tod könne ihr nichts anhaben. Sie nehmen an, unsere Seele werde nicht erst durch die Zeugung geschaffen, sondern finde nur vorübergehend eine Heimat in einem Körper. Wer so denkt, hält die Seele für die Essenz einer Persönlichkeit und den menschlichen Körper in seiner Vergänglichkeit für unwesentlich im Vergleich dazu. Eine besondere Sichtweise ist zudem die Lehre von der Reinkarnation oder Seelenwanderung. Diese geht davon aus, dass die Seele nacheinander in verschiedenen Körpern wiedergeboren werden kann.

Moderne Philosophen nehmen gegenüber der Seele sehr gegensätzliche Positionen ein. Manche gehen davon aus, sie existiere eigenständig und unabhängig vom Körper. Andere führen alles Mentale prinzipiell auf rein biologische Vorgänge zurück. Zwischen diesen Antagonismen bewegen sich die unterschiedlichsten Theorien, die das Mentale zwar für real halten, der Seele aber oft nur eine begrenzte Bedeutung beimessen.

Philosophie, Religion und Naturwissenschaft geben also verschiedene Antworten auf die Frage: »Was ist Seele?« Sie stimmen aber überein, dass Seele nicht gleich Materie ist. Die grundlegenden Unterschiede bestehen in dem angenommenen Verhältnis zwischen Seele und Körper.

Damit wir nicht aneinander vorbeireden

Die philosophischen Erklärungen sind mir persönlich zu theoretisch, ich liebe einfache und klare Vorstellungen, die mir eine Theorie veranschaulichen. Ich nutze gern den Wasserkreislauf der Erde als Bild, um mein Verständnis von Seele und Seelenpartnerschaft zu beschreiben.

Das Wasser auf der Erde befindet sich immerfort im Kreislauf. Er beginnt, wenn Wasser aus den Meeren verdunstet und dabei in die Atmosphäre gelangt. Der Wasserdampf steigt auf und bildet Wolken. Die Wolken werden landeinwärts geweht und bringen uns Niederschlag: Regen, Hagel oder Schnee. Ein Teil des Niederschlags wird von den Pflanzen aufgefangen und kehrt auf dem Weg der Verdunstung wieder in die Atmosphäre zurück. Wenn der Niederschlag den Boden erreicht, sickert er dort ein, wo er entweder bis zum Grundwasser vordringt oder langsam hangabwärts fließt. Die Bäche und Flüsse nehmen das Wasser aus der Umgebung auf und leiten es ins Meer oder in einen See zurück, um das Wasser zu ersetzen, das dort verdunstet ist. Das Wasser fließt also zurück und der Kreislauf beginnt von vorn. Wasser kann fest, flüssig und gasförmig sein. Kein Tropfen geht je verloren, jedes H_2O-Molekül war auch während der letzten sechs Milliarden Jahre der Evolution zu jeder Zeit schon an irgendeiner Position des Kreislaufs.

Das Wasser steht für mich für die Weltenseele, das allumfassende Sein, die Schöpfung, das EINE. Je nach Bewusstseinszustand kann sich jeder bewusst sein, an welcher Stelle im Kreislauf des Lebens er sich gerade befindet. Vielleicht fühlst du dich mit allen anderen Wassertropfen verbunden oder gehst gerade als einsamer Eisklumpen durchs Leben.

Was den Eisklotz zum Schmelzen und in Bewegung bringt, ist die Wärme der Sonne, die Liebe, das Glück. Ich mag dieses naive Kinderbild sehr.

Alle Seelen sind also letztendlich aus derselben Quelle entstanden und auf einer sehr tiefen Ebene sind wir alle miteinander verbunden. Das tiefe Gefühl, das ein Teil von uns fehlt, ist ein Hinweis auf die Sehnsucht unserer Seele, die umfassende Einheit wiederzufinden. Viele Menschen haben sich so weit von ihrem inneren Wesen entfernt, dass sie einen großen Schmerz und unerfüllte Sehnsucht in sich tragen. Diese tiefe Sehnsucht weckt uns auf, holt uns aus unserer Komfortzone und schubst uns letztendlich auf unseren Weg.

Bereits als Kind habe ich es oft erlebt, dass meine Seele meinen Körper verlassen hat. Das war für mich normal und ich machte mir keine Gedanken darüber. Ich reiste einfach ab und zu mal als Geist durch die Gegend, wie ich es nannte. Dass ich nicht mein Körper bin, war mir also schon mit etwa sechs Jahren bewusst, aber ich habe mich nicht besonders dafür interessiert. Später hatte ich eine Nahtoderfahrung, die mir wieder sehr deutlich machte, dass das, was ich bin, nicht mein Körper ist, auch nicht mein Verstand oder meine Gefühle, denn sie sind an einen Körper gebunden. In tiefer Meditation passiert es auch, dass ich körperlos werde, in der Stille der Natur oder im Schlaf.

 ## Was ist Seele für dich?

Finde den Zugang zu deiner eigenen Antwort, indem du dich fragst, ob du die menschliche Seele als an den Körper gebunden, als von Gott geschaffen und an den Körper ausgeliehen oder als real nicht existent betrachtest. Frage dich auch, ob diese drei Instanzen Körper, Seele und Gott deiner Wahrheit nahekommen oder ob diese für dich ganz woanders liegt.

Ich lade dich unbedingt dazu sein, mir nichts zu glauben, meine Worte immer kritisch zu hinterfragen und abzulehnen, was für dich nicht passend ist.

Was ist Seelenpartnerschaft?

»An etwas wie eine Seelenwanderung glaube auch ich, ich halte das eigentlich für selbstverständlich, sobald man anfängt zu denken. Dieser Glaube hat manches Beruhigende, aber er enthält auch die Erkenntnis, dass alles, was wir erleben, von uns selbst gewollt und herbeigerufen ist, und dann gibt es keine Ausflüchte und keinen Trost mehr gegen das bittere Schicksal, als sich damit einverstanden zu erklären und ›ja‹ dazu zu sagen, und das ist immer schwer.«

Hermann Hesse

Seelenpartnerschaft und Seelenliebe sind nicht mit dem Verstand zu begreifen, aber das Gefühl ist untrüglich und unverwechselbar. Oft (aber nicht immer) begegnet man seinem Seelenpartner auf eine ungewöhnliche Art und Weise. Obwohl diese Person fremd sein müsste, kann man diesem Menschen absolutes Vertrauen entgegenbringen. Es besteht eine tiefe Anziehungskraft und das Erstaunen über die erlebte Intensität ist überwältigend. Es ist ein Zustand absoluter Wahrheit.

Der Verstand kann dadurch auf eine ziemlich harte Probe gestellt werden. Was geschieht hier? Wieso fühle ich mich urplötzlich zu Hause mit und in dir? Wieso kenne ich dich, obwohl ich dich nicht kenne? Wie kann ich nicht in dich verliebt und dennoch zutiefst mit dir verbunden sein? Eigentlich »passt« du gar nicht zu mir und dennoch ...? Wieso spüre ich mich selbst, wenn ich dich berühre? Weshalb finde ich keine Worte, um dies zu beschreiben? Warum verlieren Raum und Zeit alle Bedeutung?

Der Verstand *kann* all das nicht verstehen. Das Herz aber ist voller innerem Wissen und tiefer Liebe. Der Körper zeigt oft heftige Reaktionen. Kälte, Hitze, Glühen, Elektrizität, Atemreflexe, Krämpfe, Schmerzen, Appetitlosigkeit, Herzschmerz … Die Seelenliebe ist bedingungslos. Sie ist inniger und tiefer als die zwischen Mutter und Kind. Sie lebt von dem Wunsch, die verwandte Seele in Glück und Zufriedenheit zu wissen.

Vielleicht gibt es eine unglaublich intensive sexuelle Anziehung zwischen den beiden Partnern, das muss aber nicht sein. Die Verbundenheit geht weit über erotische Anziehung und Verliebtheit hinaus und das vom ersten Augenblick an.

Es kann sein, dass sich beide nur ein intensives Gespräch lang »erkennen« und begegnen. Vielleicht verbringen sie aber auch Tage und Wochen gemeinsam. Vielleicht länger. Einige Menschen haben das Glück, mit ihrem Seelenpartner eine Lebenspartnerschaft zu teilen. Das ist ein Gottesgeschenk, das gar nicht so selten ist. Denn in jedem Leben kann es einen Seelenpartner geben. Auch mehrere. Sie bedeuten tiefe Liebe, aber nicht immer ewige gelebte Liebe, manchmal sind sie nur für eine begrenzte Zeit in unserem Leben.

Heutzutage finden sich immer mehr Seelenpartner, denn die Zeiten ändern sich: Grenzen lösen sich auf, Konventionen fallen, Entfernungen werden weniger wichtig. Es scheint daher so zu sein, dass sich immer mehr Seelenpartner (wieder) finden und gemeinsame Erfahrungen machen dürfen. Nicht zuletzt das Internet macht das möglich. Denn oftmals sind es zuerst geschriebene Worte, Codeworte, die in Resonanz gehen und die Seelenliebe freisetzen.

Dem Seelenpartner zu begegnen bedeutet ganz sicher nicht, dass alles Harmonie und Sonnenschein ist. Seelenpartner können sich ihre tiefsten Blockaden spiegeln, wodurch aber auch wahres persönliches Wachstum möglich ist. Für dieses Wachstum ist dein Seelenpartner da.

Trennungen und tiefster Liebeskummer sind oft Teil der Seelenpartnerschaft. Monate, Jahre oder Leben können zwischen den Begegnungen liegen. Haben die Seelen sich weiterentwickelt, trifft man sich wieder. In der Zwischenzeit lebt jeder sein Leben weiter. Neue Partnerschaften entstehen und neuartige Begegnungen mit Menschen, die das eigene Wachstum nähren. Nach und sogar auch *in* den Phasen des Getrenntseins profitieren beide von den Erfahrungen des anderen. Erst wenn man wirklich frei geworden ist und eine wichtige Erfahrung innerlich und äußerlich abgeschlossen hat, kann man sich (wieder) begegnen.

Manchmal scheint das Leben nach so einer Trennung wenig lebenswert, denn man will niemals mehr weniger erleben und begeht vielleicht den Fehler, andere Beziehungen und Begegnungen an der Intensität der Seelenliebe zu messen. Denn es ist schlicht so, dass nun nichts mehr so ist, wie es vorher einmal war.

Durch seinen Seelenpartner kann man lernen, den Weg zu sich selbst zu finden und man kann Erfahrungen machen, die wohl in den Händen der Schöpfung liegen.

Seelenpartner lehren Liebe(n).

Je mehr du mit deiner inneren Kraft verbunden bist und vergangene Beziehungen heilen lassen konntest, kannst du deinen Seelenpartner erkennen und eine Seelenliebe darf leben. Menschen, die ihren Seelenpartner gefunden haben, können viel bewegen und bewirken, sie besitzen enorme emotionale und geistige Kräfte.

Es gibt auch andere Worte für diese Seelenbegegnungen, die Seelenliebe, und viele Versuche von vielen Menschen, das Unbeschreibbare zu benennen: Seelenpartner, Dualseelen, Zwillingsseelen. Für mich sind die Bezeichnungen nicht wichtig, denn es sind nur »unselige« Worte für etwas, was sich in Worten ohnehin nur sehr reduziert beschreiben lässt. Wer es kennt, weiß, was ich meine. Wer es ersehnt, auch. Es interessiert mich nicht zu wissen, welcher Seelenart ich gerade gegenüberstehe. Ich bin. Und ich spüre den Menschen vor mir.

 ## Woran erkennst du, dass du einen Seelenpartner gefunden hast?

- Das erste Treffen verwirrt dich, wirft dich aus den gewohnten Bahnen.
- Deine Gefühle sind so intensiv wie noch nie zuvor.
- Du fühlst dich verletzbar wie noch nie zuvor.
- Du empfindest die Begegnung als schicksalshaft, als Ende einer langen Suche.
- Du hinterfragst die Umstände deines Lebens, stellst alles bisher Gewusste infrage.
- Du scheinst den anderen schon lange zu kennen, vom ersten Augenblick an. Manchmal kommt der Erkenntnisblitz aber auch erst nach längerer Bekanntschaft.
- Du fühlst dich zu Hause, angekommen.
- Es ist ein Licht in dir entflammt, hell, strahlend, innenwarm.
- Es gibt ein magnetisches Gefühl zwischen euch, für das Worte fehlen.

- Du fühlst dich, als hättest du vorher noch gar nicht richtig gelebt.
- Du empfindest eine tiefe Verbundenheit mit diesem Menschen.
- Du fühlst Gefühle, von denen du niemals gedacht hättest, dass sie möglich wären.
- Du fühlst dich untrennbar mit deinem Seelenpartner verbunden.
- Mit ihm verlieren Raum und Zeit jede Bedeutung.
- Es fühlt sich an, als gäbe es keine Grenzen und Barrieren zwischen euch beiden.
- Eure Gespräche, verbal und nonverbal, scheinen endlos zu sein.
- Du fühlst eine bedingungslose Liebe, ganz ohne Erwartung.
- Du weißt intuitiv, wie es deinem Seelenpartner gerade geht.
- Wenn dein Seelenpartner einen Schmerz in sich trägt, fühlst du diesen Schmerz.
- Du hast das Gefühl, vollständig zu werden, heil, ganz ...
- Du hast ähnliche Vorlieben und auch Schwächen. Ihr lernt miteinander.
- Du erlebst eine ungeahnte tiefe Intimität und innige Freundschaft.
- Bei einer Trennung fühlst du einen nie geahnten, fast unerträglichen Schmerz.
- Oft haben eure Leben wundersame Parallelen.
- Du weißt, dass sich dein Leben durch diesen Wachstumsprozess verändert.

Seelen haben kein Geschlecht!

Häufig werde ich gefragt, ob nicht auch gleichgeschlechtliche Seelenverwandtschaft entstehen kann. Natürlich, warum auch nicht? Ein Körper hat ein Geschlecht, eine Seele ist geschlechtslos. Allerdings hat es die Schöpfung klugerweise so einrichten können, dass heterosexuelle Menschen eher heterosexuelle Seelenliebe erleben und homosexuelle Menschen eben homosexuelle. Ja, wenn wir davon ausgehen, dass die Begegnung mit einem Seelenpartner den Sinn hat, das Bewusstsein zu schärfen, inneres Wachstum zu ermöglichen und wahre Heilung herbeizuführen, dann werden wir uns sicher leichter darauf einlassen, wenn wir die Seele in einem Menschen des »passenden« Geschlechts finden. Manchmal besteht die Herausforderung aber auch genau in der Begegnung mit einem Menschen mit dem »unpassenden« Geschlecht, was zu großer Irritation führen kann. So werden wir an die Grenzen gebracht und Mut, Toleranz, Ehrlichkeit und Vertrauen stehen auf dem Prüfstand.

 ## Seelenpartnerschaft und »irdische« Liebe

In einer Partnerschaft möchte man mit einem Menschen zusammenleben, der sensibel und aufmerksam ist und bei dem man eine wundervolle Verbundenheit tief im Inneren spürt. Menschen, die diese Verbundenheit erleben, vertrauen der Intelligenz des Herzens und genießen die innere Kommunikation ohne Worte. Doch ist es gar nicht so einfach, einen Seelenpartner zu finden und diese innige Verbundenheit zu spüren. Das Buch wird dir dabei helfen und es dir leichter machen, die Liebe ohne Limit zu leben. Wenn du einen Seelenpartner entdeckst, bemerkst du es schnell und spürst eine Liebe, die so anders ist als in bisherigen »normalen, irdischen« Liebesbeziehungen.

Ein sehr sensibler Mensch wird einen Seelenpartner viel leichter erkennen als weniger sensible Menschen, wenn sie ihm gegenüberstehen. Ein unkonventioneller Mensch wird sich eher auf die oft ungewöhnlichen Umstände der Begegnung einlassen können. In einer Partnerschaft, in der Seelenweisheit und innere Kommunikation vorherrschen, ist Sensibilität eine sehr wichtige Eigenschaft.

Jeder Mensch kann in einer Partnerschaft voller Seelenweisheit und im vollen Bewusstsein seines seelischen Ursprungs leben, doch muss er sich dazu frei von inneren Zwängen machen und sich offen der Sensibilität seines Herzens hingeben. Ist er innerlich frei, wird ihm der Seelenpartner leichter über den Weg laufen und er wird ihn mit der Intelligenz des Herzens erkennen. Dennoch ist Liebeskummer nicht ausgeschlossen! Sogar ganz im Gegenteil: Seelenpartnerschaft wird ziemlich sicher von Kummer begleitet sein, aber auch von allerhöchstem Glück!

 ## Die bedingungslose, grenzenlose Liebe

Die reine Liebe ohne Limit, die Seelenpartnerschaft, wird danach streben und so handeln, dass der Partner glücklich sein kann. Man möchte dem Partner das Leben erleichtern, die Herzensnähe für eine nicht enden wollende Liebe einsetzen und die innere Kommunikation zur Verständigung nutzen. Seelenpartner verstehen sich oft ohne große Worte und reagieren aufeinander so sensibel, dass der eine Partner weiß, was der andere möchte, ehe dieser es ausgesprochen hat. Diese Fähigkeit nennt man innere Kommunikation, die von Sensibilität und Sensitivität gesteuert wird.

Man kann das Schicksal nicht beeinflussen und die Seelenpartner aktiv suchen. Man kann sich aber durchaus intensiv darauf vorbereiten, die Liebe ohne Limit zu leben: durch radikale Selbstliebe, vollkommene Ehrlichkeit sich selbst gegenüber, gepaart mit liebevoller Offenheit gegenüber anderen Menschen.

Trifft man dann einen Seelenverwandten und spürt die Nähe und Verbundenheit, wird man alles daran setzen, die Partnerschaft mit diesem Menschen einzugehen und ein Leben voller Machtfreiheit und Liebe zu genießen. Allerdings gelingt das nicht immer.

Schon beim Kennenlernen der Seelenpartner kann man ein ganz besonderes und bisher nicht bekanntes Gefühl erleben. Manchmal kommt das Erkennen, dass man seinen Seelenpartner gefunden hat, aber auch erst nach Jahren, und zwar dann, wenn der eigene Entwicklungsprozess der Selbstliebe die Bereitschaft dafür geschaffen hat. Um die Selbstliebe zu erlernen, muss man natürlich nicht in einer Partnerschaft sein.

Die Seelenliebe ist nicht einfach nur Liebe. Das Gefühl, man würde sich schon ewig kennen und wüsste, was der andere spürt, lebt tief im Bewusstsein und lässt sicher erspüren, wenn man den Seelenpartner gefunden hat.

Ohne Sensibilität kann der Seelenpartner neben dir auf dem Sofa sitzen und du wirst es nicht merken. Hörst du aber auf dein Inneres, wirst du die innere Kommunikation in dem Moment spüren, in dem die Seelenweisheit zeigt, dass du einen Seelenpartner gefunden hast. Die Partnerschaft mit einer geliebten Seele wird von tiefster innerer Verbundenheit geleitet, egal ob man ein Leben miteinander teilt oder nicht. Selbst wenn du nicht mit deinem Seelenpartner zusammenleben kannst: Die Seelenverwandtschaft bleibt.

Die gelebte Beziehung mit einem Seelenpartner kann ein Leben lang halten, muss es aber nicht. Ein Zusammensein oder -bleiben ist keine Bedingung für bedingungslose Liebe!

 ## Seelenpartnerschaft und »normale« Liebe?

Was ist denn nun der Unterschied zwischen Seelenliebe und »normaler« Liebe. Ich kann von mir selbst berichten und von vielen klärenden Gesprächen mit Rat suchenden Menschen. Ein Merkmal ist ein Paradoxon: Wenn du deinen wahren Seelenpartner gefunden hast, kann es sein, dass du nicht einmal »unbedingt« mit ihm zusammenleben möchtest, nachdem eine erste Verliebtheit abgeklungen und die Lebensrealität zurückgekehrt ist. Ein Zusammensein wäre zwar vielleicht schön und würde dich glücklich machen, ist jedoch keine Bedingung für eine tiefe Seelenliebe.

Es kann sein, dass du allein durch das Erkennen der Seelenverwandtschaft einen inneren Entwicklungsschub machst und dass eine kurze Zeit, die du mit deinem Seelenpartner verbringst, ausreicht, um Impulse und Inspiration in dein Leben zu bringen. Vielleicht möchtest du aber dennoch nicht unbedingt deinen Alltag mit ihm teilen, vielleicht hast du ja sogar einen anderen Lebenspartner, der dir wirklich viel bedeutet und mit dem du zusammenbleiben möchtest. Deinen Seelenpartner dann hin und wieder zu hören oder zu lesen, reicht dir völlig aus.

Die tiefe innere Verbundenheit der Seelen braucht nicht unbedingt Realität im Alltag. Die irdische Liebe braucht hingegen das gelebte Leben, Berührungen innen und außen und am liebsten auch einen gemeinsamen Alltag.

Reicht das alles, um eine Seelenpartnerschaft zu erkennen?

Es gibt keine Regeln und es gibt keine Verallgemeinerungen in der Liebe, weder in der irdischen noch in der seelischen. Ich weiß, dass das schwer zu akzeptieren ist, dennoch kann ich keine Regeln anbieten, außer einer: Frag deine eigene Seele, befrage dein Herz, spüre, ob da ein *Brauchen* und *Wollen* oder ein *Loslassen* und *Lieben* (frei von Erwartung und Anspruch) ist. Brauchen und Wollen sind wahrscheinlich keine Seelenliebe, diese existiert jenseits davon. Dennoch: Wir sind bedürftige Menschen mit einem Körper, der die Nähe sucht, einem Verstand, der Erklärungen braucht, und Gefühlen, die gelebt werden wollen.

Hilft dir das? Nein? Leider kann ich nichts anderes dazu sagen. Seelenliebe ist nicht leicht, Seelenliebe ist eine einzige Herausforderung an das eigene Wachstum: hin zu dem, wie wir gemeint sind. Einen Seelenpartner (es kann ja mehrere geben) gefunden zu haben, ist wunderschön, aber auch oft nicht leicht, ich weiß es wirklich. Es ist zugleich unendlich beglückend und wahrhaft lebensverändernd.

Menschen, die ihrem Seelenpartner begegnet sind, unterstreichen dieses Erlebnis oft als den Beginn eines vollständigeren, neuen Lebensgefühls. Unabhängig, ob es am Ende Zufall oder Schicksal ist, der Mythos und die Sehnsucht nach Seelenverwandtschaft fasziniert Menschen seit Hunderten von Jahren.

Seelenpartnerschaft wissenschaftlich oder rational ergründen zu wollen, würde diesem Ideal einer Partnerschaft seinen einzigartigen Zauber rauben. Denn dem breiten Spektrum an Gefühlen Ausdruck zu verleihen, die Menschen empfinden, die eine Seelenverwandtschaft zu ihrem Partner spüren, scheint schier unmöglich. Dennoch gibt es viele Gemeinsamkeiten, die immer wiederkehrend sind. So verspüren die Seelenpartner nicht nur eine innige geradezu telepathische Verbindung zueinander, sondern fühlen sich auch zum ersten Mal in ihrem Leben dem Einssein mit der gesamten Existenz so nahe wie nie.

Das Gefühl des Verliebtseins und die Phase des gegenseitigen Prüfens werden bei Seelenpartnern auch oft übersprungen. Unmittelbar wird eine tiefe Liebe empfunden, die irgendwie schon immer im Inneren gewartet zu haben scheint. Dies geht auch aus Mythen hervor, die besagen, dass Seelenpartner in früheren Leben oder anderen Existenzformen auseinandergerissen wurden und nun in ihrer menschlichen Hülle darauf warten, durch das Schicksal wiedervereinigt zu werden.

 ## Licht und Schatten der Seelenpartnerschaft

Durch die starke Intensität einer Beziehung mit einem Seelenpartner werden Trennungen oder Streit oft als unerträglich empfunden. Selbst dann, wenn die Liebe als grenzenlos und bedingungslos erlebt wird, ist eine Auseinandersetzung oder gar der Verlust des Seelenpartners unglaublich schmerzhaft. Das Gefühl der Einsamkeit ohne den anderen macht scheinbar sprach- und machtlos. Dennoch darfst du dich nicht abhängig von der Liebe deines Seelenpartners machen, denn auch sie ist kein Garant für eine Partnerschaft bis in die Ewigkeit. Denk immer daran: Auch Seelenliebschaften können enden, wenn sie ihre Aufgabe erfüllt haben.

Angst vor Trennung oder Verlust ist wohl die verständlichste Sorge in jeder Partnerschaft, aber sie darf nicht störend auf den Alltag Einfluss nehmen. Zeit ohne den Partner zu verbringen, ist keine verlorene Zeit, zumal auch ein stabiler Freundeskreis und starke Familienbande positiv auf die Partnerschaft einwirken können. Seelenverwandtschaft bedeutet nämlich nicht, gegenseitig der einzige Lebensinhalt zu sein, sondern durch die gemeinsame Zeit menschlich und spirituell zu reifen. Manchmal bedeutet das, dass die Partnerschaft beendet ist, wenn der Lern- und Wachstumsprozess abgeschlossen ist.

Einen Seelenpartner zu finden und einen magischen Moment des Erkennens zu erleben, ist die Wunschvorstellung vieler Menschen. Allerdings können diese Wünsche und damit verbundenen hohen Ansprüche an einen Partner sehr hinderlich sein. Denn manchmal bewirken sie keine Öffnung für andere Menschen, sondern genau das Gegenteil.

Potenzielle Partner werden dann oft nicht mehr in Betracht gezogen, nur weil die ersten Begegnungen nicht mit einem magischen Gefühl der Verbundenheit einhergingen. Doch warum sollten nicht auch Seelenpartner ein wenig Anlaufzeit brauchen? Schließlich ist das Gefühl, endlich bei dem Menschen, zu dem du gehörst, angekommen zu sein, immer ganz besonders, unabhängig ob es in einem Augenblick entstanden oder langsam gewachsen ist.

Es geht also auch hier, wie in so vielem, um das Loslassen von Vorstellungen und die Öffnung für vielweite Möglichkeiten.

# »Wahnsinnige Verliebtheit« und Seelenpartnerschaft

Leider gibt es jede Menge Gefühlsverwirrungen, weil »wahnsinnige« Verliebtheit mit der Begegnung mit einem Seelenpartner verwechselt wird. Ich erhalte jede Woche Fragen von Menschen, die von einer krankhaften, weil krankmachenden, Sucht nach einem Menschen berichten und dabei von ihrem Seelenpartner sprechen. Sie erleben intensive Verliebtheitsgefühle, glauben oft, ohne den anderen nicht mehr leben zu können, haben sich zum Stalker entwickelt oder Selbstmordversuche unternommen. All das hat mit Seelenverwandtschaft und Lieben ohne Limit nichts zu tun. Das ist Eingrenzung, Beschränkung und Leid, keine Liebe.

Gerade hochsensible und hochsensitive Menschen erleben das Verliebtsein manchmal als leidvoll, anstatt von dieser umfassenden Beflügelung ihres Seins beglückt zu sein. Das ist jedoch kein Hinweis auf psychopathologisches Geschehen, sondern auf das intensive Wahrnehmen mit allen menschlichen Sinnen zurückzuführen, was zu einer momentanen Reizüberflutung führen kann. Es ist lernbar, durch Übung und Übungen, mit intensiven Wahrnehmungsreizen umzugehen. Das Liebesgefühl ist aber meist wunderbar intensiv lebendig (auch wenn es nicht erwidert wird) oder aber berauschend und beglückend (wenn es erwidert wird).

Was unterscheidet das totale Verrücktsein nach jemandem von Seelenpartnerschaft? Das Gefühl der Schmetterlinge im Bauch ist sicher jedem bekannt. Aber es gibt große Unterschiede in den Auswirkungen: Handelt es sich um eine gegenseitige Zuneigung oder doch eher um eine reine Tagträumerei, die nicht erwidert wird? Ist eine so starke Gefühlsneigung und Fixierung entstanden, dass sich der Betroffene kein Leben mehr ohne den anderen vorstellen kann, dann kann man das als ausgewachsene Liebessucht bezeichnen, und das hat nichts mit Seelenliebe zu tun.

In dieser Liebessucht können in schlimmster Ausprägung sogar Wunsch- oder Wahnvorstellungen zu einem Liebsten oder einer Liebsten aufgebaut werden, die keineswegs der Wirklichkeit entsprechen. Diese extreme Verliebtheit führt dazu, dass sich der Betroffene in eine Scheinwelt begibt, in der seine Liebesvorstellung den kompletten Alltag beherrscht. Er möchte mit aller Macht das haben, was er so sehr begehrt, und würde auch alles dafür tun.

Jeder Gefühlsneigung sollten auch Taten folgen. Wenn nicht, flaut der Rausch gesunderweise einfach nur ab und die Verliebtheit ist vorbei, wenn man sie nicht weiter mit Wunschvorstellungen nährt. Ein Mensch aber, der zur übersteigerten Verliebtheit neigt, wird oft völlig realitätsfremd. Manchmal nimmt er zwar noch alles andere um sich herum irgendwie wahr, doch das Liebesgefühl beherrscht sein Leben. Alle Gedanken kreisen um die »geliebte« Person, sämtliche Gefühlsregungen werden auf diese Person umgemünzt und Nichts und Niemand ist mehr so wichtig wie sie. Diese übertriebene und oftmals nicht erwiderte Liebe unterscheidet sich zwar für den Betroffenen augenscheinlich nicht von der Seelenverwandtschaft und Liebe ohne Limit, doch wenn er ehrlich zu sich selbst ist, dann weiß er, dass ein Gefühl, das ein schmerzhaftes Maß an Intensität annimmt, für ihn ungesund ist. Hier darf und sollte er werten und bewerten, was ihm gut tut oder schadet. Leider fehlt oft gerade diese Erkenntnisfähigkeit.

Wenn ein Mensch der Scheinwelt der Liebessucht verfallen ist, so kann das auch eigene Schattenthemen aufzeigen. Die Emotionen werden auf das Liebesobjekt projiziert und es wird intensiv versucht, eine Bindung zu dieser Person aufzubauen.

Die übertriebene Verliebtheit ist nicht so einfach zu beherrschen. Dennoch muss man sich ihrer bewusst werden und das Ziel entwickeln, das Leben wieder unabhängig und frei in den Griff zu bekommen. Eine unerfüllte Verliebtheit zu überwinden ist nicht leicht, doch wenn genug Abstand gehalten wird, kann man die eigenen Gefühle leichter überprüfen und verändern, als wenn weiter Kontakt besteht. Am besten unterbricht man den direkten Kontakt zu der Person und versucht wieder zu einem eigenständigen und unabhängigen Leben zurückzukehren. Das hört sich zwar leicht an, doch die Herzschmerzen werden ohnehin kommen. Oftmals kann man nur mit einer permanenten Kontaktsperre dafür sorgen, dass die vormals angebetete Person realistischer betrachtet und empfunden wird. Außerdem wird ein sensibler Mensch mit der Zeit feststellen, dass es ihm besser geht und der Körper das unangenehme Stressgefühl auch bald abbauen kann, denn der Körper strebt immer nach Entspannung. Bei manchen Menschen dauert dieser Prozess wenige Wochen an und bei anderen viele Monate.

Der Leidensweg kann oft lang erscheinen, doch es ist der einzige Weg, um irgendwann wieder jemand anderen lieben zu können. So eine schmerzhafte Verliebtheit besetzt einen empfindsamen Menschen regelrecht und diese Intensität verhindert eine Neuorientierung zu einem Menschen, der die Liebe dankbar annimmt und auch gemeinsam erleben möchte.

Wenn eine echte Partnerschaft besteht, kommt bei Liebessüchtigen ein anderer Aspekt hinzu: Schnell neigen sie nämlich dazu, den Geliebten einzuengen, ohne dass es ihnen vielleicht selbst bewusst ist. Doch das bewirkt nur das komplette Gegenteil des Gewünschten und verschreckt genau das, was das Herz begehrt.

Seelenwanderung als mögliche Erklärung für Seelenliebe

Die bereits erwähnte Reinkarnationsforschung könnte ein mögliches Erklärungsmodell für Seelenverwandtschaft und Seelenpartnerschaft liefern. Dieses unmittelbare Gefühl des »Erkennens« des anderen, was sich wie ein »Wiederfinden« anfühlen kann, ließe sich mit der Idee der Reinkarnation gut erklären. Der Glaube an die Wiedergeburt ist in unserer Zivilisation mittlerweile recht verbreitet. Viele sind demnach der Ansicht, dass der Tod nicht gleichzeitig für das endgültige Ende steht.

Die im Osten beheimatete Lehre von der Reinkarnation beruht auf der Annahme, dass sich nach dem Tod des Menschen dessen Seele vom Körper löst und zugleich – oder erst später – in einem anderen Körper wiedergeboren wird. Am frühesten nachweisbar ist der Gedanke der Seelenwanderung in Indien. Sämtliche Hindureligionen haben die Vorstellung von der Seelenwanderung mehr oder weniger stark aufgenommen und auf ihre Weise entwickelt. Die Grundidee ist in hinduistischen sowie buddhistischen Überlieferungen zu finden. Allerdings vertreten beide Religionen nicht exakt dieselbe Ansicht.

Die Vertreter des Buddhismus sprechen zumeist von Wiedergeburt. Hierunter verstehen die Gläubigen, dass lediglich eine Form der Lebenskraft von einer Existenzform in die andere übergeht. Es erfolgt eine Wiederverkörperung ohne Seelenwanderung, denn ein Individuum besitzt keine Seele und einen vergleichbaren Persönlichkeitskern gibt es nicht.

Hinduisten gehen hingegen davon aus, dass auch die Persönlichkeit bei der Wanderung der Seele mit in den anderen Körper übergeht und im neuen Dasein erhalten bleibt. Reinkarnation ist nicht nur dem Menschen vorbehalten, sondern umfasst auch Pflanzen und Tiere. Im nächsten Leben erfolgt die Vergeltung aller Taten des vorherigen Lebens, guter sowie böser.

Diese und weitere Differenzierungen zwischen den Religionen werden also durchaus kontrovers diskutiert. Unstreitig ist, dass sich diese Ansichten zur Wiedergeburt wesentlich vom Verständnis unserer Erlebnisgesellschaft unterscheiden. Hierzulande gehen viele davon aus, dass Reinkarnation als eine Art »Reset-Taste« zu verstehen ist, die das Leben »auf Anfang« stellt – mit neuen Möglichkeiten und Chancen. Manche Menschen verstehen Reinkarnation auch als eine Art spirituellen Darwinismus, als Evolution auf dem Weg zur Selbstvervollkommnung.

Als ich vor mehr als fünfundzwanzig Jahren viele Sitzungen bei Reinkarnationstherapeuten hatte und selbst eine Ausbildung zur Reinkarnationstherapeutin absolvierte, hatte ich jede Menge interessante Rückblicke in frühere Leben. Ich habe aber sehr schnell Abstand davon genommen, weil es irgendwann nicht spannender war, als einen guten Film zu schauen, der aber genauso wenig mit meiner Lebensrealität zu tun hat wie irgendeine Erfahrung in anderen Jahrhunderten, auf anderen Kontinenten und in anderen Lebensaufgaben. Ich lebe heute! Und das mit viel Lust und aller Intensität, die mir möglich ist.

Wer aber einmal eine Nahtoderfahrung hatte, so wie ich, der wird ganz unumstößlich wissen, dass das innere Wesen nicht mit dem Körper stirbt. Ich weiß, ich bin nicht mein Körper. Ich bin auch nicht das Ich, das hier im Leben seine Erfahrungen sammelt und Glück und Leid erfährt. Ich bin nicht mein Ego, das Wünsche, Willen, Vorstellungen und Bedingungen ans Leben hat.

Aber – und das wird dich vielleicht verwundern – es ist mir herzlich egal, welche Erklärungsversuche für die Seelenpartnerschaft, Seelenverwandtschaft gemacht werden. Für mich steht eins fest: Ich lebe *jetzt*, ich lebe heute, ich lebe in diesem Körper und mit meinen ganz persönlichen Lebensbedingungen. Aus all dem will ich das Beste machen, was mir möglich ist.

Mir ist es völlig wurscht, ob ich früher schon einmal mit einer Seele in einem anderen Leben verbunden war. Es ist mir auch egal, ob ich mal die Mutter meines Liebsten war oder sein Sohn oder sein Mörder oder sonstwas. Solche Spekulationen bringen mich nicht weiter in meiner Liebesfähigkeit, und dich auch nicht, wenn du heute und jetzt liebevoll leben willst.

Ganz im Gegenteil, denn solche Bilder werden oft als Entschuldigung benutzt, um die Verantwortung auszulagern und Probleme in der Gegenwart zu erklären. Erklärungen nützen aber nichts. Es geht ums Handeln im Hier und Jetzt und um nichts anderes. In den beiden nächsten Kapiteln werde ich dazu einige vielleicht unbequeme Thesen aufstellen, die manche spirituelle Menschen nicht mögen werden.

Marion, 43

Ich lebe jetzt seit fünfzehn Jahren in einer glücklichen Beziehung mit meinem Seelenpartner. Allerdings möchte ich dabei erwähnen, dass ich bis vor ein paar Wochen nicht einmal wusste, dass der Mann, den ich im Januar 2001 »rein zufällig« im Internet kennenlernte, mein Seelenpartner ist. Was ich allerdings von der ersten Sekunde an wusste, war, dass ein unsichtbares Band zwischen uns ist. Ich hatte mich nie mit dem Thema Seelenverbindung auseinandergesetzt, obwohl wir oft gesagt bekommen: Ihr seid ein Herz und eine Seele.

Natürlich hatten wir auch viele Schwierigkeiten. Der Weg, den wir gingen, war sehr steinig und überaus schwer. Entscheidungen, die getroffen werden mussten, waren eine sehr große Herausforderung für unser Leben und unsere Liebe. Aber wir sind den Weg gegangen. Gemeinsam gegangen!

Egal wie schwer und aussichtslos uns die eine oder andere Situation auf unserem Weg auch vorkam, wir haben immer zusammengehalten, sind immer offen und ehrlich miteinander umgegangen, und vor allem haben wir immer über alles gesprochen.

An so etwas wie Zufall glaube ich schon lange nicht mehr, denn so viele Parallelen, wie sie unser Leben begleiten, können kein Zufall mehr sein. Ich glaube, der Weg, den man geht, ist von einer höheren Macht schon vorgegeben, und jeder von uns muss einen vorbestimmten Weg gehen, um Erfahrungen zu sammeln, ob nun mit einem Partner oder ohne. Uns wurde, und dafür bin ich sehr dankbar, die Möglichkeit gegeben, den Weg gemeinsam zu gehen. Vielleicht fühlt es sich darum auch so gut an. Denn wir wissen, wir haben alles richtig gemacht.

Die Leben, die wir bis zu unserem Kennenlernen führten, waren in vielerlei Hinsicht so identisch, dass es eigentlich schon erschreckend ist. Dieses vertraute Gefühl, wir würden uns schon unser ganzes Leben kennen, das wir vom ersten Blick in die Augen des anderen hatten, war und ist unglaublich. Aber wunderschön! Ich kann heute sagen, wir sind wahnsinnig glücklich und auch nach fünfzehn Jahren noch verliebt wie am ersten Tag.

Wir hatten uns damals im Internet kennengelernt, wir hatten uns ein paar E-Mails hin- und hergeschickt, ein paar Mal telefoniert und bald waren wir uns einig: Wir mussten uns persönlich sehen.

Nachdem wir geklärt hatten, dass weder er noch ich an einer Beziehung, die über das Freundschaftliche hinausgeht, interessiert sind, verabredeten wir uns vier Wochen nach dem ersten Kontakt. Max war zu diesem Zeitpunkt mit seiner zweiten Frau verheiratet und ich lebte in Scheidung von meinem zweiten Mann. Eine neue Partnerschaft stand für mich außer Frage, ich lebte nur für meine drei Kinder. Unser Treffpunkt war eine Hauptverkehrsstraße, wo viele Menschen unterwegs waren, und obwohl ich nicht wusste, wie der Mann aussieht, mit dem ich mich treffen wollte, lief ich wie ferngesteuert auf ihn zu. Mein Kopf sagte mir immer nur: »Hoffentlich ist er es ...« Max empfand es, wie er mir sagte, genauso.

Wir gingen in ein Restaurant und blieben, bis dieses schloss, anschließend saßen wir bis in die Morgenstunden in seinem Auto. Wir redeten und lachten. Es war traumhaft schön. Wir fühlten uns so geborgen wie nie zuvor. Sogar das Auto, indem wir saßen, kam mir vertraut vor. Ich verspürte ein bisher unbekanntes Glücksgefühl im Herzen, was mich auch wiederum traurig machte, als wir uns zum Abschied die Hand reichten und ich nach Hause lief.

Ich glaubte, ich würde ihn nie wiedersehen, schließlich hatte ich ihm ja mehr als deutlich gesagt, dass ich nach zwei gescheiterten Ehen definitiv mit der Männerwelt abgeschlossen habe. Außerdem war er verheiratet und auch darum für mich tabu. Als ich abends dann den PC anmachte, hatte ich eine E-Mail von Max. Er bedankte sich noch mal für den schönen Abend und schrieb mir, dass er noch nie im Leben so glücklich war. Als ich das las, konnte ich meine Tränen nicht mehr zurückhalten. In mir herrschte ein Gefühlschaos, wie ich es irgendwie nicht beschreiben kann. Als meine Tochter fragte: »Mama, warum weinst du, bist du traurig?«, antwortete ich ihr: »Ich weine, weil ich glücklich und zugleich traurig bin. Glücklich, weil ich etwas gefunden habe, was ich immer vermisst habe, und traurig, weil ich es nicht behalten darf.« Was es aber war, was ich mein Leben lang vermisst hatte, konnte ich ihr damals nicht erklären. Wie auch? Ich wusste es ja bis dato selbst nicht.

Zwei Wochen später rief Max mich an und bat mich um ein weiteres Treffen. Er müsse mir etwas sagen, was er nicht am Telefon sagen könne. Ich war so glücklich, seine Stimme zu hören, es war, als machte

mein Herz Luftsprünge. Ich sagte zu ihm: »Na, du bist mir ja ein Herzchen. Erst meldest du dich zwei Wochen gar nicht, sodass ich davon ausgehen musste, du willst mit mir nichts zu tun haben, und dann willst du mich unbedingt treffen, um mir was zu erzählen.«
Ohne auch nur ansatzweise zu erahnen, was so wichtig sein kann, dass er mich unbedingt sehen muss, machte ich mich am nächsten Tag auf den Weg zum vereinbarten Treffpunkt – zu einem Treffen, das mein ganzes Leben verändern sollte. Max sagte mir, dass er und seine Frau sich getrennt haben und er jetzt erst mal bei seiner Mutter wohnt. Er habe, als wir uns das erste Mal begegnet waren, in mir die Frau wiedererkannt, die er schon sein Leben lang immer in seinen Träumen gesehen hat! Er wusste, dass seine Ehefrau, auch wenn wir nur eine freundschaftliche Verbindung haben würden, dem nie zustimmen würde. Mich nie wiedersehen zu dürfen, war für ihn schier unvorstellbar. Das wollte er auf keinen Fall riskieren, und so trennte er sich von seiner Frau. Überwältigt von seinem Geständnis und dem Wissen, dass Max das gleiche starke Gefühl zu mir hatte wie ich zu ihm, warf ich alle Bedenken meiner Bindungsunfähigkeit über Bord.
Seitdem führen wir eine wundervolle, liebevolle Beziehung.
Es fällt uns schwer, auch nur einen Tag voneinander getrennt zu sein. Einmal, als ich zu meiner Schwester nach Amerika flog, saß ich ständig heulend vor der Webcam am PC, statt die schöne Zeit mit meiner Schwester zu genießen. Max saß heulend in Deutschland am PC. Meine Schwester war mir deswegen nicht böse, sie meinte nur scherzhaft: »So verliebt wie ihr noch nach so vielen Jahren seid, ist auch nicht normal.« Unsere Angestellten sagten mir, nachdem ich wieder zurück war, ich solle bitte nicht mehr allein in den Urlaub fliegen, der Chef wäre unausstehlich, wenn ich nicht da bin.
Ich sage gern: »Meine geliebte verstorbene Oma und der verstorbene Vater meines Mannes haben sich im Himmel getroffen und beschlossen, dass Max und Marion zusammenfinden müssen.« Getreu dem Satz von Albert Einstein »Vorstellungskraft ist viel wichtiger als Wissen«,

habe ich mir immer vorgestellt, dass die beiden uns zusammengebracht haben. Heute weiß ich es.

Abschließend möchte ich noch kurz erörtern, was unsere Seelenliebe so besonders macht. Vielleicht kannst du es auch als Ratschlag für ein liebevolles Miteinander sehen. Blindes Vertrauen und unsere tiefe aufrichtige Liebe zueinander waren es, was unsere verletzten Seelen geheilt und gestärkt hat. Wir haben uns nie gegenseitig in unserer Weiterentwicklung ausgebremst, sondern uns immer gegenseitig den Rücken gestärkt, wenn sich einer von uns neue Ziele gesetzt hatte. So haben wir es geschafft, unsere Ziele nicht nur festzulegen, sondern auch zu erreichen.

Auch wenn uns durchaus bewusst ist, dass uns die größte aller Herausforderungen noch bevorsteht, sehen wir unserer Zukunft sehr positiv entgegen. Schließlich gilt es ja, noch ein paar Ziele zu erreichen.

Spiritualität:
Differenzierung und Gefahren

»Welche Religion ich bekenne? Keine von allen, die du mir nennst! ›Und warum keine?‹ Aus Religion.«

Friedrich Schiller

Für mich ist die Unterscheidung zwischen Spiritualität und Esoterik wichtig. Ich unterscheide diese Begriffe nicht nach ihrer etymologischen Bedeutung, sondern danach, wie sie heute ausgeübt oder kommerziell ausgenutzt werden. Spiritualität ist für mich die Suche nach dem persönlichen Lebenssinn und eine auf Geistlichkeit und Verbindung zur Transzendenz ausgerichtete innere geistige Haltung. Esoterik ist hingegen überhaupt kein inneres Geheimwissen mehr, das nur wenigen eingeweihten oder besonders berufenen Menschen vorbehalten ist, sondern sie ist zu meistens minderwertigem Kommerz verkommen.

Die Welt des Spirituellen bleibt denjenigen Menschen verschlossen, die ihre Sicht lediglich auf das Dingliche beschränken und auf das, was ausschließlich anhand der fünf externen Sinnesorgane (Nase, Ohren, Augen, Tast- und Geschmackssinn) wahrgenommen werden kann. Diesen Menschen genügt das sinnlich Erfahrbare und sie sehen sich auch nicht dazu veranlasst, nach dem Zweck und Sinn des Daseins zu fragen.

Daneben gibt es Menschen, die sich auch mit Dingen außerhalb des »anfassbaren« Alltags beschäftigen. Im Mittelpunkt ihres Interesses stehen dann Phänomene, die sich anhand der fünf Sinne nur beschränkt erklären lassen. Es sind Erscheinungen, die nicht selten als übernatürlich oder paranormal angesehen werden und sich als solche dem »gewöhnlichen« Bürger verschließen. Viele der Menschen mit übersinnlichen Wahrnehmungen versuchen andere, die solchen Dingen keinen Glauben schenken, von ihren Ansichten zu überzeugen, indem sie wie auch immer geartete Beweise oder Belege vorzulegen versuchen und geradezu »missionarisch« unterwegs sind. Sie nutzen allerlei Hilfsmittel, die den Zugang zu metaphysischen Welten ermöglichen sollen, und versuchen, ihre »besonderen« Wahrnehmungserlebnisse zu wiederholen. Das empfinde ich als sehr typisch für Esoteriker.

Eine andere Gruppe von Menschen will das Wesen der Existenz ergründen und sich dabei ebenfalls nicht auf das Alltägliche beschränken. Diese Menschen bekennen sich zu ihrer Spiritualität. Sie suchen dabei nicht nach etwaigen Erklärungen, Theorien oder Beweisen. Sie gehen ihrer Sache durch interpretations-, urteils- sowie absichtsloses Innehalten nach und schauen auf den Grund. Gelingen kann dies durch Introspektion. Der spirituelle Mensch, wie ich ihn verstehe, ist bemüht, sämtliche Erscheinungen beziehungsweise Phänomene lediglich als Prozesse seiner Wahrnehmung anzusehen.

Ich stehe zu meiner bodenständigen Spiritualität und distanziere mich von allen abhängig machenden Praktiken und Dogmen der Esoterik. Es ist nicht notwendig oder nützlich, dir von allerlei Experten Empfehlungen für die Suche nach deinem Seelenpartner geben zu lassen. Dafür brauchst du weder Channeling von Seelen oder Engeln, noch Dinkelkissen, Räucherstäbchen oder Mantrasingen, heilversprechende Steine unterm Kopfkissen oder um den Hals. Du brauchst keine speziellen Methoden, Praktiken, Symbole und erwachte Gurus.

Spiritualität ist ein ganz persönlicher Weg zur Einheit, Glück, Lebensfreude und umfassender Liebe. Und wenn ein Seelenpartner hinzukommt, umso besser.

 Verstand und Wirklichkeit

In unserer heutigen Gesellschaft sind wir bedingt durch Wissenschaft, Bildungsinhalte, Erziehung, vermittelte Werte etc. darauf gepolt, alles verstehen zu müssen. Wir analysieren, segmentieren, dokumentieren, testen, proben und vieles mehr, um alles Erfahrene dem Intellekt zugänglich machen zu können. Es ist ein ständiges Suchen des Verstandes nach Beweisen und Informationen. Oft erreichen wir lediglich dann einen Zustand der Genugtuung, wenn wir eine logische und wissenschaftlich fundierte Erklärung haben. Dabei müssen Studienergebnisse nach Möglichkeit über jeden Zweifel erhaben und unwiderlegbar sein. Hierbei wird sich auf Gesetze der Physik oder mathematische Naturgesetze berufen. Sämtliche als weltfremd anmutende Theorien oder unerklärliche Erscheinungen sind jedoch ebenso Bestandteile einer relativen Welt, also einer Welt, in welcher in jeder beliebigen Form gedacht werden kann – auch wenn dies viel Fantasie erfordert.

Jede Benennung oder Begrifflichkeit entstammt einem intellektuellen Kontext, dessen Parameter durch einen stark begrenzten Verstand entstanden sind. Demzufolge erfassen wir lediglich das, was unserem Gehirn zugänglich ist und nicht die absolute Wirklichkeit. Somit ist das, was wir als Wirklichkeit verstehen, nichts als reine Illusion. Sobald irgendetwas unseren Verstand durchläuft und dabei interpretiert wird, erscheint es auf absoluter Ebene nicht mehr als das, was es tatsächlich ist.

Spiritualität verzichtet auf jegliche Beeinflussung.

Auf die Erklärung und Deutung von Illusionen ist auch die Esoterik beschränkt. Lediglich der geistige, übermaterielle Anspruch trennt die Esoterik von der anerkannten Wissenschaft. Die Esoterik stellt dabei Dogmen auf. Sie müsste für mich auf Missionierung und Beweise verzichten, wenn sie sich tatsächlich als spirituelle Geisteshaltung verstehen würde. In der Spiritualität geht es um Klarschau und Geistesruhe und nicht um intellektuelle Analysen. Der spirituelle Weg führt zur Ergründung des eigenen Selbst, während die Esoterik die Gefahr birgt, sich durch andere Dinge abzulenken. Dies gefährdet den Weg der Selbsterkenntnis.

 ## Die Gefahren einer absichtsvollen Spiritualität

Spiritualität ist trendy. Immer mehr Menschen beschäftigen sich heute mit spirituellen Lehren aus den verschiedensten Traditionen, meditativen Körpertechniken oder der Einübung bewusstseinserweiternder Wahrnehmungsmethoden. Nicht nur Suchende sprießen wie Pilze aus dem Boden, sondern auch viele andere, die Methoden und Techniken anbieten. Was die meisten Menschen auf diesem spirituellen Pfad miteinander gemeinsam haben, ist die Suche nach dem Einssein, Erleuchtung, nach etwas Größerem.

Sie haben also eine Absicht und sind keineswegs absichtslos. Da stellt sich mir die Frage, welche Fallen diese Geisteshaltung mit sich bringt.

Was vor zwanzig Jahren noch vielen in unseren Breitengraden fremd war, ist heute ein Alltagswort geworden: Spiritualität. Immer weniger Menschen können mit westlichen religiösen Traditionen etwas anfangen und suchen nach dem Gefühl des Eins-Sein in exotischeren (von außen zugänglichen) Gefilden. Einige Meditationstechniken, besonders aus Asien, helfen dabei, Körper und Geist zu entspannen, was gerade in so schnelllebigen Zeiten wie heute eine wichtige Hilfe sein kann. Manchmal bringen diese Übungen tiefe transpersonale Erfahrungen mit sich, die man in einem zerstreuten Alltag nicht haben könnte.

Hat man einmal diesen Bewusstseinszustand und intensiven Geistesblitz erlebt, der in einer Meditation oder anderen Übung entstanden ist, werden diese Techniken rasch zu einem ständigen Begleiter. Was man sich früher von einem Gebet erhofft hatte, wird nun durch Meditation und mehr ins Zentrum des Lebens gerückt, wann immer man dazu Lust hat. Oft bringen regelmäßige Übungen in der Stille eine verstärkte Wahrnehmung mit sich, die Menschen plötzlich die Aura anderer Personen sehen oder die unausgesprochene Absicht eines anderen erkennen lassen.

Genau hier öffnet sich die Falle der Spiritualität. Man erlebt einen Kick, einen Geistesblitz und sehnt sich plötzlich danach, mehr von dieser süßen Wahrnehmung kosten zu dürfen. Ein Wiederholen wird verlangt, was zu einem Kreislauf führt, der in ein regelrechtes spirituelles Suchtverhalten ausarten kann.

Man kratzt sozusagen nur an der Oberfläche und belohnt sich dafür mit einem High-Gefühl, das alle Sorgen vergessen lässt. Auch das positive Denken kann man zu dieser Form der Verdrängung zählen. Durch positive Denkmuster finden zwar weitere neuronale Verknüpfungen statt, die Glück und das Erleben von Glück fördern. Allerdings helfen positive Affirmationen keineswegs, wenn gleichzeitig die Augen vor der akuten Realität und ihren Schattenaspekten verschlossen werden.

Denn spirituelles Wachstum kann nur stattfinden, wenn man sich an die eigenen dunklen Schattenseiten heranwagt: die Erlebnisse aus der Vergangenheit, die man am liebsten vergessen möchte, oder auch Eigenschaften, die man eigentlich nicht an sich entdecken will. Möchte man tatsächlich allumfassende Einheit finden, muss man zuallererst in die Tiefen der eigenen Schatten eintauchen. Dies ist meist ein schmerzhafter Prozess, doch dieser ist notwendig. Denn nur durch das Zulassen der (manchmal schmerzhaften) Wahrheit kann ein Mensch auf seinem Weg stetig wachsen.

 ## Balanceakt zwischen Ego und Erleuchtung

Tatsächlich haben diese spirituellen Kicks wenig mit Erwachen oder Erleuchtung zu tun, denn sie füttern lediglich das Ego eines Menschen. Unter Ego verstehe ich das, was meine irdische Persönlichkeit ausmacht: Gefühle, Gedanken, Bedingungen etc., was jedoch nichts mit der unsterblichen Seele zu tun hat. Die selbst geschaffene Identität – das Ego – kann trügerisch sein, das wahre Ich, das eigene innere Wesen überlagern und zu Problemen, nicht zuletzt in Beziehungen, führen.

Was ist das Ego? Der Begriff Ego steht also für das Ich und das eigene Selbstbild. Basis des Egos sind aber nicht die inneren, wahren Werte oder der tatsächliche Charakter, sondern Vorstellungen, die wir von uns entwickeln. Quelle dieses Selbstbildes sind oft äußere Aspekte, etwa Besitz, erworbene Fähigkeiten, Wissen und das soziale Umfeld. Es handelt sich daher um Aspekte, die im Laufe unseres Lebens hinzugekommen sind und nicht unser eigentliches Wesen ausmachen. Sich über diese Dinge zu definieren, spiegelt sich in Ideen wie »Ich bin, was ich besitze« oder »Ich bin, was ich weiß« wider.

Durch diese Orientierung an Äußerem entstehen Abhängigkeiten. Es entstehen Erwartungen, denn wenn wir uns als Ergebnis unserer Äußerlichkeiten ansehen, dann fühlen wir uns ohne bestimmte Äußerlichkeiten weniger wert. Glück wird vom Vorhandensein dieser Dinge abhängig: »Ich kann nur dann glücklich sein, wenn ich XY habe.«

 Das Ego in Beziehungen

Solche Ansprüche sind auch in Beziehungen vorhanden. Wir erwarten von unserem Partner bestimmte Eigenschaften, richten Anforderungen an ihn und sind enttäuscht, wenn diese Ansprüche nicht erfüllt werden. Beispiele sind etwa der Wunsch nach einem erfolgreichen Partner, der vielleicht sogar einen bestimmten Beruf ausüben und sich in bestimmter Weise verhalten soll. Dies ist die oberflächliche Beziehungsebene der Erwartungen und Ansprüche. Was aber, wenn sich der Partner oder ein eigentlich passender Kandidat nicht so verhält? Wenn er nicht den Beruf hat, den wir uns vorstellen, nicht unsere Interessen teilt oder nicht selbstverständlich auf unsere Wünsche eingeht, ohne dass wir diese überhaupt ansprechen müssen? Was, wenn er uns gar an schmerzliche Erfahrungen aus früheren Beziehungen erinnert?

 Die Rückbesinnung auf die Seele

Der Verzicht auf die gedankliche Bewertung erlaubt den Zugang zur eigenen Seele, zum wahren Selbst und einer ehrlichen, tiefgründigen Beziehungsebene. Dies kann gelingen, indem wir unsere Gedanken nicht bewerten. Sind wir letztlich

Beobachter unserer eigenen Gedanken, legen wir unser Ego, unser falsches Selbst ab. Wir versuchen, einen Abstand zu unseren Gedanken zu bekommen und sie nur wahrzunehmen. Wir sind einfach da, ohne innerlich Kommentare von »gut« oder »schlecht« abzugeben. Dann leben wir im Moment und nehmen die Schönheit des Augenblicks wahr. Aufkommende Gedanken sind wie Wolken, die vorbeiziehen, uns aber nicht beeinflussen müssen.

 ## Die Realität als Schlüssel zur Erleuchtung

Antworten auf unsere Probleme finden wir nur im Hier und Jetzt und in unserem Gegenüber, denn unser Leben hält uns jeden Tag einen Spiegel vor. All das, was uns nervt, sind eigentlich jene Eigenschaften, die wir in uns selbst finden werden, wenn wir es wagen, in diese Schatten hinabzutauchen. Spirituelle Praktiken können dabei helfen, unsere Umwelt und uns selbst bewusster wahrzunehmen. Doch sollten wir uns auch bewusst sein, dass ein »Sich-Verlieren« in den tiefen Sphären des Bewusstseins auch eine Art Drogenrausch darstellen kann, der uns im täglichen Leben nicht wirklich weiterhilft. Viel mehr können wir von unseren gelebten Beziehungen zu anderen Menschen lernen, wenn wir auch hier bereit sind, uns voll und ganz darauf einzulassen, mit all den hellen und dunklen Seiten. Dies ist sicherlich der ehrlichste und direkteste Weg zu Wachstum und Erleuchtung, oder wie ich es gern nenne: zum transpersonalen Bewusstsein.

 ## Das transpersonale Bewusstsein: Wach, eins, verbunden

Viele Menschen leben die meiste Zeit ihres Lebens in den geschaffenen Grenzen von Raum und Zeit und darüber hinaus auch im Bewusstsein, dass sie getrennt von allen und allem anderen sind. Im transpersonalen Bewusstseinszustand ist jedoch erfahrbar, dass diese Weltsicht nicht viel mit der Wirklichkeit zu tun hat. Wer das Gefühl bereits kennt, ganz und gar im Jetzt zu sein, ohne die Gedanken des Verstandes zu bewerten oder an ihnen festzuhalten, wer sich mit anderen Menschen, Tieren, Pflanzen oder sogar Gegenständen verbunden fühlt, hat schon transpersonale Erfahrungen gemacht und kennt den wachen Bewusstseinszustand.

Transpersonal – was bedeutet dieses Wort nun eigentlich? Es bedeutet, sich als nicht getrennt von der Umgebung und andern Menschen zu erfahren, das Persönliche zu überschreiten und sich in die Ebene des »Alles ist« zu begeben. In einem solchen Zustand bist du dir der vollkommenen Gegenwart gewahr. Du gelangst also aus der Vergangenheits- und Zukunftsebene heraus, die dein Leben schnell einzuschränken vermögen. Weiterhin trittst du aus der Ego-Perspektive heraus und wirst dir bewusst, dass du mit allem verbunden bist. Die wesentlichen Merkmale sind: Präsenz, Freiheit, Friede, Unendlichkeit und Verbundenheit. Man muss es erfahren haben, um zu wissen, worum es sich dabei wirklich handelt. Wenn man jemanden, der diese Erfahrungen noch nicht gesammelt hat, davon berichtet, ist es fast so, als würde man einem Blinden etwas über Farben erzählen oder einem Gehörlosen ein Musikstück näherbringen – beinahe unmöglich. Dennoch hier ein Versuch, der dir vielleicht bewusst macht, dass du ihn ebenfalls kennst, diesen besonderen Zustand des Bewusstseins:

- In einer transpersonalen Erfahrung überschreitest du deine eigenen Grenzen.
- Deine Ich-Perspektive rückt stark in den Hintergrund.
- Du wirst dir dessen bewusst, dass es eigentlich gar keine Grenzen gibt.
- Du fühlst, dass du mit allem verbunden bist. Die scheinbare Trennung bricht auf.
- Alles, was dich umgibt, kannst du wahrnehmen.
- Du merkst: Wenn du dein Denken, dein Bewusstsein änderst, ändert sich gleichzeitig die dich umgebende Welt, da alles nur eine Art Spiegel deiner selbst ist. Du putzt, wenn du im Spiegel einen Fleck auf deiner Nase siehst, ja auch nicht den Spiegel, sondern weißt, dass du deine Nase putzen musst, um etwas an deinem Spiegelbild zu verändern.
- Du erlebst den »göttlichen Funken«, als wäre er zum Greifen nahe.
- Du erlebst dich selbst als Teil eines größeren Ganzen.

Das kann zum Beispiel so beschrieben werden, als würdest du ein Puzzleteil sein. Die Welt ist das Puzzle. Dieses Puzzle wird erst durch alle individuellen Puzzleteile, zu denen auch du gehörst, vollständig. Es ergibt erst dann ein Bild. Jedes dieser Puzzleteile ist einzigartig, mit allen anderen verbunden und spiegelt in gewisser Weise das ganze Puzzle wider. Du kannst es auch mit einem Hologramm vergleichen.

Transpersonale Erfahrungen können ganz unterschiedlich ausfallen. Die persönlichen Umstände und Entwicklung sind dafür sehr entscheidend. Neben Einheitserfahrungen können auch zeitlich veränderte Erfahrungen auftauchen, wie die Erinnerung an ein vorgeburtliches Leben als Fötus oder auch erweiterte Sinneserfahrungen wie Hellsehen und Hellhören.

Außerdem ist es möglich, räumlich veränderte Erfahrungen zu sammeln – es könnte beispielsweise sein, dass du dich plötzlich mit Tieren oder anderen Personen identifizierst. Dabei werden dir die Innenwelten bewusst. Du siehst zum Beispiel einen anderen Menschen an und kannst plötzlich die Verbindung zu ihm spüren, ihr zerfließt förmlich miteinander, bildet eine Einheit und du siehst dich selbst in seinem Gesicht. Gleichzeitig merkst du, dass alle Zellen in dieser Einheit, die euch ausmacht, ständig in Bewegung sind.

Nach transpersonalen Erfahrungen geht das Leben weiter. Genauso wie vorher. Und doch ganz anders. Nichts ist mehr, wie es vorher einmal war, und dennoch wirst du Wäsche waschen, arbeiten gehen und deine Miete bezahlen. Aber du wirst dich immer daran erinnern, wie wahre Verschmelzung ist, und du kannst immer dahin zurückkehren. Das kann man tatsächlich üben: mit Meditation, Stille, Atemübungen und den Schwingungen von Musik. Aber du musst bereit sein dazu. Hundertprozentig bereit sein. Nur 95 Prozent reichen nicht aus.

Menschen, die dauerhaft im Zustand des Transpersonalen leben, gibt es auch. Manche nennen das Erleuchtung, andere Erwachen, Gottesbewusstsein oder Nirwana. Worte sind völlig unerheblich, denn sie sind viel zu reduziert, um das Große Eine zu beschreiben. Der Begriff Liebe ohne Limit beschreibt nichts anderes als das völlige Einssein mit allem, was ist. Diese Liebe ist wach, göttlich und heilsam.

Durch das Erleben eines transpersonalen Zustands, der oft als das völlig Loslassen erfahren wird, ist es für Menschen tatsächlich leichter, einen Seelenpartner zu finden. Sie sind in der Lage, hinter das Offensichtliche zu schauen oder besser: das innere Wesen eines Menschen zu erspüren und zu erkennen und mit diesem in Resonanz zu gehen. Daher sind

Stilleübungen, Meditationen und Atemerfahrungen wirksame Wege zur Öffnung für die Seelenpartnerschaft, die Liebe ohne Limit. Du findest einige gute Übungen im Kapitel »Wege zur Liebe ohne Limit«.

 ## Spirituelle Intelligenz

Um eine glückliche Seelenpartnerschaft zu führen (egal wie lange sie dauert), ist es also sehr hilfreich, die eigene spirituelle Intelligenz zu üben. Suche nach deinen eigenen Absichten und dem, was du einer Seelenpartnerschaft an Sinn zuschreibst. Wenn du dir einen Seelenpartner wünschst und er noch nicht in dein Leben getreten ist, dann frag dich nach den Gründen, warum du einen Seelenpartner suchst und warum du nicht einfach dem Leben seinen Lauf lassen möchtest. Sei weise und achtsam ...

Die spirituelle Intelligenz ist auch die Fähigkeit, Entscheidungen und Handlungen »weise« zu vollziehen. Auch die Merkmale Sinngebung, die Gabe der Inspiration und eine allgemein »erfolgreiche« Lebensführung sind Fähigkeiten, die zur spirituellen Intelligenz gerechnet werden. Spirituelle Intelligenz ist immer religionsunabhängig, das heißt, welchen Glauben ein Mensch vertritt, spielt nur eine untergeordnete Rolle.

Seelenpartnerschaft und Bewusstsein

»Wer sich nach Licht sehnt, ist nicht lichtlos, denn die Sehnsucht ist schon Licht.«

Bettina von Arnim

Ist eine Seelenpartnerschaft auch eine spirituelle Partnerschaft? Das werde ich häufig gefragt. Meine Antwort ist knapp: Kann sein, muss aber nicht.

Natürlich kann es auch intensive Liebesbegegnungen zwischen Menschen geben, die weder an eine Seele, noch an die Existenz von irgendetwas jenseits der materiellen Welt glauben. Ich glaube aber, dass ein Mensch, der nur an Verstand und Materie orientiert ist, nicht von Seelenpartnerschaft sprechen wird, selbst wenn er sie erlebt, sondern nur derjenige, der seelischen und spirituellen Dimensionen gegenüber offen ist. Die Auseinandersetzung mit spirituellen Themen ist immer Bewusstseinsarbeit und das Bewusstsein verändert sich bei vielen Menschen. Sogar ehemals rational geprägte Menschen begeben sich auf die Suche nach ... mehr. Und sie wünschen sich einen Seelenpartner für das Lieben ohne Limit.

Immer mehr Menschen erkennen die Einseitigkeit ihrer Gewohnheiten und Denkprozesse. Zudem haben sie es satt, Getriebene in einer zunehmend komplexen Welt der Oberflächlichkeit, des Konsums und der sozialen Kälte zu sein. Sie spüren den tiefen Drang, dem Sinn ihres Lebens auf den Grund zu gehen, eine Ahnung davon zu bekommen, dass es zwischen Himmel und Erde weit mehr geben muss, als unsere naturwissenschaftlich geprägte Gesellschaft zugeben kann. Viele Menschen sind auf der sehnenden Suche nach dem Sinn ihres Lebens. Sie bemühen sich umzudenken, andere Wege zu gehen, sich neu zu orientieren. Sie machen sich auf die Sinnsuche und verbinden das mit einer wachsenden Spiritualität. Oft sind sie in der zweiten Lebenshälfte und damit in der »Sinnphase« des Lebens.

Die Sinnsuche ist ein Zustand, der meist mit Unsicherheit, Unklarheit und Unterlegenheit einhergeht. »Suchen« kann einhergehen mit »aussuchen« und »untersuchen«. Und »finden« muss nicht gleich »vorfinden« oder »sich damit abfinden« bedeuten. Viel wichtiger ist es, das eigene Empfinden zu schulen, vor allem im Hinblick auf die eigene Freiheit. Spätestens in der Lebensmitte, wenn die beruflichen Ziele weitgehend erreicht sind und die Anspannung abfällt, werden sich viele bewusst, dass das Leben noch andere Facetten hat. An die Stelle des Zugewinns an Macht und Einfluss tritt dann die Frage, was man der Welt weiterzugeben hat.

Viele laufen dem Glück hinterher, und nur die wenigsten haben das Gefühl, anzukommen. Unser Anspruch ist oft zu hoch. Wir neigen dazu, Glück als Maximierung von Lust anzusehen und nur die Höhen gelten zu lassen. Die Tiefen, Schmerz oder Traurigkeit, müssen einfach ausgeschaltet werden, glauben viele. Wie ungeheuer stressig ist es jedoch, Glück als Dauerzustand anzustreben.

In dieser Sehnsucht nach Sinn und Glück haben Menschen das starke Bedürfnis, einen Partner zu finden, der ihre Sinnsuche versteht und teilt, damit ein gemeinsames Wachsen möglich ist. Die Spiritualität soll das tragende Gemeinsame in dieser Beziehung sein. Für viele Menschen stellt sich überhaupt die Frage: Finde ich meinen Seelenpartner über spirituelle Übungen, Methoden oder Selbstbearbeitung? Ja und nein. Es ist kein direkter Weg, nach dem Motto: Wenn ich dies und das tue, dann wird das passieren. Aber ja, wenn du dich selbst in allen Tiefen und Höhen wirklich kennst und dann bereit bist, dich so nackt und unmaskiert zu zeigen, wird eine Seelenliebe auf jeden Fall wahrscheinlicher, als wenn du deine Konventionen, Rollen und Funktionen als dein Sein begreifst.

 Seelische Wärme in einer kalten Welt

In unserer schnelllebigen und technisierten Welt dreht sich viel um Erfolg, Macht, Geld und Lifestyle. Doch viele Menschen können und wollen in diesem Hamsterrad, das von innen wie eine Karriereleiter aussieht, nicht mehr mitstrampeln. Sie fragen sich: Ist das alles? Wohin wird mich dieser Weg führen? Was bleibt in meinem Leben auf der Strecke?

In den vergangenen Jahrzehnten wurde das Geistige, unsere persönliche Spiritualität, immer weiter in den Hintergrund gedrängt. Konkurrenzdenken, Fortschritt, Wirtschaftswachstum, Globalisierung, Verwissenschaftlichung und Egozentrizität haben sich ausgebreitet. Eine fatale Entwicklung, denn verliert der Mensch die Verbindung zu seinem Innersten, zu seiner Seele, so kann das zerstörerische Auswirkungen auf ihn selbst und seine Umwelt haben. Wie groß das kollektive Unglück ist, das erkennen wir am immensen Bedarf an psychologischer Betreuung in unserer Zeit, eine unendliche Liste von Psychopharmaka benebelt immer mehr Menschen die Sinne und verspricht schnelle und einfache Lösungen.

Immer mehr Menschen aber ziehen die Reißleine und machen sich auf den spirituellen Weg zu sich selbst. Gewinnt diese Spiritualität eine größere Bedeutung im Leben, so regt sich klarerweise der enorme Wunsch, diese Erfahrungen mit einem Seelenverwandten zu teilen. Die profanen Elemente einer »irdischen« Partnerschaft, die körperliche sowie emotionale Bedürfnisbefriedigung, auch die wirtschaftlichen Abhängigkeiten, treten immer mehr in den Hintergrund und verlieren an Bedeutung. Es entwickelt sich im besten Fall eine gemeinsame Spiritualität, in der die Partner in wechselseitiger Wirkung Lehrer und Schüler gleichzeitig sind und ihre persönliche Entwicklung in all ihren Schattenseiten und Verwundungen hin zu einem erfüllten Leben weitertreiben. Ein fordernder und schmerzhafter, jedoch absolut lohnenswerter Prozess, der so manches bringen kann – Erkenntnis, Glück, Zufriedenheit.

Es sind nicht alle sinn- und bewusstseinssuchenden Menschen in der glücklichen Lage, mit einem Partner zusammenzuleben, der ihre Interessen teilt. Im Gegenteil, oft genug divergieren die emotionalen und spirituellen Ansichten sowie die zwischenmenschlichen und seelischen Belange. Trotzdem ist es möglich, die eigene Liebesfähigkeit und Liebenswürdigkeit zum Erblühen zu bringen. Durch die Wege zur Liebe ohne Limit kannst du dich selbst entfalten und damit vielleicht auch deine Partnerschaft in neue Dimensionen führen.

Manche Menschen sind auch gezielt auf der Suche nach einem Seelenverwandten. Es ist aber nicht immer einfach, den passenden Partner zu finden, der ebenfalls einen Weg der Selbstentfaltung geht und diesen gern teilen möchte. So sucht man sprichwörtlich die Nadel im Heuhaufen. Meine Empfehlung ist: Steh konsequent zu dir selbst, sei wahrhaftig und grundehrlich mit deinem Sein, deinen Sehnsüchten, deinen Ecken und Kanten. Das wird dann die Grundlage bilden, die dein Finden eines »passenden« Menschen möglich macht. Gerade die Wege zur Liebe ohne Limit »Geistesklarheit«, »Liebesbewusstsein« und »Visionen« werden dich dabei unterstützen.

 Ein Umgang mit Konflikten

Ja – auch in Seelenpartnerschaften gibt es Konflikte, so wie sie in jeder Beziehung vorkommen. Schon allein die bewusste Verarbeitung von Schuldzuweisungen und Missstimmungen birgt naturgemäß entsprechendes Potenzial für Streit. Wie damit umgegangen wird, das zeigt den Reifegrad einer Partnerschaft auf. Für viele spirituelle Menschen ist das Thema Konflikt negativ behaftet, was hauptsächlich durch die Erziehung begründet ist. Streiten darf man nicht, streiten ist schlecht!

Ein konstruktiv ausgetragener Konflikt kann aber auch etwas Positives sein. In den meisten Fällen löst er Veränderungen aus, bestehende unangenehme Situationen können bereinigt werden und neue Chancen tun sich auf. Entscheidend ist, dass das Konfliktthema erkannt und akzeptiert wird, um dann in liebevoller und unterstützender Weise aufgearbeitet zu werden. Für eine nachhaltige Lösung ist absolute Ehrlichkeit besonders wichtig. Partner haben oft eine nicht unbegründete Angst davor, eigene Wünsche und Ansichten zu äußern, weil sie befürchten, dass die Beziehung daran zerbricht. Diese Vernachlässigung der eigenen Bedürfnisse führt über kurz oder lang jedoch immer zur schmerzhaften Eskalation. Den richtigen Umgang mit Meinungsverschiedenheiten und Konflikten zu finden, stellt eine große Herausforderung in jeder Partnerschaft dar. Meistens haben diese Probleme aber einen höheren Sinn, der zu erkennen und anzunehmen ist, damit eine gemeinsame Lösung entwickelt werden kann. Konstruktives Streiten ist ein wichtiges Element in jeder Partnerschaft. Nichts verbindet zwei Partner mehr als gemeinsam gemeisterte Schwierigkeiten.

 ## Heilung – der Weg zum neuen Ich

Für viele Menschen stellen schwere Krankheiten, Verletzungen oder ein Burnout einen Wendepunkt in ihrem Leben dar. Sie werden sich bewusst, dass die bisherige Lebensweise, die gesteckten Ziele und die persönlichen Beziehungen nicht im Einklang mit ihrer Seele sind. Ein großer Teil unserer existentiellen Probleme geht auf eine große Dürre in spirituellen Dimensionen und Sinnentleerung zurück. Die Schulmedizin ist hervorragend entwickelt, um Symptome unserer Krankheiten zu behandeln, deren Ursachen bleiben aber oft verborgen. Aber es gibt durchaus auch wirksame alternative Heilmethoden, die die tiefen Wunden unserer Psyche entdecken, sie verwandeln und auf diese Weise auch dem Körper zur Gesundung verhelfen. Dass der Partner eine besondere Bedeutung in diesem Prozess hat, liegt auf der Hand. Ohne sein Verständnis und ohne seine Offenheit für die seelischen Ebenen der Krankheitsbewältigung kann jener Weg kaum bestritten werden, im Gegenteil, man ist auf die Unterstützung des partnerschaftlichen Begleiters stark angewiesen. Gerade darin liegt oft der Schlüssel, damit Heilung von Grund auf erfolgreich gelingen kann.

 ## Sexualität in einer spirituellen Seelenpartnerschaft

Sexualität und Spiritualität stehen für viele Menschen im Widerspruch zueinander. Die »niederen« körperlichen Triebe seien ein Hindernis für die geistige Befreiung, verkünden manche spirituellen Traditionen. Einige Menschen glauben auch, für die Qualität einer Seelenpartnerschaft sei Sexualität nicht das entscheidende Kriterium. Oft wird sie dann in den Hintergrund gedrängt, was stimmig sein kann, wenn es für beide Partner passt. Dennoch ist die sexuelle Bedürfnisbefriedigung oft (wenn auch beileibe nicht immer) ein wichtiger Bestandteil einer Beziehung.

Wie gehen nun spirituelle Menschen mit ihren sexuellen Bedürfnissen um? Viele versuchen tatsächlich, ihre sexuelle Energie umzuleiten und in »höhere Kanäle« zu lenken, was immer das ist. Wenn dies gelingt, kann dadurch höchste geistige Schöpferkraft erreicht werden, ungewöhnliche Leistungen bis hin zu übersinnlichen Erfahrungen sind möglich.

Obwohl es für eine erfolgreiche Umleitung von sexueller Energie verschiedene Techniken gibt, manche Menschen dafür sogar eine besondere Begabung haben, birgt diese Übung auch große Risiken. Wird die Sexualität nämlich lediglich verdrängt, kann das zu körperlicher Krankheit und Depression führen. Aus diesem Grund ist ein zwangloser Umgang mit Sexualität in einer Seelenpartnerschaft wichtig. Sexualität ist in einer Seelenliebe nicht von der emotionalen Bindung losgelöst und kein rein genitaler Akt, den ich ganz banales Sexen nenne.

Vielmehr kann durch enge geistige Vertrautheit und grenzenlose Liebe die Körperlichkeit in direkten Zusammenhang zum geistigen Erleben gebracht werden. Dies passiert beispielsweise bei tantrischen Übungen. Tantra – die mystische indische Lehre – verwebt Sexualität und Spiritualität zu einer Einheit und verhilft spirituellen Menschen zu einem neuen Denken. Diese Kunst erfordert eine tiefe Auseinandersetzung mit sich selbst, den eigenen Gefühlen und nicht zuletzt dem eigenen Körper. Sie stellt eine Alternative zum leistungsorientierten Sex dar, das lohnende Ergebnis kann in seiner komplexen Form von Intimität zur krönenden Erfüllung in einer spirituellen Partnerschaft werden.

Partnerschaft als Weg der Entfaltung

So wie alle Menschen verschieden sind, so ist auch jede Seelenpartnerschaft anders und muss ihren individuellen Weg der seelischen Entfaltung erst finden. Dafür gibt es kein Schema, ich kann dir keine Anleitung bieten, der du folgen kannst. Es gilt, in tiefer Auseinandersetzung mit dir selbst und deinem Seelenpartner den (gemeinsamen oder/und getrennten) Weg als Lebensaufgabe zu manifestieren. Seelenpartner, die ein gemeinsames Leben und eine Liebesvision haben, unterstützen sich bewusst und liebevoll dabei, in ihrer geistigen Entwicklung zu wachsen, ohne in gegenseitige Abhängigkeit zu geraten. Wichtig bei dieser gemeinsamen Reise ist jedoch, den Alltag nicht aus den Augen zu verlieren. Vielmehr solltest du deine Spiritualität abseits jeder Schwärmerei bewusst in das tägliche Tun, in deine Arbeit, in die Familie, einfach in alle Lebensbereiche einfließen lassen. Eine verantwortungsvolle Lebensgestaltung und ein spiritueller Weg gehen Hand in Hand. In diesem Bewusstsein verändert deine Spiritualität nicht nur dich selbst, sondern die ganze Welt.

Der Seelenpartner als Spiegel

Du hast deinen Seelenverwandten bereits gefunden? Dann hindert euch nichts mehr daran, gemeinsam auf eine abenteuerliche Reise zu gehen. Ein besonderes Merkmal einer spirituellen Beziehungsgestaltung ist der bewusste Umgang mit dem Phänomen der Projektion. Darunter versteht man das unbewusste Übertragen und Verlagern eines eigenen inneren Konfliktes auf andere Menschen, Gruppen, Lebewesen oder Dinge. Das, was man an sich selbst nicht wünscht, zum Beispiel Persönlichkeitsanteile, Eigenschaften, Taten, Fantasien und Wünsche, die im Widerspruch zu eigenen oder gesellschaftlichen Normen stehen, werden dann in einem anderen Menschen entdeckt und gewissermaßen auf Distanz bekämpft. Für die Projektion wird oft synonym der Begriff Übertragung verwendet. Allerdings stellt die Übertragung lediglich eine spezielle Form der Projektion dar, in der unbewusste Wünsche und Erfahrungen in einem bestimmten Beziehungsgeschehen reaktiviert werden.

Verdrängt und übertragen werden besonders jene Eigenschaften, bei deren Wahrnehmung Scham und Schuldgefühle aufkommen. Der Abwehrmechanismus durch Projektion und Übertragung kann zu zwischenmenschlichen Konflikten führen, aber auch als gesellschaftliches Phänomen in Kriegen und bei der Verfolgung Andersdenkender auftreten.

Was bedeutet das jetzt für dich? Dich stört eine ganz bestimmte Verhaltensweise deines Partners oder dich regt eine gewisse Eigenschaft besonders auf? Dann kann es sein, dass genau diese Besonderheit eine unbewusste Projektion deiner eigenen Unzulänglichkeiten ist. Umgekehrt gilt das natürlich auch für positive Merkmale deiner Persönlichkeit. Diese

Spiegelfunktion ist ein Bestandteil der menschlichen Interaktion. In einer Seelenpartnerschaft ist man sich jedoch viel leichter dieses Phänomens bewusst und man versucht in der gemeinsamen seelischen Entwicklung damit umzugehen und daran zu wachsen. Dass sich dabei seelische Abgründe, sogenannte Schatten, offenbaren können, ist ganz normal und zeigt erbarmungslos auf, wie unvollständig der Mensch ist. Gemeinsam fällt es meist leichter, zu akzeptieren, dass es auch Ungelöstes in unserem Inneren gibt. In einer Liebe ohne Limit geht es nicht primär darum, sich gegenseitig die Schwächen auszumerzen, vielmehr kann die Bereitschaft entstehen, diese anzunehmen und zu verwandeln. Diese Erdung hat eine besondere Bedeutung, um nicht Gefahr zu laufen, abzuheben und den geistig-spirituellen Visionen ein zu großes Übergewicht zu verschaffen. Eine bodenständige Herangehensweise ist hilfreich, denn so kannst du den Weg zu dir selbst finden, ohne die Verbindung zur Welt zu verlieren.

 ## Das Ende der Kindheit

In ihrer Kindheit erlebten viele Menschen dramatische Ereignisse oder sie hatten schmerzhafte Erlebnisse, an die sie sich als Erwachsene kaum noch erinnern können. Doch die Schmerzen leben in ihnen fort, auch wenn sie sich dessen nicht bewusst sind und oft wirklich nichts mehr von dem, was war, wissen. Es sind viele, gerade auch sehr sensible Menschen, die ahnungslos über ihr wirkliches Selbst sind und dasjenige Selbst, das sie bisher kennenlernen konnten, für ihr wahres Wesen halten. Dabei beeinflussen diese oft frühkindlichen Erlebnisse die Gedanken, die Gefühle und auch die Handlungen, gerade dann, wenn diese den Betroffenen nicht bewusst sind.

Wenn es um den Kampf gegen seelisches Ungleichgewicht oder psychische und körperliche Erkrankungen geht, gibt es ein sehr wirksames Mittel zum inneren Frieden: die Wahrheit über sich selbst herauszufinden.

Doch diese Wahrheit kann selbst für erwachsene Menschen so beängstigend sein, dass sie diese mithilfe der Projektion abwehren. Dann werden die unerwünschten eigenen Anteile auf andere Menschen projiziert. Das heißt, wenn du auf einen Menschen triffst, den du partout nicht magst, dann kann es sein, dass du bei ihm eine Projektion wahrnimmst, in der du dich eigentlich selbst spiegelst. Ein Lebenspartner eignet sich besonders gut, die Funktion des Spiegels zu übernehmen.

Seit wir als Kinder unsere Eltern erlebten, sind wir auf diese Menschen geprägt, die uns so nahestanden wie niemand sonst. Viele Erwachsene suchen unbewusst noch immer die Bestätigung, Anerkennung und Liebe ihrer Eltern und wählen daher Partner aus, die ihnen das stellvertretend geben sollen und die wie zufällig Merkmale aufweisen, die denen der Eltern gleich oder sehr ähnlich sind. Aus diesem Grund fühlen sich Frauen, die als Mädchen einen gewalttätigen Vater erlebten, oft auch wieder von einem Partner angezogen, der tendenziell gewalttätig ist. War der Vater Alkoholiker, haben sie überproportional häufig einen Alkoholiker als Partner. Allerdings passiert diese Wahl keinesfalls bewusst. Sobald sie auf einen Menschen treffen, der in seiner psychischen Konstellation ähnlich den einstigen Bezugspersonen ist, löst dies eine Resonanz aus, ein Gefühl, ein Kribbeln im Bauch. Das kann dazu führen, dass diese Frau meint, jetzt den Richtigen gefunden zu haben.

Wenn sich der unbewusst gewählte Partner in einigen seiner Lebensbereiche bereits weiter entfaltet hat, dann kann er quasi als Entwicklungshelfer dienen, und bisher unerkannte eigene Persönlichkeitsmerkmale können mit ihm entdeckt und alte Kindheitsmuster gelöst werden. So wird es dann möglich, eine reife, erwachsene Beziehung mit einem Partner einzugehen und das eigene Wesen frei zu lieben.

Für die Wahl des Partners spielt zwar das Aussehen auch eine Rolle, aber die Signale aus dem Unbewussten, der Psyche und der Sehnsucht nach Seelennähe wirken viel stärker. Du musst nicht darüber nachdenken, denn mit dem Verstand hat das nichts zu tun. Du nimmst die Signale ganz intuitiv wahr, sodass du bereits nach Sekunden weißt, ob dir ein Mensch sympathisch ist oder nicht. Wir sind alle so feinsinnig, dass wir sofort alle wesentlichen Informationen über den Menschen vor uns wahrnehmen, auch wenn wir uns darüber oft nicht im Klaren sind.

Wenn du jemals eine »Liebe auf den ersten Blick« erlebt hast, dann hast du intuitiv so schnell reagiert, dass du dich gleich verliebt hast, ohne auch nur einen Moment nachzudenken. Für diese Wahrnehmung beurteilen wir keinesfalls nur das Aussehen, sondern reagieren auf die Körpersprache, den Duft, das Sprechen, die Ausstrahlung und wie das Gegenüber insgesamt in seiner verbalen und nonverbalen Kommunikation agiert.

 ## Bewusstheit ist der Schlüssel

Wenn du einen Partner hast, an dem dich einige Eigenschaften stören, dann kannst du dich bei künftigen Konflikten an seine Funktion als Spiegel erinnern und brauchst diese vorher ungeliebten Anteile jetzt nicht mehr zu bekämpfen. Es nützt ja auch nichts, wenn du dein eigenes Spiegelbild beschimpfst. Wichtiger ist, diese vorher unsichtbaren eigenen

Anteile wahrzunehmen. Vielleicht kannst du dich bei deinem Partner dafür bedanken, dass er dir auf diese Weise den Spiegel vorhält und dir somit zur Selbsterkenntnis verhilft. Genauso, wie dein Partner dein eigenes Spiegelbild ist, bist du natürlich auch Spiegel für deinen Partner. Hier ist es hilfreich, wenn sich beide dieser Funktion bewusst sind: Niemand bräuchte sich dann mehr über das Verhalten des anderen zu beklagen, sondern wüsste genau, dass dieser nur das eigene Spiegelbild ist.

Vor allem bei wiederkehrenden Beziehungsmustern (siehe Kapitel »Stolperfallen beim Lieben ohne Limit«) ist es hilfreich, die Spiegelfunktion sehr bewusst und achtsam zu betrachten!

Viele Menschen meinen, dass ein Armutsgefühl zumeist mit Hunger und Obdachlosigkeit verbunden oder durch diese verursacht ist. Die größte Armut in den Menschen entsteht jedoch, wenn sie sich unerwünscht, ungeliebt oder missachtet fühlen. Innerer Reichtum entsteht also durch Achtung, Liebe und Respekt. Zuerst für sich selbst und dann auch für alle anderen Wesen.

Ich wünsche dir viele erhellende Momente bei der Entdeckung der Wege zur Liebe ohne Limit und bei der Bewältigung aller Stolpersteine auf deinem Liebesweg! Die Wege sind für dich leicht zu bereisen.

Für alle Suchenden.
Für alle Singles, die auch ein liebevolles Leben
führen möchten.
Für alle Menschen, die mit ihrem Liebesleben
derzeit hadern.
Für alle, die den Seelenverwandten
in ihrem Partner entdecken wollen.
Für alle, die sich bereit machen,
von einem Seelenpartner entdeckt zu werden.
Für alle, die Einssein erfahren wollen.
Für alle, die bereit für eine neue Art
der Beziehung sind.

Wege zu Liebe ohne Limit

Einige Menschen führen in erster Linie eine Partnerschaft, weil sie sich im Unterbewussten erhoffen, dass der Partner ihnen das geben wird, was sie sich selbst nicht geben können, beispielsweise Liebe, Anerkennung, Geborgenheit, Zuwendung, Zärtlichkeit und Selbstwertgefühl. Schlimmer noch wird es, wenn man einen Seelenpartner sucht und glaubt, dass mit ihm der Himmel voller Geigen hängen wird. Mit diesen Ansprüchen wird jede Partnerschaft überfordert, egal mit welchen Attributen man sie versieht.

Wir müssen zwischen Liebe und Partnerschaft klar unterscheiden. Die Liebe folgt anderen Regeln als eine Partnerschaft. Eine Partnerschaft ist getragen von Aktion und Reaktion, Wünschen und Erwartungen. Die reine, wahre Liebe ohne Limit hingegen erwartet nichts. In Partnerschaften ist nie die Liebe ein Problem. Partnerschaften werden kompliziert oder schwierig durch Beziehungsstrukturen, Alltagsprobleme, unglückliche Vorerfahrungen oder alte Ängste. Darin unterscheiden sich Seelenpartnerschaften nicht von allen anderen Partnerschaften. Vergiss das nie!

In jedem der folgenden Kapitel der »Wege zu Liebe ohne Limit« findest du am Ende den Abschnitt: **Ideen, Impulse und Inspirationen**. Manche dieser Hinweise bestehen aus Fragen an dein innerstes Wesen, die du am besten in Stille für dich beantwortest. Als besonders hilfreich hat sich das schriftliche Beantworten der Impulsfragen erwiesen. Ich selbst nutze diese Aufgaben zur Selbstreflexion täglich und gebe sie meinen

Klienten gern für ihren eigenen Erkenntnisweg mit. Du findest hier auch Übungen, und wie bei jeder Übung wird das Tun zu Meisterschaft führen, nicht das Lesen. Ich appelliere an deinen innersten, tiefsten, bedeutendsten Wunsch nach einer Seelenpartnerschaft, den du nicht durch Konsum meiner Empfehlungen erfüllen kannst, sondern nur durch tätige und achtsame Hingabe an dein Ziel.

Ich verspreche dir nichts. Selbstwerdung ist genauso wenig leicht und im Handumdrehen zu erreichen wie eine glückliche Seelenpartnerschaft. Aber wenn du wirklich, wirklich, wirklich bereit bist für das Erleben deiner ersehnten Seelenpartnerschaft, dann kannst du dir diesen Weg durch die vielen kleinen Babysteps der Ideen, Impulse und Inspirationen ermöglichen. Versuch es, übe mit dir selbst und bei manchen der Punkte mit deinem Partner. Ich freue mich auf deine Berichte über das Gelingen!

Du wirst dich vielleicht wundern, wie viele der Wege zur Liebe ohne Limit und wie viele der Ideen, Impulse und Inspirationen einen körperlichen Bezug haben. Immer wieder weise ich auf die Wechselwirkung zwischen Körper und Geist hin, diese ist unumstritten. Zärtlichkeit, Sexualität, Intimität, Nähe, Humor, Lachen, Geschlechtlichkeit – Dialog auf allen sinnlichen Ebenen. Das sind Elemente, bei denen der Körper beteiligt ist. Rein spirituelles Erleben oder die Hingabe an spirituelle Entwicklung lässt eine Seelenpartnerschaft noch nicht zu einer glücklichen Seelenliebe werden.

Sehr viele der Ideen, Impulse und Inspirationen brauchen keine Partnerschaft, damit die entsprechenden Qualitäten erlernt werden.

Es wird dich wundern, wie viele der Themen nicht nur auf Partnerschaft, sondern auch auf dich allein als für sich stehender Mensch bezogen sind. Gerade beim Thema Selbstliebe, bei Individualität, bei Vertrauen oder Vergebung führt der Weg zu einer glücklichen Seelenpartnerschaft über die glückliche Beziehung zu dir selbst. Auch Wertschätzung einem anderen Menschen gegenüber kannst du nur dann entwickeln, wenn du Wertschätzung dir selbst gegenüber entwickelst. Das Gleiche gilt natürlich für Sanftmut, Rücksicht, Offenheit.

Somit sind die Wege zur Liebe ohne Limit in großen und weiten Teilen vor allen Dingen Wege zur Liebe ohne Limit zu dir selbst. Du brauchst keinen Partner, um diese Liebe in dir zu entdecken. Du brauchst keine anderen Menschen, die dir bestätigen, dass du ein liebenswerter Mensch bist. Du brauchst auch nicht die Anerkennung und die Zuwendung von anderen, um glücklich und zufrieden eine Seelenpartnerschaft zu dir selbst zu entwickeln. Es mag ein Paradoxon sein, aber wenn du dich mutig auf den Weg machst, wird sich dir am Ende erschließen, welche grundlegenden Voraussetzungen diese Schritte mit dir selbst für eine Seelenpartnerschaft legen.

Somit eignen sich diese Wege für Menschen in Beziehungen ebenso wie für Alleinstehende, die damit sehr gut ihre persönlichen Fähigkeiten verbessern und so ihre Chancen erhöhen können, einen Seelenpartner zu entdecken. Die meisten der nachfolgenden Übungen sind für jeden Menschen geeignet und brauchen bis auf wenige Ausnahmen keine Zweisamkeit.

Insgesamt sind dreiunddreißig Qualitäten angesprochen. Arbeite einfach mit denen, die dich zum jeweiligen Zeitpunkt ansprechen, die dir noch zu fehlen scheinen oder die dir besonders lohnenswert vorkommen.

Anstrengung – Liebe ist lohnende Arbeit

»Jede Arbeit an andern setzt Arbeit an sich selbst voraus.«
Albert Schweitzer

Liebe ist Arbeit. Ist das wahr? Das hört sich aber so unromantisch an. Wahrer wäre eher: Partnerschaft und gelebte Liebe sind Arbeit. Sehen wir uns doch mal um: Wie viele glückliche Paare kennst du? Und ich meine damit, glücklich über Jahre, nicht nur in den ersten Monaten der Verliebtheit. Keine, antworteten die allermeisten Menschen, die ich befragt habe. Einige wenige gaben an, eine einzige glückliche Beziehung zu kennen. Niemand kannte viele.

Erschreckend, oder? Glaub mir, bei einer Seelenpartnerschaft ist manches ganz anders, als du vielleicht bisher gedacht hast. Auch diese Liebesform leidet enorm unter Überforderung. Dies ist nur durch Ehrlichkeit zu ändern: zu sich selbst und zum Partner. Denn was ist das Beste für eine glückliche und langanhaltende Liebe? Sich selbst zum wichtigsten Menschen machen! Klingt nach Egoismus, ist aber nicht so.

Was wir bis heute ersehnen, ist die romantische dauerhafte Liebesbeziehung zu dem einen Traumpartner. In der Menschheitsgeschichte umfasst Lieben mit diesem Anspruch noch eine recht kurze Epoche. Es gibt sie seit Ende des 18. Jahrhunderts. Nach Erscheinen des Liebesromans von Johann Wolfgang von Goethe um den unglücklich verliebten Werther, der sich schließlich selbst tötete, ging eine Selbstmordwelle durchs Land. Die »eine« Liebe musste es sein und wenn nicht, wenigstens aber der bittersüße Tod. Umso mehr wird die Liebesbeziehung heute mit vielen Aufträgen belastet, unter denen sie sich ächzend beugt und häufig zusammenbricht: Sie soll sinnstiftend sein in Zeiten, die zunehmend sinnentleert sind. Sie soll unser geringes Selbstbewusstsein stärken, da wir uns selbst kaum lieben. Sie soll die Einsamkeit lindern, die Menschen befällt, die nichts mehr mit sich und anderen Menschen anzufangen wissen. Sie soll alte Wunden und Enttäuschungen aus Kindheit, Jugend und ersten verunglückten Liebesbeziehungen heilen. Sie soll uns trösten in Zeiten, in denen Beruf nicht mehr Berufung, sondern Schufterei und rares Gut geworden ist.

Bei aller Liebe, das ist zu viel für jede Beziehung und auch für eine gelebte Seelenpartnerschaft. Und natürlich ist es auch eine große Illusion.

Diese eine Liebe zu diesem einen besonderen Menschen soll uns selbstredend auch für immer und ewig sexuelle Freuden bringen. Bei Licht betrachtet, was passiert da eigentlich in den Betten? Wo sich vermeintlich eine Frau und ein Mann in Wonne vereinen, sind mehr Personen anwesend, als es den meisten Paaren bewusst ist. Viele Paartherapien machen es immer wieder deutlich: Mit zu wenig Elternliebe ausgestattet haben wir fast alle ein kleines bedürftiges Kind in uns. Die zugehörige Enttäuschung des inneren Kindes mit seiner Wut oder Anpassung gehört zum größten Teil dem gegengeschlechtlichen Elternteil. Und dieser bestimmt die Wahl des Liebespartners in hohem Maße, so lange uns dies unbewusst bleibt. Es ist also viel los in unserem Kuschelnest! Hast du mal nachgezählt? Frau, Mann, zwei kleine innere Kinder, ein Papa und eine Mama: Jetzt sind da schon sechs! Einer erfüllten Sexualität kommt das verständlicherweise nicht gerade entgegen. Hier fängt die Arbeit für die Liebe an. Aber nicht die Arbeit an der Liebe, vor allem nicht am Partner. Nein, die Arbeit an mir selbst.

Liebe als Lernfeld

Die beschriebene Situation mag dir übertrieben vorkommen, aber erfahrene Therapeuten bestätigen solche sich wiederholenden Muster. Nimm einfach folgendes Bild: Es treffen sich in der Liebe zwei bedürftige Bettler, die beide keine Liebe haben. Die größte Illusion in der Liebe ist ja, diese vom anderen bekommen zu können. Nun greifen beide, wenn der erste Rausch der Hormone vorbei ist, dem anderen in die Tasche, um dann wechselseitig Enttäuschung zu erleben: Was, hast du auch nichts drin?

Hier geht manche Liebe entzwei, die eigentlich noch nicht begonnen hat. Erster Arbeitsschritt für dich, wenn du das nicht mehr mitmachen willst, lautet: Nimm dein inneres Kind an die Hand und gib ihm Liebe. Denn in Wirklichkeit du bist voll davon. Spürst du das? Wenn du mehr in dein Herz kommst und von dort aus lebst und handelst, wirst du es spüren. Das kannst nur du tun, niemand sonst. Verzeihe deinen Eltern, was du ihnen bis heute vorwirfst, sie haben in ihrem Rahmen immer das Beste getan.

Dies bringt dich in die Freiheit. Aus der Ohnmacht erwacht wirst du wieder ermächtigt, dein Leben und Lieben bewusst zu gestalten. Zunehmend erkennst du, dass dein Seelenpartner dich nicht verletzen kann und dies auch nie konnte und schon gar nicht wollte. Er drückt nur Knöpfe, die dich an deine alten Verletzungen erinnern, und um die kannst du dich dann kümmern.

Das Nein in der Liebe

Heißt das, du sollst dir alles von deinem Partner gefallen lassen? Nein, niemals. Auch wenn du jetzt für Gefühle in dir selbst die Verantwortung übernimmst, kannst du ein Verhalten deines Seelenpartners erleben, das dich kränkt und verletzt. Und du willst es nicht mehr dulden. Statt den anderen aber dafür zu attackieren, sprich doch einfach von deiner Verletzung und bitte deinen Geliebten, sein dich kränkendes Verhalten zu reflektieren. Oder du gehst für diesen Moment einfach aus der Situation und kümmerst dich liebevoll um dich selbst.

Das Nein in der Liebe, ein legendärer und dreißig Jahre alter Buchtitel von Peter Schellenbaum (siehe Literaturliste), ist ein Schlüssel zu authentischer und erfüllender Liebe. Allerdings ist dieser Schlüssel auch groß, schwer und anfangs nicht einfach zu handhaben. Als Kind durftest du keine Widerworte haben, das hat dich geprägt und das sitzt bis heute. Wie weit gerade dieser Aspekt reicht, siehst du nicht nur in der Liebe. Schau dich um, auch in der Arbeitswelt täte ein klares und dennoch in Kollegialität gegebenes Nein oft sehr gut. Das ganze Thema Burnout hängt daran: Betroffen sind durchgängig Menschen, die damit Probleme haben, sich und anderen Menschen Grenzen zu setzen. Doch wer das nicht kann, verliert sich selbst.

Du bist dir der wichtigste Mensch

Das ist das Ziel, auf das du jetzt hinleben kannst. Das klingt nach Egoismus? Schau einmal genauer hin und denke noch einmal an das Bild der beiden Bettler. Wenn ich gut für mich sorge, bin ich immer voller Liebe, Freude, guter Gedanken und Energie. Wem ich begegne, dem gebe ich davon, denn ich habe immer genug. Ich weiß ja jetzt, wo die Liebe wirklich herkommt: aus meinem eigenen Herzen. So werde ich Menschen in mein Leben ziehen, die auch so sind. Jetzt treffen sich zwei Liebende, die ein üppiges Fest der Freude miteinander feiern wollen. Und was wäre schöner, als nach der Arbeit für die Liebe dies endlich zu tun?

Ideen, Impulse und Inspirationen

Anstrengung als Weg zur Liebe ohne Limit

Hier einige, zugegeben provokante, Fragen zu deiner Bereitschaft, für deine Seelenliebe richtige Anstrengungen zu unternehmen, dich selbst zu reflektieren und eine bereichernde Liebesbeziehung nicht als Selbstverständlichkeit hinzunehmen, die dir in den Schoß fällt:

- Bist du bereit, für deine Liebe so richtig aus deiner bequemen Komfortzone auszusteigen und die lebendige Lernzone zu betreten?
- Bist du bereit, selbstkritisch deine eigenen Aktionen und Reaktionen zu hinterfragen und gegebenenfalls zu korrigieren?
- Bist du dir selbst der wichtigste Mensch und kannst behaupten, dass du deine Liebsten so schätzt, achtest und behandelst wie dich selbst?
- Bist du willig, deinen Umgang mit dir selbst so zu verändern, dass du dich selbst nicht schlechter behandelst als deinen liebsten Partner und deine beste Freundin?
- Bist du bereit, einen echten Vertrag mit dir selbst abzuschließen, der dich daran bindet, die gewünschten Anstrengungen auf dich zu nehmen?

Reflektiere deine Antworten und schaue sie dir mindestens dreimal an den kommenden drei Tagen an. Wie verändert sich dein Bewusstsein für die liebevolle Anstrengung während dieser Zeit?

Anziehung – Der Wald und das Echo in uns

»Liebe – das schönste Phänomen in der beseelten Schöpfung, der allmächtige Magnet in der Geisterwelt, die Quelle der Andacht und der erhabensten Tugend – Liebe ist eine Anziehung des Vortrefflichen, gegründet auf einem augenblicklichen Tausch der Persönlichkeit, einer Verwechslung der Wesen.«

Friedrich von Schiller

»Wie wir in den Wald reinrufen, so schallt's auch heraus.« Diesen Wald-Echo-Merksatz habe ich oft von meiner Oma und meiner Mutter gehört, lange bevor ich von dem Gesetz der Anziehung oder dem Resonanzgesetz gehört habe.

Schauen wir das Gesetz der Anziehung in der Seelenpartnerschaft an. Wenn du mit solchen Begriffen zunächst einmal wenig anzufangen weißt, weil du findest, dass »Gesetze« im Bereich der Liebe nichts zu suchen haben, könntest du dennoch einen Moment innehalten. Denk einmal an deine eigenen, auch die verflossenen, Partnerschaften oder an die von Freunden, und nun denk daran, welche Partnerschaften als »gelungen« bezeichnet werden können und welche gescheitert sind und warum dies so war. Ob du nun den Begriff des Resonanzgesetzes oder einen anderen benutzt, du wirst bestimmte Wiederholungen von Vorgängen und Konflikten bei fast allen Paaren beobachten können.

Konflikte sind vollkommen normal und gehören zu einer Partnerschaft dazu, aber die Art, wie man damit umgeht, ist von Paar zu Paar unterschiedlich. Ganz wesentlich scheint hierbei zu sein, ob man den Partner als Individuum und damit als deutlich »anders« als sich selbst anerkennt, oder ob man aus verschiedenen Gründen versucht, eine Art Gleichheit herzustellen.

Gegensätze ziehen sich an – reicht das als Grundlage? Es ist es interessant, einmal genau zu betrachten, was aus dem wird, was ursprünglich einmal den Reiz des Gegenübers ausgemacht hat. Oft ist dies genau das ganz Andersartige und – wenn man so will – das Exotische an einem Partner. Hier könnte exemplarisch ein Beispiel genannt werden, das der obene erwähnte Peter Schellenbaum gibt: Ein eher ruhiger, besonnener Mann, der sich am liebsten mit seinem Computer, mit Büchern und einer kleinen Zahl von wirklich guten Freunden beschäftigt, lernt bei irgendeinem Anlass, vielleicht bei einer Firmenfeier, eine Frau kennen, die das genaue Gegenteil von ihm darstellt. Diese Kollegin ist umringt von Zuhörern, sie erzählt lustige Geschichten, sie lacht viel, ist exaltiert und zieht geradezu die Massen an. Der erwähnte Mann gesellt sich auch gern dazu, hört ihr zu, beobachtet, wie sie sich bewegt, wie sie im Grunde alles von sich preisgibt – und verliebt sich prompt in sie. Um die Geschichte kurz zu machen: Die beiden werden ein Paar, denn die Frau ist gerade sehr auf der Suche nach jemandem, der berechenbar ist, ruhig, ganz sicher nicht wie sie. Geht alles gut? Für die »Fortsetzung« der Geschichte gibt es grundsätzlich zwei Varianten.

Das Ziel ist Harmonie – wie erreicht man sie?

Die eine Variante, die beschreibt, wie aus den beiden sehr unterschiedlichen Menschen eine Einheit wird, sieht die größtmögliche Akzeptanz der spezifischen Art des Partners vor, die andere leider das Gegenteil, nämlich permanente Kämpfe und Fremdheit, die eventuell auch in einer Trennung gipfeln können.

Nehmen wir aber einmal den positiven Verlauf an und schauen, was die beiden so unterschiedlichen Personen richtig machen können, um nicht in der anfänglichen Faszination für das »Andere« stehen zu bleiben, sondern daraus etwas wirklich Konstruktives zu machen.

Nachdem sich die beiden also gut kennengelernt haben, viel darüber erzählt haben, warum sie sind, wie sie sind, beginnt nämlich so etwas wie die Arbeitsphase. Der ruhige Mann sieht sich plötzlich doch gezwungen, etwas aus der Reserve zu kommen, denn seine Freundin hat einen großen Freundeskreis und möchte ihn natürlich allen Freunden vorstellen. Nun »muss« er also öfter ausgehen, findet sich auch verstärkt unter ihm fremden Menschen wieder – und stellt fest, dass ihm das guttut, dass er neue Impulse bekommt. Sie wiederum beginnt, auch die ruhigen Abende ohne jeden Termin, ganz gemütlich mit ihrem Freund zu Hause verbracht, zu schätzen, denn sie merkt, dass es genau diese Ruhe war, die ihr gefehlt hat. Diese etwas idealisierende Darstellung zeigt, dass die beiden am Ende doch gar nicht so unterschiedlich sind und sich durchaus auf einem Level wiederfinden können – ohne ihre Persönlichkeit zu verleugnen.

Gegensätze äußerer und innerer Art

Das Prinzip der spontanen Anziehung hat ganz viel mit den Dingen zu tun, die du vorher erlebt hast, und damit, wer bei dir positive Gefühle und Assoziationen erzeugt. Auf diese intuitive Anziehung kannst du dich grundsätzlich auch verlassen, sie ist sozusagen deine Geschichte in zusammengefasster Form. Was bei den äußeren Unterschiedlichkeiten reizvoll ist, ist klar: Du willst ja ganz sicher kein Double deiner selbst haben, sondern auch jemanden, der ein wenig überraschend ist, der dir auch Neues, neue Impulse bieten kann. Dennoch besagen alle Theorien beziehungsweise die Ergebnisse von Untersuchungen, dass eine Beziehung nur dann eine Zukunft hat, wenn ein großes Maß an »inneren« Übereinstimmungen vorhanden ist. Dieses Prinzip greifen übrigens auch die Tests auf, die von vielen Partnerschaftsagenturen durchgeführt werden. Hier geht es um so wichtige Dinge wie politische Anschauungen, Ziele im Leben, den Stellenwert von Geld, Erfolg, Kindern, etc. Nur wenn in diesen Bereichen viele Übereinstimmungen erzielt werden, kann eine Partnerschaft auf Dauer gut gehen.

Wenn immer wieder Probleme auftreten: das »Schema« hinterfragen

Oftmals ist es so, und das wirst du sicher auch kennen: Ein Mensch spricht dich spontan an, sehr sogar. Er sieht in deinen Augen wirklich gut, interessant oder gar faszinierend aus, und du möchtest mehr wissen, ihn unbedingt kennenlernen. Eigentlich »kennst« du ihn aber schon, denn das, was manchmal so flapsig als »Beuteschema« bezeichnet wird, greift auf optischer Ebene bei fast jedem Menschen.

Das, was dich an diesem Menschen so begeistert, ist etwas, worauf du im Unterbewusstsein programmiert bist. Es ist aber nicht unbedingt das, was dir auch guttut. Die erste große Liebe ist oft maßgeblich für die weitere Suche nach einem »Traumpartner«, mit dem es dann doch endlich gelingen soll, länger und auf harmonische Weise zusammen zu sein. Gerade wenn du merkst, dass du auf »das Andere« an einem Menschen, auf Elemente, die dir selbst völlig fern liegen, positiv reagierst, und im Grunde immer wieder den gleichen Typ Mensch spannend findest, solltest du ein wenig in dich gehen.

Warum hat es wohl mit seinen »Vorgängern« nicht geklappt? Musst du wirklich noch einmal den schmerzhaften Beweis haben, dass ein charmanter, durchtrainierter Typ eben auch einer ist, der eitel und untreu sein kann? Wir sind keine Spielbälle unserer Emotionen, sondern denkende Menschen, die ihren Horizont zu jeder Zeit auch erweitern können. Ein wenig Reflexion statt ewiger Wiederholungen mit immer dem gleichen frustrierenden Ausgang ist manchmal ganz sinnvoll. Und – plötzlich kann auch ein nicht allzu sportlicher Mann toll wirken, einfach, weil er eine freundliche Ausstrahlung hat. Offen bleiben, das Leben hält manche Überraschung bereit! Mit dieser Offenheit kannst du leichter einem wahren Seelengefährten begegen, als wenn du voller Bedingungen und Ansprüche bist.

Ideen, Impulse und Inspirationen

Anziehung als Weg zur Liebe ohne Limit

Während eines Tages kann viel geschehen. Vor dem Einschlafen bietet sich täglich eine gute Möglichkeit, den vergangenen Tag gedanklich noch einmal durchzugehen, sich auf die erholsame Nacht vorzubereiten und für alles Schöne, was du erleben durftest, zu danken. Wiederhole diese Übung jeden Tag. Wirklich jeden Tag! Schon nach kurzer Zeit kannst du erleben, wie viel Positives sich in deinem Leben ereignet und wofür du wirklich dankbar sein kannst. Damit wird sich deine Bereitschaft für eine dauerhafte und beglückende Liebe ohne Limit erhöhen. Beende alle deine Tage mit Gedanken und Gefühlen, die dir guttun, und du wirst für das künftige Erleben von Gutem und Positivem eine solide Grundlage schaffen. Stell dir die Fragen:

- Was ist dir heute gut gelungen?
- Was hat dich glücklich gemacht?
- Worauf bist du stolz, egal ob es in der Vergangenheit liegt oder genau vor dir?
- Was schätzt du an deinem Seelenpartner, jetzt, gestern und sicher auch morgen?
- Was schätzt du an dir selbst, was dich zu einem attraktiven Partner macht?
- Was hast du durch Anziehung in dein Leben eingeladen?
- Welchen Menschen möchtest du in deinem Leben Raum schenken?
- Was möchtest du verändern, um positive Resonanz zu erzeugen?

Begehren – Auch Flautesegeln dient dem Fortkommen

»*Bei allen Begierden muß man sich fragen: Was geschieht, wenn mein Begehren befriedigt ist, und was, wenn es nicht befriedigt wird?*«

Epikur

Verlangen und Begehren in der Seelenpartnerschaft – ist das ein wesentlicher Aspekt oder eher nicht? Du kannst dich glücklich schätzen, wenn du nach Jahren der Beziehung deinen Partner immer noch hochattraktiv, begehrenswert und unglaublich sexy findest. Doch viele Menschen, die in einer Seelenpartnerschft leben, stellen fest, dass zwar die Seelenliebe immer stärker geworden ist, dass sich aber der Sex mit den Jahren zu einem eher eintönigen Ritual entwickelt hat.

Die Seelenpartnerschaft überbrückt zwar auch eine unbefriedigende oder nicht vorhandene Sexualität, aber ist die Seelenliebe nicht viel erfüllender, wenn Verlangen und Begehren sie begleiten?

Angesichts der hohen Scheidungsraten können sich Paare glücklich schätzen, die nach Jahrzehnten immer noch zusammen sind. Die tiefe emotionale Verbundenheit zwischen den Partnern liegt begründet in zahlreichen Jahren voller glücklicher und unglücklicher Ereignisse, die sie letztendlich doch nur zusammengeschweißt haben. Wenn du ebenfalls zu diesen Menschen gehörst, ist dein Partner wahrscheinlich die wichtigste Bezugsperson in deinem Leben. Du hast ihn in einer Phase der Verliebtheit als deinen Lebenspartner angenommen und vielleicht sogar geheiratet. Vielleicht habt ihr gemeinsam Kinder bekommen und euch ein schönes Zuhause geschaffen. Wenn du Sorgen und Kummer hast oder einfach nur jemanden zum Reden brauchst, ist dein Partner für dich da. Du kannst ihm auf allen Ebenen vertrauen. Zusammen lauft ihr Hand in Hand durchs Leben.

Doch leider ist das Stadium in einer jeden Partnerschaft unausweichlich, in dem es zu einem Abklingen der sexuellen Lust aufeinander kommt. Jahrelange Erfahrungen mit dem einen Sexualpartner führen dazu, dass sein Körper zur Gewohnheit wird. Nach einer langen Routine gibt es immer seltener rauschende Liebesfeste und eine gewisse Langeweile stellt sich ein. Von außen betrachtet ist dieses Stadium für andere Menschen, wie beispielsweise Freunde und Familie, nicht zu erkennen. Und auch den jeweiligen Partnern selbst fällt es schwer, sich einzugestehen, dass sich die sexuelle Lust stark von der anfänglichen Begierde in einer Beziehung unterscheidet.

Der Seelenpartner ist vielleicht auch jemand – oder zu jemandem geworden –, der deinen optischen Idealen und Vorstellungen eines Partners nicht genügt, aber er ist ein Mensch, den du allein aufgrund seines inneren Wesens liebst. Die Seelenliebe zu leben ist für viele eine der schwersten Aufgaben auf dem langen Lebensweg.

In erster Linie lassen wir uns von den äußerlichen geschlechtlichen Reizen einer anderen Person anziehen. In zweiter Linie suchen wir einen Partner häufig anhand von Kriterien aus, die wir vorher bewusst oder unbewusst festlegen. Der passende Partner sollte beispielsweise einen festen Beruf haben, finanziell gesichert leben, einen netten Freundeskreis haben, sportlich sein und ähnlichen Interessen und Hobbys nachgehen. Doch all diese Vorgaben stellt unser Ego auf und nicht unsere Seele. Diese ist nämlich für all diese äußerlichen Dinge völlig unempfänglich.

Die Seelenliebe überdauert die sexuelle Flaute

Die Seelenpartnerschaft ist die emotional stärkste Beziehung, die zwischen zwei Menschen bestehen kann. Man fühlt sich beim jeweils anderen geborgen. Doch gerade diese Geborgenheit, die Sicherheit, führt oft dazu, dass nach jahrelanger Beziehung die sexuelle Lust stark leidet. Am Anfang einer Beziehung ist man frisch verliebt und darf den Körper des anderen völlig neu entdecken. Es ist der Reiz des Unbekannten und Exotischen, der bei den meisten Menschen die Leidenschaft entfacht. Man probiert immer wieder etwas Neues aus und erforscht den anderen. Doch nach jahrelanger Praxis wird der Sex zur Routine. Man kennt den Körper und die Vorlieben des Partners. In der Fantasie spielen immer mehr andere Frauen und Männer eine wichtige Rolle und der eigene Partner wird zur Gewohnheit.

Sexuelle Unzufriedenheit und die Ernüchterung, dass man vom Leben keine weiteren sexuellen Höhepunkte mehr zu erwarten hat, sind die Folge. Ist die Beziehung aus einem weiteren Grund instabil, zerbricht in diesem Stadium häufig auch eine Seelenpartnerschaft, wenn sie nicht weiter vom emotionalen Band zwischen den beiden Partner getragen werden kann.

Platonische Beziehung oder Kampf um die sexuelle Befriedigung?

Viele Seelenpartner entscheiden sich in diesem Stadium der Beziehung dafür, die Sexualität weiter einzuschränken oder völlig einzustellen. Andere Aspekte, wie das große Vertrauen ineinander und die Fürsorge füreinander, treten in den Vordergrund und erfüllen das Alltagsleben. Sind beide Partner mit der Asexualtität einverstanden und verspüren in dieser Hinsicht keine Bedürfnisse mehr, dann ist so ein Modell durchaus denkbar. Jedoch ist dies in den meisten Beziehungen nicht der Fall, denn sexuelle Lust lässt sich nicht so einfach ausschalten. Nach einer jahrelangen Beziehung bezieht sich das Verlangen häufig nur nicht mehr auf den Partner, sondern auf Dritte.

Nun gibt es zwei Möglichkeiten: Entweder ihr beschließt gemeinsam, dass eure Partnerschaft keine sexuelle Exklusivität bedeutet und gestattet euch andere Sexualpartner. Oder ihr beschließt gemeinsam, eure erotischen Liebesaktivitäten neu zu beleben, und macht einen prickelnden Plan zur Umsetzung.

Wichtig ist dabei, sich nicht nur auf den Partner zu konzentrieren, sondern sich selbst zu fragen, welche grundlegenden Bedürfnisse, Wünsche und Erwartungen man an die eigene Sexualität hat. Danach sollte man gemeinsam einen Plan entwickeln, wie beide Partner möglichst viel sexuelle Erfüllung gemeinsam erlangen können. Nur wer sich austauscht und zusammen neue Wege erkundet, kann auch profitieren.

Kommunikation, Dialog, echter, offener, manchmal vielleicht auch schmerzhafter Austauch – das ist es, was in einer solchen Phase zur Renovierung der erotischen Liebesbeziehung führen kann.

Sexuelle Flauten initiieren somit eine Weiterentwicklung

Einmal in der Partnerschaft selbst, aber vor allem auch in jedem der Partner. Wer sich nicht entwickeln will, weil Diskussion und Auseinandersetzung zu anstrengend sind, wird lieber eine Affäre haben, sich scheiden lassen oder in völlige

Gleichgültigkeit verfallen und eine schreckliche Beziehung führen. Du musst wachsen! Das ist die einzige Möglichkeit, sich sexuell wiederzufinden und die Leidenschaft neu zu entfachen.

Wie schafft man es, in seiner Beziehung zu wachsen? Indem man sich unabhängig vom Urteil des Partners macht!

Um dieses emotionale Gleichgewicht zu erreichen, gilt es, zentrale Fähigkeiten zu stärken. Statt sich den Vorstellungen des Partners anzupassen, musst du auf eigenen Beinen stehen und dir darüber klar werden, wer du bist und welche Ziele dir wichtig sind.

Außerdem musst du an der Fähigkeit arbeiten, dich selbst zu beruhigen, und deine Ängste überwinden. Wer im Streit beispielsweise unbedingt zuerst die Entschuldigung des Partners braucht, um Frieden schließen zu können, hat Defizite bei der emotionalen Selbstregulierung. Dann ist ebenso wichtig: Reagiere nicht übertrieben und lauf nicht davon. Und zuletzt geht es um die Bereitschaft, sich – auch wenn es frustrierend ist – mit Problemen auseinanderzusetzen und das zeitweise Unbehagen, das die Weiterentwicklung auslöst, zu ertragen.

Wer bereit ist, zu wachsen, wird Sex haben, wie er ihn vorher nicht kannte. Geiler, erfüllender als alles zuvor, voll brennender Intimität. Ein Seelenpartner macht das Leben nicht leichter, im Gegenteil. Wenn man Glück hat, versüßt er es aber.

Menschen suchen ja gern nach einem einfachen Weg. Aber wenn sie erkennen, dass es einen guten Grund dafür gibt, warum etwas schwierig ist – dann wird es leichter.

Ideen, Impulse und Inspirationen

Begehren als Weg zur Liebe ohne Limit

Die Grundlage einer befriedigenden, sinnlichen Körperkommunikation ist das offene Gespräch, bei dem sich beide in die Augen blicken. Ohne Vorwürfe, ohne Anklagen, frei von Schuldzuweisungen. Es gilt, jetzt einfach erst einmal eine Bestandsaufnahme zu machen, indem ihr euch fragt:

- Wo stehen wir?
- Empfinden wir noch Befriedigung in unserer Sexualität?
- Macht uns die Flaute unglücklich oder können wir leicht damit umgehen?
- Welche Vorstellungen und Wünsche hat jeder von uns?
- Fragt euch jeder für sich: Wie kann ich mir eine Veränderung vorstellen und wie wäre sie herbeizuführen?
- Welche Rituale oder Vereinbarungen können uns bei der Belebung unseres Begehrens unterstützen? Helfen uns Verwöhnabende oder romantische Wochenenden oder reicht das nicht?
- Und ganz wichtig: Gibt es noch irgendwelche unausgesprochenen Verletzungen, die dich oder deinen Partner noch so belasten, dass sie eine vollständige Öffnung des Herzens und damit den Zugang zur körperlichen Lust verhindern?

Bewerten – Warum eigentlich nicht?

»Nenne keinen weise, ehe er nicht bewiesen hat, dass er eine Sache von wenigstens acht Seiten her beurteilen kann.«

Konfuzius

Wer sich mit Prozessen der Persönlichkeitsentfaltung und spirituellen Themen beschäftigt, wird immer wieder über die Forderung stolpern: »Du sollst nicht werten« oder: »Sei wertfrei!« Na, hoffentlich nicht! Hast du etwa keinen Wert und keine Werte? Sicher doch, selbst dann, wenn du dir noch keine Gedanken darüber gemacht hast. Du bist wertvoll und wichtig.

Auch und gerade in einer Seelenpartnerschaft, die eine große Herausforderung an die beiden Liebenden ist, darfst und musst du deine Werte leben und keine faulen Kompromisse machen.

Denn es gibt auch Dinge in deinem Leben, die dir wertvoll und wichtig sind und die du in einer Beziehung nicht sterben lassen willst. Es gibt sicher auch Verhaltensweisen, auf die du bei dir selbst und anderen Menschen Wert legst. Diese tiefen inneren Werte *musst* du deinem Seelenpartner frühzeitig mitteilen, spätestens dann, wenn ihr eure Beziehungsvision miteinander kreiert.

Was sind deine Werte? Kennst du sie? Ehrlichkeit vielleicht oder Offenheit oder Freundschaftlichkeit? Um deine Werte leben zu können, musst du bewerten. Hast du etwa keine Vorlieben und Abneigungen? Ist es nicht nützlich, zwischen

- angenehm und unangenehm
- Sympathie und Antipathie

- gesund und ungesund
- Wohlgefühl und Unwohlsein
- Abneigung und Zuneigung

unterscheiden zu können? Warum sollen wir eigentlich nicht werten und bewerten? Ich plädiere dafür, genau das zu tun und diese unmittelbaren intuitiven Entscheidungsmöglichkeiten auch konsequent zu nutzen. Wenn du das tust und diesen Gefühlen folgst, wird es dir leichter gelingen, deinen Seelenpartner zu finden und ein Leben mit ihm zu teilen, als wenn du aus falsch verstandenen Verboten angepasste Kompromisse lebst.

Wir werten und bewerten ständig und denken gar nicht darüber nach. Wir urteilen und beurteilen und – manchmal verurteilen wir auch. Ist das negativ? Schaden wir anderen oder uns selbst damit? Steht uns das überhaupt zu?

Es macht gar keinen Sinn, sich gegen diese unbewussten und bewussten Aktionen in uns selbst zu sperren oder zu wehren. Wir benötigen dieses Unterscheiden als ständige Orientierung, um Gutes von Schlechtem zu trennen oder sympathische Menschen von unsympathischen.

Wann ist Werten und Bewerten nicht nützlich?

Wenn es zur Abwertung anderer Menschen führt! Wenn du dadurch ein Urteil über sie fällst, ohne die Hintergründe für ein Verhalten zu kennen.

Ein Beispiel aus meinem Leben: Als ich Kind war, hatte ich immer den Eindruck, meine Mutter könne Tiere nicht ausstehen. Sie sprach immer mit einem »Igitt« in der Stimme von ihnen, und ich habe sie dafür verurteilt. Zwanzig Jahre später sollte sie auf unsere neu geborenen Katzenbabys aufpassen, während wir im Urlaub waren. Dann kam ein panischer Anruf von meiner Mutter – weinend, völlig aufgelöst: Die Kätzchen seien verschwunden. Natürlich fanden sie sich wieder, die Katzenmama hatte sie nur gut versteckt. Aber so kam es zum Gespräch und ich erzählte ihr von meinem Kindheitsgefühl: »Warum hast du dich denn so aufgeregt? Du magst doch keine Tiere.« Das hat sie sehr überrascht. Und sie erzählte mir den Grund, warum wir als Kinder keine Tiere haben durften: Sie hatte als kleines Kind ein großes Scheunentor aufgeschoben und dabei ihre heiß geliebte Katze getötet ... Muss ich mehr dazu sagen?

Ohne Wertung ist die Entwicklung zu dem, was dir guttut, unmöglich!

Scheue dich nicht, deine Umgebung weiterhin einzuschätzen und an deinem Maßstab zu messen – sie tut es auch. Auch deine eigene Kritikfähigkeit ist gefragt, wenn Mitmenschen eine abweichende Meinung vertreten, weil sie andere Werte verinnerlicht haben.

Du hast das Recht zu werten und danach zu entscheiden: Was tut dir gut, wie möchtest du leben, welche Menschen dürfen dich umgeben? Je konsequenter du deine Bewertungen in deinem Leben umsetzt, umso wohler wirst du dich fühlen, umso eher wirst du der Mensch, als der du gemeint bist, und umso eher wirst du eine glückliche und erfüllende Seelenpartnerschaft finden und leben können.

Achtsamkeit, Friedfertigkeit, Rücksicht und Toleranz – das sind die gefragten Kompetenzen, um verantwortungsvoll mit diesem menschlichen Phänomen umzugehen: dem ständigen Werten und Bewerten.

Ideen, Impulse und Inspirationen

Bewerten als Weg zur Liebe ohne Limit

Grundvoraussetzung ist, dass du deine Werte kennst. Du wirst nur dann dauerhaft und erfolgreich deine Ziele erreichen, wenn du deine inneren, persönlichen Werte berücksichtigst und deine Ziele daran anpasst. In der Liebe ohne Limit brauchst du ein konstruktives Gespräch mit deinem Seelenpartner, in dem ihr eure persönlichen Werte besprecht und alles auf den Tisch packt, was es an NoGo's gibt, was also euren Werten widerspricht. Aber auch wenn du noch Single bist: Definiere deine Werte!
Warum ist das wichtig? Du kannst nur sehr kurzfristig gegen deine persönlichen Werte handeln, da du dich ansonsten selbst sabotierst. Und umgekehrt sind Menschen, die nach ihren Werten handeln, um ein Vielfaches entscheidungsfreudiger, erfolgreicher und glücklicher.

- Was ist dir wichtig in den unterschiedlichen Lebensbereichen (Job, Familie, soziale Kontakte, Finanzen, Gesundheit, du für dich selbst – Zeitmanagement, Persönlichkeitsentwicklung, Lebensstil, Weiterbildung …)?
- Wann fühlst du dich wirklich wichtig?
- Woraus beziehst du dein Selbstvertrauen?
- Wann respektierst du dich? Wann bist du stolz auf dich?
- Welche deiner bisherigen Leistungen haben dich besonders zufrieden gemacht?
- Wie reagierst du in Stresssituationen beziehungsweise unter Druck?
- Was sind die Ursachen, wenn du dich in deiner Haut nicht wohl fühlst?

Nachdem du deine Werte und die deines Seelenpartners kennst, könnt ihr auch sinnvoll bewerten: Was tut dem Einzelnen und euch gemeinsam gut und was nicht?

Vergiss bitte nie: Bevor du irgendjemand anderen bewertest oder gar verurteilst und abwertest, frag dich immer zuerst, welche Ursachen es für sein Verhalten, seine Gedanken oder Gefühle geben könnte. Nimm die Position des anderen ein und schau die Welt einmal aus seinen Augen an.

 *Elena und Paul*

Beide: Gelebte Liebe ist für uns ein Dialog, ein Tanz auf geistiger, seelischer und körperlicher Ebene.

Elena: Von Anfang an und nahezu zum ersten Mal fühlte ich mich mit einem Menschen tief verbunden und einfach »richtig« und verstanden. Das war der Mann für mein Leben, endlich!

Paul: Erst nachdem ich meine Partnerin fand, wurde mir bewusst, dass ich sie mein bisheriges Leben lang suchte. Erstmals in meinem Leben spürte ich eine unbedingte Zustimmung zur Partnerschaft. Ich fühle mich in vielen Aspekten meines Wesens angenommen, in einigen völlig verstanden und in keinem abgelehnt.

Beide: Seit fast drei Jahren leben wir eine sehr emotionsreiche Partnerschaft. Besonders hervorheben möchten wir dabei die ungewöhnliche Intensität, mit der wir glückliche Situationen erleben (zum Beispiel Gespräche, sinnliches Erleben oder das gemeinsame Arbeiten). Wir haben eine überraschend breite Palette gemeinsamer Interessen und Wünsche. Wir, Malerin und Bildhauer, leben beide für die Kunst. Obwohl wir beide Kinder aus früheren Beziehungen haben und diplomierte Akademiker sind, fühlten wir uns in familiärer und gesellschaftlicher Hinsicht etwas fehl am Platz. Normal sensible Menschen verstanden uns selten, doch wir schienen gleichzuschwingen. Unsere Hochsensibilität verbindet uns. Sehr schnell bemerkten wir den Nachteil an diesen wundervollen Ähnlichkeiten: Es fehlt die Ergänzung. Wir müssen nahezu alles selbst tun und lernen.

Elena: Trotz der vielen Ähnlichkeiten war unsere Art, mit schmerzhaften Empfindungen und Konflikten umzugehen, grundverschieden! Ich begann mich in Schweigen zu hüllen, aber Nähe zu suchen. Ich hatte in meiner Herkunftsfamilie nicht gelernt, Konflikte zu verbalisieren. Dennoch suchte ich Nähe und wurde durch die Distanz, die mein Partner einnahm, tief verletzt. Ich hatte oft das Gefühl, die Partnerschaft ganz allein zu wollen und zu tragen.

Paul: Die verbale Kommunikation ist für mich die Brücke zu anderen Menschen, das auf diesem Wege gezeigte Vertrauen der Schlüssel zur seelischen und körperlichen Nähe. Wenn meine Partnerin sich, wie es in der Anfangszeit oft geschah, angesichts eines Problems ins Schweigen zurückzog, fühlte ich mich abgelehnt und in meiner Bemühung um die Beziehung missachtet. Ich hatte zeitweise das Gefühl, die Partnerschaft ganz allein aufrechtzuerhalten, und erlebte mich oft als hoffnungslos überfordert.

Beide: Trotz der großen Liebe hatten wir also noch viele Kämpfe auszufechten. Beziehungen verlaufen in Phasen, und die des Machtkampfes dauerte bei uns fast zwei Jahre. Seelenpartnerschaft ist noch keine Alltagspartnerschaft. Im Alltag der gelebten Beziehung werden dann doch zwangsläufig Bedingungen gestellt. Auch Übertragungen sind manchmal nötig, um sich heilen zu können, aber der andere ist niemals schuld an den eigenen Schmerzen. Doch das wussten wir lange nicht und nächtelanger Streit und zeitweise Funkstille traten auf.

Elena: Mein Partner brachte Gutes, aber auch alles Verdrängte in mir zum Vorschein. Dieser so ähnliche Mensch als Spiegel brachte alle Schatten zur Oberfläche, die ich über die Jahre kompensiert hatte. Ich fühlte mich – wieder einmal – als Opfer und war in dem herzzerreißenden Konflikt gefangen, für mich selbst einzustehen oder für die Beziehung. Doch siehe da, dies erwies sich stets als Irrglaube! Von einer höheren Sicht aus betrachtet hat mich die Verpflichtung zum Partner immer auch selbst geheilt, die Selbstheilung hat die Beziehung geheilt. Die Erkenntnis ist: Der andere kann mich gar nicht verletzen, alles ist bereits in mir! Sie hat auch rückblickend vieles geheilt und mich wachsen lassen.

Paul: In den Jahren unserer Beziehung habe ich mehrmals mit Verwunderung und Freude erlebt, dass das Bekenntnis zu mir selbst und das Bekenntnis zur Partnerschaft nicht im Widerspruch zueinander stehen müssen. Erst als ich begann, »Ich« zu sagen, war ich in der Lage, »Wir« zu sagen. Auf diese Weise ist es dann ein Leichtes, gemeinsam Wege zu finden, die den Bedürfnissen beider gerecht werden. Die Schlüssel hierzu sind Ehrlichkeit sich selber gegenüber und liebevolle Kommunikation.

Beide: Es war zu keiner Zeit leicht, doch wir hatten niemals das Gefühl, aufgeben zu wollen. Zuviel hatten wir von der Intensität unserer Liebe, von der Schönheit der Verbindung unserer Seelen bereits gekostet. Durch den Glauben an die Liebe lösten wir Probleme, vor denen wir früher kapituliert hätten.

Elena: Ein Weg, um die Beziehung zu ermöglichen, war die Beschäftigung mit meinen Schatten und Traumata durch Therapie und Meditation. Und wir führten regelmäßige Beziehungsgespräche (nach Michael Lukas Moeller) ein. Das half, den Tanz auch in schlechten Zeiten aufrechtzuerhalten und uns immer wieder in Verständnis zu verbinden. Auch wenn die Worte meines Partners mir in ihrer ungeschminkten Wahrheit anfangs oft ins Herz schnitten.

Paul: Als analytisch denkender und zugleich sehr idealistischer Mann habe ich bei meiner Partnerin und mir einige Male mit meiner rücksichtslosen Offenheit nachhaltige Schmerzen ausgelöst. Ich lernte, die Relevanz meiner Gefühle für mich persönlich von der Bedeutung, die sie für die Partnerschaft haben, zu trennen. Mit anderen Worten »Ehrlichkeit mit Herz« auszuüben.

Beide: Hilfreich sind bei aller Arbeit aber auch Humor, Genuss und rauschhaftes Erleben miteinander. Ein sanftes, aber machtvolles Hilfsmittel für die Beziehungsarbeit: die »Karten der Partnerschaft« von Chuck Spezzano. Sie zeigen konsequent auf, dass es niemals, niemals hoffnungslos ist, dass es bei jeder noch so verfahrenen Situation eine Gabe in jedem von uns gibt, die alles heilen kann. Wir sind uns beide bewusst, dass wir eine große Arbeit verrichten, indem wir uns jeweils selbst heilen sowie die Beziehung als verbindendes Drittes aufbauen.

Auch wenn wir noch Phasen zu durchschreiten haben und es sich immer mal wieder verfahren anfühlen wird, wissen wir nun, dass es immer weitergehen kann, denn LIEBE IST. Wir sind überzeugt, unsere Seelenpartnerschaft leben zu können, und tun beide alles dafür, dass dieser wundervolle Tanz nicht enden möge.

Dankbarkeit – Das große Zaubermittel

»In jede hohe Freude mischt sich eine Empfindung der Dankbarkeit.«

Marie von Ebner-Eschenbach

Dankbarkeit ist ein glücklich machendes Gefühl, ähnlich dem der Liebe, die wir empfinden. Jeder entscheidet selbst, ob er etwas als Selbstverständlichkeit oder als Geschenk betrachtet. Ständig den Blick auf das zu richten, was man nicht hat, ist der schnellste Weg in die Unzufriedenheit und das Unglücklichsein, gerade wenn du auf der Suche nach einem Seelenpartner bist.

Wer auch für kleine Hilfen oder Aufmerksamkeiten dankbar sein kann, zieht automatisch immer mehr Gutes in sein Leben – ganz nach dem Naturgesetz: Wo etwas vorhanden ist, kommt immer mehr Gleichartiges hinzu. Dem Liebespartner gegenüber Dankbarkeit gelegentlich auch in Worten auszudrücken, bedeutet gleichzeitig auch Wertschätzung auszudrücken. Das kann jeder Beziehung Flügel verleihen. Wenn wir dem Partner eine ehrliche Anerkennung aussprechen, wird uns selbst das Gute in der Beziehung bewusster, und es motiviert den anderen, uns Freude zu machen.

Fällt es uns nicht wesentlich leichter, spontan Kritik zu üben anstatt etwas Positives zu sagen? Allgegenwärtige Kritik aber wird zum Beziehungskiller, das hält die beste Seelenliebe nicht aus. Wir müssen daran arbeiten, das Aussprechen von Anerkennung und Dank zur guten Gewohnheit werden zu lassen, dadurch kann auch Kritik vom Partner besser angenommen werden.

Was verhindert Dankbarkeit?

Viele Menschen halten sich (unbewusst) nicht für wertvoll genug, Gutes einfach nur anzunehmen und zu genießen. Der typische Satz: »Das wäre doch nicht nötig gewesen, das kann ich fast nicht annehmen« ist tatsächlich überflüssig und sollte ersatzlos aus dem Sprachschatz gestrichen werden.

Viele Menschen geben sehr gern, sind aber unfähig, zu nehmen – anzunehmen. Ihnen kann ein Geschenk oder eine Aufmerksamkeit Stress bedeuten, weil sie glauben, alles im Übermaß zurückgeben zu müssen. Damit setzen sie sich selbst unter Druck, Freude und Dankbarkeit bleiben auf der Strecke. Natürlich sollten sich Geben und Nehmen einigermaßen die Waage halten, sonst funktioniert die Beziehung nicht, aber sie muss auch nicht wie eine Tauschbörse geführt werden.

Auch die Macht der Gewohnheit hat viele Beziehungen im Griff: Das Gute, das vom Partner kommt, wird oft allzu selbstverständlich hin- und kaum noch wahrgenommen. Um überhaupt Dankbarkeit empfinden zu können, lenke den Blick ständig bewusst auf die positiven Dinge in der Beziehung. Das klingt ganz einfach, kontinuierliche Aufmerksamkeit ist aber harte Arbeit. Das Negative ist in allen Lebensbereichen sehr offensichtlich, unser Fokus fällt automatisch darauf, es verursacht augenblicklich schlechte Gefühle bis hin zu negativen Reaktionen. Vielleicht sollten wir hohe Erwartungen an den Seelenpartner oder die Beziehung überprüfen und gegebenenfalls korrigieren, vielleicht uns bemühen, etwas mehr Toleranz aufzubringen.

Ohne guten Willen geht es nicht: Wir entscheiden immer selbst, welchen Dingen wir unsere Aufmerksamkeit schenken. Ständig auf Negatives zu schauen, verursacht negative Gefühle. Kritikpunkte finden sich allzu schnell – der Streit ist vorprogrammiert. Nur wenn wir den Blick auf das Positive richten können, besteht eine Chance, Dankbarkeit zu empfinden.

Echte Dankbarkeit wirkt aufbauend für eine Seelenpartnerschaft

Wenn wir den Blick von Dingen weglenken, die uns in der Partnerschaft fehlen oder uns unzufrieden machen, finden wir meist schnell etliche Gründe, unserem Partner »Danke« zu sagen. Auch die kleinen Dinge müssen wichtig genommen werden, es zählen nicht nur die großen Geschenke und Wohltaten.

Ein »Danke« sollte immer aus dem Herzen kommen – der Partner spürt genau, wie es wirklich gemeint ist, genauso wie er spürt, ob seine Anwesenheit längst schon zur Selbstverständlichkeit geworden ist und der übliche Abschiedskuss oder der Kosenamen überhaupt noch eine Bedeutung haben. Nur ein echtes, wirklich ernst gemeintes »Danke« zeigt dem Partner, dass wir sein Tun wahrgenommen und anerkannt haben, dass es für uns nicht selbstverständlich oder gleichgültig ist. Unser »Danke« zeigt unsere Wertschätzung, der Gebende empfindet Freude und wird gern wieder so handeln, was uns erneut zugute kommt.

Dankbarkeit und Gesundheit

Menschen, die den Fokus auf das Positive richten und dafür dankbar sind, können ihr Leben sehr zuversichtlich sehen und leiden deutlich weniger unter Depressionen. Sie haben weniger körperliche Beschwerden, sind insgesamt aktiver und zufriedener. Durch ihre Ausgeglichenheit und ihre lebensbejahende Einstellung sind sie in der Lage, andere bei Problemen zu unterstützen und sie aufzubauen. Wer wünscht sich nicht einen solch positiven Menschen an seiner Seite?

Dankbarkeit hilft bei der Krisenbewältigung

In jeder Beziehung gibt es Differenzen, auch bei Seelenpartnerschaften. Jede Partnerschaft kennt das Auf und Ab der Gefühle. Wenn man die Beziehung fortführen möchte, ist es sehr hilfreich, eine Liste der positiven Eigenschaften des Partners zu erstellen. Es mag am Anfang schwierig erscheinen, Gutes zu finden, wenn das Negative einem überdeutlich ins Auge springt, aber diese Mühe kann sich lohnen. Nur darüber nachzudenken ist bei Weitem nicht so wirkungsvoll wie das Aufschreiben. Beim Schreiben dringt das Positive viel nachhaltiger in unser Bewusstsein.

Wir leben in einer Welt der Dualität: Wo Licht ist, ist automatisch auch Schatten. Um eine Beziehungskrise zu bewältigen, muss manchmal sehr mühsam nach dem Licht gesucht werden. Wer wirklich genau hinschaut, wird immer etwas finden, wofür er dem Partner dankbar sein kann.

Dankbarkeit kann zur guten Gewohnheit gemacht werden

Laut Meinung von Forschern wird ein Drittel bis zur Hälfte unseres Lebens von Gewohnheiten regiert. Welche Gewohnheiten wir annehmen, entscheiden wir immer selbst. Die Macht der Gewohnheit können wir uns in der Partnerschaft zunutze machen: zum Beispiel indem wir jeden Tag oder mindestens jede Woche einmal bewusst nach liebevollem, aufmerksamem Verhalten des Partners schauen und ihm dafür »Danke« sagen. Regelmäßig praktiziert, wird das zu einer guten und beziehungsfördernden Gewohnheit, von der wir selbst auch profitieren. Wir fühlen uns gut, wenn wir Dankbarkeit empfinden und ein Lob aussprechen, gleichzeitig erhöhen wir das Wohlbefinden des Partners. Was kann die gegenseitige Liebe mehr aufbauen als Wertschätzung und Anerkennung?

Ideen, Impulse und Inspirationen

Dankbarkeit als Weg zur Liebe ohne Limit

Dankbarkeit folgt unmittelbar und ohne Umwege dem Gesetz der Anziehung, wie ich es zuvor beschrieben habe. Das Gesetz der Anziehung besagt, dass man mehr von dem bekommt, was man fühlt und denkt. Demnach sorgt es auch weiterhin dafür, dass das, was du annimmst und schätzt, weiter so bleibt. Um dieses Resonanzgesetz zu nutzen und damit glücklicher und zufriedener in der Seelenpartnerschaft (oder im Warten auf sie) zu werden, empfehle ich folgende Dankbarkeitsübung. Sie bringt negative Gedanken für eine kurze Zeit um ihren Wirkraum und sorgt dafür, dass sich das Gefühl der Dankbarkeit in deinem Geist und Körper breit machen kann.

- Nimm dir ausreichend Zeit (etwa dreißig Minuten) und sorge für Ungestörtheit.
- Schreib auf, wofür du dankbar bist in deinem Leben. Nutze die Formulierung: »Ich bin dankbar dafür, dass ich …«

- Begründe dir selbst deine Dankbarkeit: »Ich bin dankbar, weil ...«
- Lass Pausen zu, wenn dir gerade nichts einfällt, und lass dir Zeit, bis neue Ideen kommen.
- Versuch auch dankbar für all das zu sein, was dir schwer erscheint, was dich Anstrengung kostet. Das gelingt dir, wenn du den Nutzen dahinter erkennen kannst. Gerade für diesen Punkt ist das »weil« wichtig. Schreib also auch auf, warum du gerade für diese Lektion in deinem Leben dankbar sein kannst.

Dialoge – In Worten und noch viel mehr

»Zunächst sollte man reiflich bedenken, wie ähnlich man den anderen ist: Sie erfahren Freude und Leid genau wie ich. Darum muß ich sie beschützen wie mich.«

Dalai Lama

Eine glückliche Partnerschaft ist ohne Frage von zentraler Bedeutung, um ein erfülltes und zufriedenes Leben führen zu können. Dabei ist der Dialog, den zwei Partner teilweise unbewusst auf vielen unterschiedlichen Ebenen miteinander führen, der Kern der Seelenpartnerschaft. Es gilt allerdings einige Aspekte zu beachten, um die Wichtigkeit und die Magie des Dialogs wirklich vollständig nachvollziehen zu können. Das bedeutet, dass du die verschiedenen Formen des Dialogs kennenlernen solltest, da diese in einer Liebesbeziehung wie ineinandergreifende Zahnräder fungieren.

Der Zeitdialog

Dem Faktor Zeit solltest du in jedem Fall einen hohen Stellenwert beimessen, um die Beziehung mit einem Partner langfristig positiv beeinflussen zu können. Die Gründe sind ausgesprochen vielfältig.

So kommunizierst du durch das bewusste Investieren von Zeit zum Beispiel Interesse daran, deine Seelenpartnerschaft aktiv pflegen zu wollen. Im Gegensatz dazu könntest du durch den Zeitdialog ausdrücken, dass du keinen großen Wert auf gemeinsame Unternehmungen legst, wenn du nie oder selten

Zeit für deine Partnerin beziehungsweise deinen Partner freihältst. Demzufolge fungiert der unbewusste Zeitdialog als eine Art Übermittler der persönlichen Wertschätzung. Diese Feststellung verdeutlicht die Bedeutung des Zeitdialogs, da eine Beziehung praktisch zum Scheitern verurteilt ist, wenn es kaum noch feste Tage und Zeiten gibt, in denen die Liebe zu deinem Seelenpartner im Mittelpunkt steht. Plane also immer genügend Zeit für gemeinsame Aktivitäten ein, um den Zeitdialog in der Beziehung stets in eine positive Richtung lenken zu können.

Der Sinndialog

Du bist dir sicher darüber im Klaren, dass auch eine Seelenpartnerschaft nicht nur Sonnentage beinhaltet, es gehören auch deftige Krisen dazu. Speziell in schweren Zeiten sind gemeinsame Ziele und ein tiefer Sinn, auf dem das Zusammenleben aufbaut, wichtige Eckpfeiler einer Seelenpartnerschaft. Der Sinndialog, den die Partner untereinander führen, symbolisiert dabei das gemeinsame Streben nach Glück. Dementsprechend ist es ratsam, sich darüber bewusst zu werden, warum man sich für diesen bestimmten Partner entschieden hat. Durch ähnliche Lebensziele und Erwartungen an den Alltag wird die Seelenpartnerschaft deutlich zukunftsträchtiger. Besonders dann, wenn du noch auf der Suche nach einer Seelenpartnerschaft bist, die wirklich langfristig dein Leben bereichern soll, gilt es dem Sinndialog eine hohe Priorität beizumessen. Dieser Ratschlag stützt sich auf den Fakt, dass eine kurze Affäre nicht nach einem tieferen Sinn verlangt, während eine partnerschaftliche Lebensgemeinschaft an gemeinsam formulierten Zielen wächst und durch sie an zusätzlicher Bedeutung gewinnt.

Der Sprachdialog

Der Sprachdialog ist der Teilbereich, der ganz ohne Frage den meisten Menschen zuerst in den Sinn kommt, wenn es um das Thema partnerschaftlicher Dialog geht. Die Sprache ist die Basis der Kommunikation und dementsprechend unverzichtbar, um sowohl banale Angelegenheiten als auch komplexe Meinungsverschiedenheiten klären zu können. Damit du den Sprachdialog so einsetzen kannst, dass er sich positiv auf deine Partnerschaft auswirkt, kannst du viel unternehmen. Das Einhalten einiger Regeln ist essenziell, um sich innerhalb eines Sprachdialogs respektvoll und wertschätzend gegenübertreten zu können. Es ist zum Beispiel wichtig, den Partner immer ausreden und alle Bedenken äußern zu lassen, bevor du selbst das Wort ergreifst. Dieser Grundsatz ist natürlich für beide Seiten gültig und ermöglicht einen zielführenden Sprachdialog. Unabhängig von beruflichen sowie familiären Verpflichtungen solltest du zudem darauf achten, dass der Sprachdialog miteinander ein festes Ritual bleibt. Der regelmäßige Austausch von erlebten Freuden, Ängsten, Problemen und Co. leistet einen wertvollen Beitrag, um dem Seelenpartner nah zu bleiben.

Der Gefühlsdialog

Die Entwicklung von Gefühlen für einen anderen Menschen ist üblicherweise der Ursprung für den Beginn jeder Partnerschaft. Der Gefühlsdialog zwischen Mann und Frau spielt sich in der Regel komplett unbewusst ab und ist nur sehr schwer zu steuern.

Allerdings hast du die Möglichkeit, zum Beispiel durch eine bewusste Veränderung der Gestik und Mimik die Gefühlsebene deiner Partnerschaft zu beeinflussen. So kannst du durch dein Verhalten dafür sorgen, dass sich deine Beziehung dadurch auszeichnet, dass sich beide Partner bedingungslos fallen lassen können. Über den Gefühlsdialog werden sowohl positive Empfindungen wie Leidenschaft und Lust als auch negative Gefühle wie Zorn transferiert und ausgetauscht. Die Kenntnis über die Gefühlslage des Partners ist ein wichtiger Baustein für eine glückliche Seelenpartnerschaft.

Der Körperdialog

Eine weitere Form des Dialogs zwischen Mann und Frau ist der Körperdialog. Dieser Aspekt beschreibt den Austausch von Zärtlichkeiten und das Erleben des Körpers des Seelenpartners. Die körperlichen Begegnungen sind eine Art Sahnehäubchen in der Partnerschaft und stärken das Gefühl der Zusammengehörigkeit. Allerdings stellt der Körperdialog für viele Seelenpartnerschaften auch ein ernsthaftes Problem dar.

Menschen sind ja sehr verschieden, sodass es im Zuge einer Beziehung häufig vorkommt, dass sich die Vorstellungen in Bezug auf den Körperdialog zum Teil sehr stark voneinander unterscheiden. Das kann zum Beispiel bedeuten, dass du wesentlich häufiger das Verlangen nach körperlichen Berührungen empfindest, als dies bei deinem Partner der Fall ist oder umgekehrt. Dies ist vollkommen natürlich und in der Regel kein Indikator für einen Mangel an Seelenliebe. Letztendlich kommt es ganz einfach darauf an, auf die Wünsche des jeweils anderen einzugehen, um sicherstellen zu können, dass der Körperdialog beide Seiten glücklich macht. Außerdem ist es wichtig zu wissen, dass der körperliche Dialog nicht gleichbedeutend mit Sexualität ist. Der sexuelle Kontakt ist ganz ohne Frage ein Teil des Körperdialogs, aber Gesten wie Umarmungen und Streicheln sind mindestens genauso wichtig.

Über die Notwendigkeit des partnerschaftlichen Dialogs

Dialog zwischen Mann und Frau ist ein dauerhaftes Gespräch auf unterschiedlichen Ebenen. Im Rahmen einer Seelenpartnerschaft fungiert dabei jede einzelne Form des Dialogs wie ein Puzzleteil, das zur dauerhaften Liebe ohne Limit benötigt wird. Im Idealfall wirken die Kräfte der Dialogebenen gleichmäßig und gleichberechtigt, sodass kein Ungleichgewicht entstehen kann. Durch das Steuern und Analysieren der verschiedenen Arten des Dialogs hast du die Balance in der Seelenpartnerschaft selbst in der Hand. Ein Dialog ist natürlich nicht immer ein im Einklang geführtes Gespräch, sondern kann auch mit Spannungen und Problemen verbunden sein. Allerdings ist die Pflege der partnerschaftlichen Dialoge zweifellos der Schlüssel zu einer vollkommenen und langfristigen Seelenpartnerschaft.

Ideen, Impulse und Inspirationen

Dialog als Weg zur Liebe ohne Limit

Das regelmäßige Zwiegespräch ist ein wahres Liebeselixier. Aber: Das Zwiegespräch sollte nicht nur in Krisensituationen eingesetzt werden, sondern zur ganz normalen Liebesvorsorge jeder Partnerschaft zählen! Zwiegespräche sind keine normalen Gespräche, sie folgen einem Ritual.

- Nehmt euch regelmäßig Zeit füreinander, am besten einmal pro Woche.
- Besprecht die für euch angenehme Dauer und haltet euch daran (ich empfehle eine Stunde).
- Sucht euch ein Setting, das euch angenehm ist und bei dem ihr euch gegenübersitzt.
- Einer spricht, der andere hört zu, jeder hat dazu immer fünf Minuten Zeit. Ihr wechselt euch ab, bis die vereinbare Zeit vorbei ist.
- Es gibt keine Einschränkungen in den Themen, alles darf angesprochen werden.
- Jeder spricht immer von sich selbst, beginnt eure Sätze mit »Ich bin derzeit beschäftigt mit …« Vermeidet Sätze mit dem Beginn: »Du hast …« oder »Du bist …«. Nutzt lieber Aussagen über euch selbst: »Ich habe das Gefühl, dass …«
- Wenn dem, der beginnt, kein Thema einfällt, schweigt ihr, bis die Zeit vorbei ist. Auch Redepausen innerhalb dieser fünf Minuten werden nicht mit Worten gefüllt. Gerade in dieser Stille geschieht viel Reflexion – bei euch beiden.
- Der andere wird nie unterbrochen und seine Aussagen werden nicht kommentiert. Wer dran ist, hat die Chance, alles zu sagen, was er will.

- Auch nonverbale Kommentare finden nicht statt, ihr seid einfach nur ganz Ohr und Herz, während der andere dran ist.
- Auch nach dem Zwiegespräch gibt es keine Kommentare.
- Vergesst nicht, dass ihr euch mit Worten vielleicht verständigen könnt, aber Verstehen gelingt nur mit dem Herzen.

Eigenverantwortung – Da ist niemand anderes als du!

»Im Grunde sind es doch die Verbindungen mit Menschen, die dem Leben seinen Wert geben.«

Wilhelm von Humboldt

Sei schuldlos glücklich! Gib niemand anderem die Schuld daran, wenn du nicht glücklich lebst. Da ist niemand anderer als du selbst, der die Verantwortung für dein Lebensglück trägt! Diese Sätze werden nicht jedem schmecken ...

Um dein eigenes Leben und dann jede Form von Beziehung und Partnerschaft zu meistern, ist es absolut unabdingbar, dass du die volle Verantwortung für dich selbst übernimmst. Ein bewusstes und selbstbestimmtes Leben kann nur dann gelingen, wenn du selbst die Verantwortung für dein Glück übernimmst: Du erfüllst deine Bedürfnisse, deine Wünsche, deine Sehnsüchte, deine Ziele. Niemand sonst könnte das für dich übernehmen.

Wir alle werden immer wieder im Leben von widrigen Ereignissen heimgesucht, beispielsweise Trennungen, Krankheiten oder auch Arbeitslosigkeit und Mobbing. Viele Menschen fühlen sich dann als Opfer der Umstände, ärgern sich und bemitleiden sich. Andere Menschen hadern ganz grundlegend mit ihrem Schicksal, denn sie hatten »eine schwere Kindheit«: widrige soziale Umstände, schlechte Bildungsmöglichkeiten und *vor allem* hat ihre Mutter sie nicht genug geliebt und der Vater nicht genug gelobt.

Wir fühlen uns hilflos, ohnmächtig und ausgeliefert. Wie schnell wir uns aus dieser Opferrolle selbst wieder befreien können, liegt daran, wie die grunsätzliche Lebenshaltung ist.

Wir können die Schicksalsschläge nicht verhindern, können jedoch sehr wohl etwas unternehmen, um sie leichter zu bewältigen.

Wer deprimiert ist und glaubt, das Leben sei ungerecht, weil nur ihn dieses Schicksal ereilt, hat noch nie einen Menschen getroffen, der wirklich widrige Lebensumstände hatte und dabei richtig glücklich und zufrieden war. Als Beispiele nenne ich den Trainer Nick Vujicic, den Mann ohne Arme und Beine, die Surferin Bethany Hamilton, der ein Hai einen Arm abgebissen hat, oder Vera Bentele, die von Geburt an blind ist und dennoch eine Ausnahmesportlerin wurde.

Verantwortung annehmen

Dass es nicht leicht ist, sein Leben selbst in die Hand zu nehmen, ist klar, denn es ist viel bequemer, jemand anderem die Schuld für irgendwelche Defizite im Leben zu geben: Zu allererst den Eltern, den Lehrern, den Chefs, und dann haben wir täglich einen Partner, den wir ebenfalls benutzen können, um uns aus der Verantwortung für unser eigenes Wohlgefühl zu stehlen. Das hört sich dann oft so an: »Ich kann nicht glücklich sein, weil er oder sie ...« Oder: »Unsere Partnerschaft ist nicht mehr in Ordnung, weil er oder sie ...« Damit wird dann auch die Verantwortung abgeschoben. Wohin das führt, ist klar, oder?

Wohl jeder von uns kennt in seinem persönlichen Umfeld oder aus der Zeitgeschichte Menschen, denen es gelingt, auch an den härtesten Nackenschlägen des Lebens nicht nur nicht zu zerbrechen, sondern dadurch sogar zu wachsen und ihre Persönlichkeit weiterzuentwickeln. In der Regel bewundern wir solche Menschen und fragen uns, wie es ihnen möglich ist, Krisen auf so konstruktive Weise zu bewältigen. Diese Fähigkeit wird als Resilienz bezeichnet.

Auch die Forschung hat sich dem Thema Resilienz gewidmet und klare Erkenntnisse gewonnen. Als wichtigste Faktoren für diese Kraft wurden einige Fähigkeiten und Gaben herausgefunden: ein ausgeglichenes Temperament, Problemlösungsfähigkeit, hohe Selbstwirksamkeit und ein positives Selbstkonzept, Sozialkompetenz und die Fähigkeit, für Unterstützung zu sorgen, realistische Zukunftsplanungen und eine optimistische Lebenseinstellung. Menschen, die diese Fähigkeiten besitzen, machen nicht andere für ihr Glück oder Unglück verantwortlich, sondern verlassen diese schreckliche Opferrolle und übernehmen selbst die Verantwortung für ihr Leben.

Die Ergebnisse der Resilienzforschung weisen übrigens auch darauf hin, dass es zwar meist angeborene Fähigkeiten sind, die Menschen widerstandsfähig gegen Schicksalsschläge machen, sie können aber von jedem Menschen mehr oder weniger umfangreich erlernt und entwickelt werden. Du kannst also in jeder Lebenssituation damit beginnen, eigenverantwortlicher und aktiver zu leben, du musst es nur wollen.

Die Kindheit und das Ausgeliefertsein an die Eltern oder andere Erziehungspersonen ist vorüber, nun bist du selbst verantwortlich. Du musst selbst dafür sorgen, dass es dir gut geht. Nur du weißt, wie du am besten glücklich wirst.

Eltern machen bei der Erziehung Fehler, als Erwachsener kannst du jetzt diese Fehler ausbessern und Irrtümer bereinigen. Du beginnst von Neuem, diesmal jedoch mit deinen eigenen Vorstellungen, du übernimmst sozusagen eine Selbsterziehung deiner Person. Wenn du jetzt negative Einstellungen, die dich geplagt haben, in positive, lebensbejahende Einstellungen wendest, wirst du Erfolg in Partnerschaft und

Beruf haben. Es ist nicht so wichtig, was uns die Eltern bei der Erziehung mitgegeben haben, wichtig ist, was wir damit anfangen. Das Leben ist wie ein Kartenspiel: Du bekommst dabei auch nicht immer die besten Karten, mit viel Geschick und Können kannst du das Spiel aber trotzdem gewinnen. Das ist auch im Leben so, die Lebenskarten, die ausgeteilt werden, sind nicht immer nur Asse und Könige, trotzdem können wir durch geschicktes Handeln ein positives Ergebnis herbeiführen. Wenn du beim Kartenspiel sofort resignierst, wirst du das Spiel verlieren. Das Gleiche passiert im Leben, nur mit vielen weitreichenden Folgen. Wenn du also immer anderen die Schuld für das Versagen zuschiebst, wirst du dich nie aus der Opferrolle befreien können und so nie dein Leben selbst meistern. Du wirst immer Spielball anderer bleiben.

Befreie dich aus der Opferrolle

Wie kannst du dich nun am besten aus der Opferrolle befreien? Zuallererst musst du dir bewusst machen, dass du überhaupt in dieser fatalen Opferrolle steckst und was diese Haltung für Auswirkungen auf dein Leben hat. Vielen Menschen ist die Trageweite des Opfertums gar nicht richtig klar. Wenn du dir bewusst bist, in der Opferrolle zu stecken, musst du Verantwortung für deine Gefühle übernehmen. Du bestimmst ab jetzt, wie du dich fühlst und wie du dich in den verschiedenen Situationen verhältst. Damit hast du den ersten Schritt aus der Opferfalle getan. Du kannst lernen, wie du deine Gefühle am besten beeinflusst. Mach dir bewusst, dass dich keine Schuld trifft und negative Ereignisse einfach passieren, dann kannst du viel besser damit umgehen. Sicher ist die Welt nicht immer gerecht, aber Schicksalsschläge treffen nicht nur dich, sie sind keine Bestrafung. Reiß dich aus der Opferrolle heraus und übernimm die Verantwortung für dein Leben.

So wird auch jede Partnerschaft viel leichter eine glückliche Partnerschaft sein. Wer will schon mit einem Menschen zusammen sein, der ein Opferverhalten an den Tag legt? Wer kann aus tiefstem Herzen für einen geliebten Menschen brennen, wenn der seine Opferitis pflegt. Das ist genauso unsexy wie eine angegraute Doppelripp-Unterhose oder das Flanellnachthemd im Holzfällerstil ...

Eigenverantwortliche Menschen sind attraktiv, charismatisch, betörend anziehend. Ihr Gegenüber muss keine Angst davor haben, für die nächste miese Laune verantwortlich gemacht zu werden.

Ideen, Impulse und Inspirationen

Eigenverantwortung als Weg zur Liebe ohne Limit

Eigenverantwortung für dein Leben zu übernehmen bedeutet, dass du niemand anderen für die Umstände deiner Gegenwart oder Vergangenheit verantwortlich machst. Niemand hat Schuld. Das hört sich toll an, leicht ist es jedoch nicht, diese Grundhaltung im Leben zu verankern. Um die volle Verantwortung für dein Leben zu übernehmen und zu nutzen, empfehle ich folgende Übung zur Eigenverantwortung:

- Nimm dir ausreichend Zeit (ca. 30 Minuten) und sorge für Ungestörtheit.
- Jetzt erstelle eine sehr unbequeme Liste: die Liste deiner Ausreden, warum und weshalb in deinem Leben etwas schiefläuft, nicht funktioniert und weshalb du gar nichts dafür kannst.
- Dann suche zu jeder deiner Ausreden eine wahre Alternative, die dich wirklich weiterbringt und verhindert, dass du in der Denksackgasse stecken bleibst.
- Nun versuche in jeder der Ausreden die Chance zu erkennen. Schreib auch das auf!
- Frag dich auch: Willst du unbedingt recht behalten oder wirklich eigenverantwortlich glücklich sein?
- Bist du bereit, wirklich alle Ausreden loszulassen? Wenn nicht, wird auch dieses Buch dir nicht weiterhelfen … Also beweis dir das Gegenteil: Du und nur du kannst deinen Lebensweg verändern.

Nadja, 31, und Karsten, 59

Als wir uns kennengelernt haben, mussten wir als Erstes zusammen eine Strecke von 1500 Kilometern einmal durch ganz Kamerun, von Süden nach Norden, zu einem großen Teil auf Sandpisten, im Jeep bewältigen. Wir sind um sechs Uhr früh in der Hauptstadt Yaoundé gestartet. Nachdem wir auf der richtigen Straße gen Norden waren, haben wir in einem kleinen Café am Straßenrand gefrühstückt.

Dabei ist uns aufgefallen, dass wir beide aus Köln »stammen«: Karsten ist dort geboren und Nadja hat die Stadt zu ihrer Wahlheimat gemacht. Eine winzige Ameisenart hatte eine Straße über unseren Frühstückstisch gebaut. Karsten war sie unangenehm, lebte er doch schon seit über zwanzig Jahren in Kamerun und wünschte sich, dass Nadja »sein« Land auch mochte. Natürlich hat Nadja die Ameisen ignoriert. Im Übrigen fand sie sie ganz niedlich.

Wenn jemand mit sehr viel Erfahrung eine ungewöhnliche Autostrecke genauso fährt, wie sein völlig unerfahrener Sozius es machen würde, wenn er es könnte, sind die beiden dann Seelenpartner? Wenn der eine auf einer solchen Fahrt das ausspricht, was der andere eine Sekunde zuvor gedacht hat, sind sie es dann? Wenn die beiden bei ihrem Zwischenstopp zur Übernachtung am liebsten die ganze Nacht hindurch geredet hätten und es ihnen schwerfiel, sich in zwei Hotelzimmer zu verabschieden, sind sie es dann?

Sie sind es eben einfach, auch wenn sie sich lange dagegen wehren und versuchen, vernünftige Pflichten zu finden, die dem Leben der Seelenliebe entgegenstehen.

Solche vernünftigen Gründe gab und gibt es bei uns viele. Karsten ist achtundzwanzig Jahre älter als Nadja. Er lebt seit (inzwischen) dreißig Jahren in Kamerun und hat dort seinen beruflichen und privaten Lebensmittelpunkt. Als wir uns kennenlernten, war Nadja in einer klassischen monogam angelegten Zweierbeziehung liiert.

Wir glauben, dass es kein Geheimrezept für eine funktionierende Seelen- oder sonstige Partnerschaft gibt. Im Gegenteil: Für uns sind Offenheit und Ehrlichkeit immens wichtig. Und das Aushalten des Zweifels des anderen. Das Besondere an unserer Beziehung ist, dass unser Wertsystem grundsätzlich völlig übereinstimmt.

Das heißt nicht, dass wir nicht auch mal unterschiedlicher Meinung sind oder Dinge auf andere Art und Weise tun oder auch verschiedene Erwartungshaltungen haben. Das beruht aber immer auf unserer Historie, auf dem konkret Erlernten. Sich das immer wieder klarzumachen, das füreinander transparent zu machen, zu würdigen und anzunehmen: Das hat uns zu unserer von Karsten in den ersten Wochen des Kennenlernens formulierten Wunschbeziehung gebracht – ein in sich ruhendes Paar zu sein.

Dafür brauchen wir weder zusammenzuleben noch uns regelmäßig zu sehen. Die innere Verbundenheit ist so friedlich, dass sie neben der Verbundenheit mit allem stehen kann – neben der Verbundenheit mit und in einem eigenen Alltag in einem eigenen, unterschiedlichen Umfeld und neben der meditativen Verbundenheit mit einer von Gott beseelten Welt.

Damit sich dieses Nebeneinander entfalten kann, bedurfte es allerdings des Verzichts auf den Anspruch, das erfüllende Gefühl des vollständigen (physischen und psychischen) Vereintseins mit dem anderen als Dauerzustand aufrechtzuerhalten.

Anderen Menschen würden wir raten, ihren Partner denselben Fehler auch ein zweites, drittes ... zehntes, elftes ... Mal machen zu lassen. Viele Konventionen sind so stark erlernt, viele Prägungen in der Kindheit so verfestigt, dass ein Sich-Lösen unendlich schwer erscheint.

Und Seelenliebe ist in unserer Gesellschaft per se unkonventionell. Solche Unkonventionalität zu leben, seine eigenen Verhaltensmuster wenn nicht zu ändern, so doch zu erkennen, transparent zu machen, anzunehmen und zu integrieren: Das ist harte Arbeit. Auch wenn das unromantisch klingt – eine Partnerschaft, schon gar eine Seelenpartnerschaft fällt nicht vom Himmel. So wie eine gute Idee in die Tat umgesetzt werden will, so will eine (Seelen-)Partnerschaft durch (Seelen-)Arbeit gelebt werden.

Auf unsere Arbeit – sechs Jahre zwischen Kamerun, Frankreich, Deutschland, zweitweise USA, Integration unserer Seelenpartnerschaft in eine polyamore Lebensgestaltung, Kommunikation mit mehreren Umfeldern und (Patchwork-)Familien, viele Flug- und Autokilometer, ungezählte Telefoneinheiten, heftige Tränen und Wutausbrüche, Rückzug, sehr viel Geduld und überwältigende Freude und Dankbarkeit für Frieden und Harmonie im anderen – sind wir ziemlich stolz. Und dieser Stolz – immer zusammen mit großer Dankbarkeit – darf, so finden wir, auch dazugehören.

Freiheit – Verbundenheit ohne Zwänge

»Die Liebe ist das Kind der Freiheit und niemals das der Beherrschung.«

Erich Fromm

Freiheit ist ein Grundbedürfnis des Menschen. Schon sehr kleine Kinder verlangen lautstark nach dessen Erfüllung. Sobald sie in der Lage sind zu wählen, wollen sie das, und das beginnt schon sehr früh mit der Wahl des Essens oder der Kleidung oder auch damit, Dinge tun zu wollen oder eben nicht. Eltern haben die Aufgabe, ihren Kindern mit zunehmendem Alter ein zunehmendes Maß an Freiheit zu gewähren. Nur so können sich diese zu selbstständigen und verantwortungsbewussten Menschen entwickeln, die mit Freiheit auch umgehen können. Unter ständiger Bevormundung und Druck funktioniert das nicht.

Ein Erwachsener hat gelernt, dass jeder die Freiheit hat, wirklich alles zu tun, was er möchte, dass aber diese Freiheit nicht missbraucht werden darf, weil dadurch die Grenzen anderer überschritten werden können und die Konsequenzen falscher Handlungen getragen werden müssen. Der Erwachsene weiß auch, was er für sein Glück braucht: nämlich immer die Wahl zu haben, Entscheidungen aus freiem Willen (= freiwillig) ohne Druck und Zwang treffen zu können. Er ist fähig, das Richtige für sich zu wählen, und darf das in allen Lebensbereichen tun. Freiheit ist nicht nur ein Grundbedürfnis, sondern ein Grundrecht aller Menschen.

In der ersten Verliebtheit scheint es einfacher zu sein, dem Partner Freiheit zu schenken. Wir wählen unseren Liebespartner aus freien Stücken und akzeptieren ihn zunächst so, wie er ist. Wir gehen gern auf seine Wünsche und Bedürfnisse ein und sind glücklich, wenn er glücklich ist. Wenn eine Partnerschaft zu Beginn noch nicht gefestigt ist, bemüht man sich stark um den anderen – man will ihn ja halten. Wir sehen den Partner als freien Menschen, der über sein Leben selbst entscheiden kann.

Vor allem, wenn wir den ersehnten Seelenpartner endlich gefunden haben. Dann können wir tolerant sein und kämen nicht auf die Idee, zum Beispiel seinen Umgang mit seinem eigenen Geld zu kritisieren oder seine Zeit zu fordern, wenn er lieber einmal ohne uns sein Hobby ausüben, seine Freunde treffen oder gar allein verreisen will.

Sogar wenn uns etwas sehr missfällt, kritisieren wir vorsichtig, weil Kritik ein Versuch ist, seine Selbstbestimmung einzuschränken – das nimmt er vielleicht (zu recht) übel. Kurz, wir achten als Verliebte sehr darauf, dass die gute Beziehung nicht beeinträchtigt wird, und zeigen unsere beste Seite. Wir geben dem Partner großzügig die Freiheit, die er braucht, und betrachten die gemeinsamen Stunden als Geschenk. Leider hält die Idylle oft nicht allzu lang an, wenn die Vorstellungen von Freiheit in der Seelenpartnerschaft zu weit auseinandergehen.

Übereinstimmung zu finden kann schwierig sein

Normalerweise trifft man, wenn man in einer Partnerschaft ist, Entscheidungen automatisch nicht nur im Hinblick auf das eigene Wohl, sondern berücksichtigt dabei ganz selbstverständlich und freiwillig auch das Wohl des geliebten Seelenpartners. Das muss aber keinesfalls heißen, das hier alle

Freiheit endet und man nur noch Verpflichtungen gegenüber dem Geliebten hat, ständig verzichten muss, eingesperrt ist oder unter dauerndem Druck steht, weil man glaubt, zu allem das Einverständnis des Partners haben zu müssen.

Wenn man seine Seelenpartnerschaft so empfindet, hat man entweder den falschen Partner, der zu viel verlangt, oder man hat sich das selbst auferlegt, weil man denkt, als guter Seelenpartner so handeln zu müssen. Sicher gibt man in jeder festen Beziehung ein Stück Freiheit auf – was nicht negativ ins Gewicht fällt, wenn man dafür so wertvolle Dinge bekommt wie Liebe, Sicherheit, Geborgenheit und Unterstützung.

In der ersten Phase der Verliebtheit will man ständig die Nähe des Partners, aber nach einiger Zeit werden die Gefühle zum Glück etwas ruhiger. Dann muss das für beide richtige Maß von Nähe und Distanz gefunden werden, ohne das keine Seelenpartnerschaft funktioniert. Wie viel Freiheit will man dem Partner zugestehen, wie viel Freiheit braucht man selbst? Wenn uns der Partner zu wenig Freiheit gewährt oder wir für uns selbst zu wenig beanspruchen, fühlen wir uns schnell eingeengt.

Zu viel Freiheit birgt die Gefahr, dass das Gemeinsame zu kurz kommt, die Partner sich immer fremder werden und sich letztendlich ganz auseinanderleben. Oft wird das Thema Freiheit zum Konfliktthema: immer dann, wenn ein Partner mehr Freiheiten will, als ihm der andere zugestehen möchte.

Was bewegt Menschen, ihre Partner in der Freiheit einzuschränken?

Menschen, die wenige Freiheiten beanspruchen, möchten dem Partner oft auch nur wenige gewähren. Sie haben vielleicht wenige Interessen und Kontakte und verlangen deshalb vom Partner, dass er ständig für sie da ist. Manche fühlen sich vom Partner abhängig, glauben, nicht allein leben zu können, und neigen aus übergroßer Verlustangst zum Klammern. Oder jemand hat ein schwaches Selbstwertgefühl und reagiert deshalb mit extremer Eifersucht und will den Geliebten ständig kontrollieren. Andere beanspruchen den Partner mit Haut und Haar, verlangen voller Egoismus, dass er ununterbrochen für sie da sein muss, ohne zu fragen, ob das für den anderen auch richtig ist. Wieder andere fühlen sich in verschiedenen Lebensbereichen machtlos und üben wenigstens zu Hause beim Partner Macht aus, um das zu kompensieren. Mancher, der sich einer direkten Auseinandersetzung nicht gewachsen fühlt, weil er keine Argumente hat, die sein Einengen des Partners rechtfertigen, manipuliert ihn, indem er ihm Schuldgefühle macht und ihn emotional unter Druck setzt. All das sind Beziehungskiller und wer so agiert, lebt sicher keine Seelenpartnerschaft.

Ein wahrer Seelenpartner wird sich bemühen, Sicherheit zu geben und das Selbstwertgefühl des Partners aufzubauen. Er kann eine große Hilfe sein, aber in erster Linie ist man selbst für seine negativen Gefühle und Verhaltensweisen verantwortlich und darf daran arbeiten, sich diese bewusst zu machen und sie zu beseitigen, damit sie die Seelenpartnerschaft nicht zerstören.

Liebe und Partnerschaft brauchen Freiwilligkeit als Basis

Bitte sieh deinen Seelenpartner auch noch nach langer Zeit als eigenständigen Menschen mit Wünschen und Bedürfnissen an, der, genau wie du selbst, seine Freiräume braucht. Eingeengt zu werden macht aggressiv, der Ausbruch ist vorprogrammiert. Wenn du dagegen großzügig Freiheit schenkst, weil du es wirklich gut mit deinem Partner meinst und ihn glücklich sehen möchtest, wird er das spüren und sehr gern bei dir sein. Kein Mensch kann lange in Unfreiheit leben, Seelenliebe kann nur auf freiwilliger Basis gedeihen. Es hat nichts mit Seelenpartnerschaft zu tun, wenn man jemanden einengt. Nur dort wo unserem Grundbedürfnis nach Freiheit Rechnung getragen wird, spüren wir die Liebe des Seelenpartners und fühlen uns wohl. Nur dort werden wir auch freiwillig bleiben.

Ideen, Impulse und Inspirationen

Freiheit als Weg zur Liebe ohne Limit

Freiheit macht glücklich. Wähle die Freiheit für dich selbst und für deine Seelenpartnerschaft. Erkunde, welches Verhältnis du zur Freiheit hast. Nutze dazu eine ganz einfache Übung: Frag dich, in welchen Bereichen du dich gebunden und unfrei fühlst. Du kannst so leicht erkennen, dass es oftmals nicht der Liebespartner ist, der dich bindet, sondern deine eigene Angst vor radikaler Freiheit in der Seelenpartnerschaft. Stell dir dazu einfach ein paar Fragen und beantworte sie dir, wie immer, am besten schriftlich.

- Vor welcher Art von Freiheit hast du selbst Angst?
- Was erwartest du aufgrund deiner eigenen Angst von deinem Seelenpartner?
- Was könntest du vermissen, wenn du dich auf wirkliche Freiheit einlässt?
- Welchen Preis zahlst du für deine Angst vor Freiheit in einer Liebesbeziehung?
- Vor welchen Gefühlen fürchtest du dich, wenn du Freiheit erleben würdest?
- Welchen Vorteil verschafft dir deine eigene Unfreiheit?
- Was möchtest du selbst nicht geben oder empfangen in einer freien Beziehung?
- Wem schadest du, wenn du dich unfrei fühlst?
- Welche Argumente hast du für deine eigene Freiheit in der Seelenpartnerschaft?

Friedfertigkeit – Das Sahnehäubchen

»Die Friedfertigkeit ist das eindrücklichste Ding der Welt und von allen Worten das beredtste.«

Alexandre Rodolphe Vinet

Schlägt man die Bedeutung des Wortes »Frieden« im Lexikon nach, spricht dessen Definition von einem Zustand der Ruhe und Stille, der heilsam sei. Als höchstes Gut einer jeden Gesellschaft ist der Friede zwischen Staaten, Ethnien und Religionen ebenso wichtig wie der innerhalb der Partnerschaft. Diese kleinste aller sozialen Einheiten gilt quasi als Keimzelle eines befriedeten Zusammenlebens und ist deshalb von übergeordneter Bedeutung. Leben Seelenpartner das harmonische Zusammenleben in einem friedlichen Haushalt, dann überträgt sich dies automatisch auf das gesamte Umfeld.

Ständige Streitigkeiten, Wut oder gar Gewalt lähmen die Entfaltung eines jeden Menschen. Wer Angst hat oder den Partner lediglich mit zornigen Gedanken behaftet, tut sich weder selbst noch dem anderen etwas Gutes. Solche negativen Empfindungen vereinnahmen dein ganzes Denken und hindern dich daran, konstruktiv zu sein. Ist die Partnerschaft aber von gegenseitigem Verständnis und Harmonie geprägt, wirst du nicht selten über dich hinauswachsen.

Nach dem Motto: »Gemeinsam sind wir eine Weltmacht« gelingt es manchen Seelenpartnern, sich gegenseitig Kraft und Energie zu geben und dem jeweils anderen uneingeschränkt alles zu gönnen. Denn im Neid liegt ein großer Aspekt des Unfriedens. Wenn du dich mit deinem Seelenpartner aber als

Einheit siehst und kein Er-, Sie-, Ich-, sondern ein Wir-Denken vorherrscht, hast du bereits einen großen Schritt hin zu einem friedlichen Dasein geschaffen.

Aggression ist etwas sehr Anstrengendes

Sie kann »den letzten Nerv kosten«. Sie fungiert als Energiekiller und kappt jede emotionale Verbindung zwischen zwei Seelenpartnern. Mit Nachsicht und Empathie stärkt man diese Bande und schafft einen seelischen Gleichklang zwischen sich. Dies bedeutet allerdings nicht, dass man keine Meinungsunterschiede haben darf. Auch Auseinandersetzungen sind nichts Schlechtes. Im Gegenteil: Sich gegenseitig auszutauschen, die eigene Meinung zu vertreten und dem Seelenpartner auch die Stirn zu bieten, stärkt die Beziehung. Beide erfahren noch mehr über die innere Gesinnung des geliebten Menschen, und wer viel weiß, wird so manches besser nachvollziehen können. Wenn du im Zuge einer Meinungsverschiedenheit deinen Seelenpartner anschaust und selbst in diesem Moment noch liebevolle Gefühle für ihn/sie hegst, dann kann euch ein kleiner Streit gewiss nichts anhaben.

Respekt als Grundvoraussetzung

Um in Frieden mit sich und der Welt zu leben, braucht es einige Regeln. Wer morgens aufsteht, in den Spiegel schaut und sich selbst sogleich als »blöde Kuh« tituliert, ist den ganzen Tag auf »blöde Kuh« gepolt. Jede einzelne Körperzelle stellt sich auf dieses »Programm« ein, und du hast schon in den ersten Sekunden des neuen Tages für Unfriede in dir gesorgt.

Liegt man im ewigen Clinch mit sich selbst, wird ein friedvolles Zusammenleben mit anderen Menschen kaum möglich sein. Versöhne dich mit dir, reiche dir die Hand und schon wirst du merken, wie leicht dasselbe mit dem Seelenpartner gelingt.

Respektvoll miteinander umzugehen bedeutet in einer Seelenpartnerschaft vor allem achtsam zu sein. Nichts darf unter Selbstverständlichkeit verbucht werden. Hat man stundenlang in der Küche gestanden, feinsäuberlich den Rasen gemäht oder ein Regal im Schweiße des eigenen Angesichts aufgebaut, will man dazu eine positive Resonanz bekommen. Ein »Danke!« oder »Bin ich froh, dass du in der Waschanlage warst« tut nicht weh und bestätigt dem anderen, dass man sein Tun registriert. Es wäre nun kindisch, in Lobhudelei zu verfallen und überzogene Komplimente auszusprechen, aber eine positive Reaktion motiviert ungemein. Außerdem wird dir das gute Tun hoffentlich auch dann wieder einfallen, wenn du dich über das Verhalten deines Seelenpartners das nächste Mal ärgerst.

Ein respektvoller, höflicher Umgang schützt vor aufkeimendem Unfrieden und verleitet zu Gedanken wie: »Er hat sich so nett für die Besorgungen bedankt, jetzt kann ich doch nicht wegen ein wenig Zahnpasta im Abfluss ausflippen!« Der innige Gedanke vertreibt jeden Unfrieden und schenkt der Seelenpartnerschaft eine ganz neue Tiefe. Hat man diese im Laufe der Monate und Jahre, manchmal gar Jahrzehnte aufgebaut, teilt man tatsächlich eine wunderbare Seelenpartnerschaft. Soll diese beglückend sein, ist die Friedfertigkeit miteinander eine der tragenden Säulen. Sie ist unabdingbar. Nur in einem harmonischen Umfeld fühlen sich Menschen auf die Dauer wohl, inspirieren sich gegenseitig und bereichern damit ihr Leben.

Seelenpaare fungieren als Vorbilder

Die eigenen Kinder orientieren sich an den Eltern und auch Liebende schielen nicht selten danach, wie ein anderes Paar in gewissen Situationen agiert. Erzieht man die Sprösslinge dazu, tolerant, höflich und aufgeschlossen gegenüber allen Menschen zu sein, passt ein unfriedlicher Umgang im eigenen Elternhaus nicht zu dieser Maxime.

Den Schein zu wahren, hat allerdings nichts mit der Suche nach dem Seelengleichklang zu tun. Nur wer sich öffnet und bereit ist, vor dem Partner die Fassade fallen zu lassen und wirklich innennackt zu sein, erreicht den Zustand des zwischenmenschlichen Seelenfriedens.

Dabei spielen angebliche Geschlechterschablonen und auch die damit verbundenen Vorurteile keine Rolle. Es vergiftet die Atmosphäre in einer Seelenpartnerschaft, Sätze zu formulieren, die auf Klischees herumreiten.

Sehen Frauen den Mann im Allgemeinen als Feindbild an, tun sie das in ihrem tiefsten Inneren auch dem eigenen Seelenpartner gegenüber. Dass dieses oder jenes »ja nun wieder typisch männlich oder weiblich« sei, ist dem innigen Verhältnis zweier Menschen niemals dienlich.

Jede Person ist ein Individuum und so gilt es auch, sie als solches wahrzunehmen. Um die Schwächen des anderen wissend, sieht man ihm oder ihr im Handumdrehen kleine Verfehlungen nach und lässt die eigene Aggression erst gar nicht zu Wort kommen.

Völlig offen sein, über die eigenen Fehler mit dem Seelenpartner lachen zu können und dabei niemandem etwas vormachen zu müssen – nichts wirkt entspannender und befreiender für die eigene Seele. Man darf ganz bei sich sein und weiß trotzdem um die innigen Gefühle füreinander. Diese

Mixtur aus Respekt, Wahrheit und damit einhergehendem Frieden macht ausgeglichen und in vielen Situationen auch glücklich.

Da Positives bekanntlich Positives gleich einem Magneten anzieht, gelingt es deshalb, eine friedvolle Seelenpartnerschaft zu führen. Die drei Grundbausteine begünstigen sich gegenseitig und lassen die Seelenpartnerschaft wie in einer Spirale immer weiter in Richtung All-Liebe emporklettern. Nicht zuletzt machen sie zufrieden. Und in der Zufriedenheit ist der »Friede« bereits verbal integriert.

Ideen, Impulse und Inspirationen

Friedfertigkeit als Weg zur Liebe ohne Limit

Die eigene Friedfertigkeit und die Zufriedenheit mit anderen sind Schwestern. Es ist nur möglich, im Frieden mit sich selbst einen anderen Menschen als Liebespartner anzunehmen. Daher sind folgende Fragen so wichtig für eine gelingende Seelenpartnerschaft:

- Welche unfriedlichen Gedanken und Gefühle begleiten dich schon lange?
- Haben dich unfriedliche Partnerschaftsbilder bei deinen Eltern geprägt?
- Wie sehr engt dich dieses Vorbild für Partnerschaft heute noch ein?
- Kennst du den Zustand des inneren Friedens, vor allem mit dir allein?
- Welche friedfertigen Vorbilder für eine Partnerschaft kennst du bereits, sodass du dich an ihnen orientieren kannst?

Meditiere regelmäßig friedvoll, still, liebevoll. Innerer Frieden ist ein Zustand, der sich auf alle Lebensbereiche enorm friedlich auswirkt: Er schenkt mehr und mehr äußeren Frieden.

Geistesklarheit – Kampf der Gefühlsduselei

»Es genügt nicht, gute geistige Anlagen zu besitzen. Die Hauptsache ist, sie gut anzuwenden.«

René Descartes

So – und jetzt mache ich mich bei all jenen unbeliebt, die dem weit verbreiteten Irrtum unterliegen, dass eine Seelenpartnerschaft nur mit der Hinwendung zur eigenen Gefühlswelt, der Konzentration darauf und der Öffnung des Herzen erreichbar wäre. Ganz im Gegenteil, ich bin davon überzeugt, dass ohne eine gehörige Portion Geistesklarheit die Liebe ohne Limit nur schwer zu erreichen und dauerhaft zu leben ist.

Vollkommen unrealistische Gefühlsduselei, wie ich sie oft höre und lese, hat mit Seelenpartnerschaft nichts zu tun. Eine solche ist ganz sicher nicht allzeit harmonisch, atmet nicht nur Vertrautheit und Glück und ist nicht allzeit frei von Konflikten und Auseinandersetzungen. Ganz im Gegenteil: Seelenpartnerschaften sind eine einzige Herausforderung für die beiden Partner! Um diese Herausforderungen meistern zu können, ist vor allem Geistesklarheit erforderlich.

Geistesklarheit ist die Fähigkeit, das eigene Denken und Handeln ständig an den eigenen Vorsätzen und Zielen auszurichten und dadurch zu überprüfen. Daneben ist es die achtsame Wahrnehmung des eigenen Handels, Fühlens und Denkens. Wer einen klaren Geist hat, wird ihn nutzen, um die eigenen Handlungen und Absichten an den klaren, selbstgesetzten Zielen zu messen. Eine geistesklare Haltung vermeidet Missverständnisse, (Selbst-)Täuschungen und Irrtümer. Ein klarer Geist unterzieht sich selbst einer ständigen Redlichkeitskontrolle, die bei genügend Mühe und Übung keinen Selbstbetrug (mehr) zulässt und den inneren Schweinehund in Schach halten kann.

Wie unromantisch!

Ja. Aber nur derjenige, der einen klaren Geist besitzt, wird sich bei all den schwankenden Unwägbarkeiten, die ein intensives Gefühlsleben mit sich bringt, nicht vom Weg abbringen lassen: immer das Ziel vor Augen und die eigene oder gemeinsame Lebensvision im Blick. So lassen sich heftige emotionale Stürme überstehen. Mit Geistesklarheit statt Gefühlsduselei können sogar dunkelste Krisenzeiten zu wahren Wachstumsschüben werden. Persönliche Reifung und das Entfalten des vollen eigenen Potenzials sind mit Geistesklarheit in einer innigen, volllebendigen Seelenpartnerschaft möglich.

Die Geistesklarheit ist die wichtigste Voraussetzung, um immer den Fokus auf das eigene und gemeinsame Ziel zu bewahren! Wie wichtig es ist, klar und fokussiert zu bleiben, zeigt sich schnell, wenn du dir einmal überlegst, wie die Qualität der Ergebnisse war, wenn du nicht fokussiert gewesen bist.

Den klaren Fokus zu bewahren, das gewählte Ziel nicht von Gefühlsnebeln umwabern zu lassen – das ist für mich Geistesklarheit.

Wie kannst du deine bereits bestehenden Beziehungen und auch Beziehungen, die du dir noch wünschst, die noch nicht da sind, in lebendige Felder der Liebe ohne Limit verwandeln?

Du brauchst Geistesklarheit und die Macht des klar ausgerichteten Geistes

Wir alle denken fast ständig, der Geist ist immer aktiv und selten einmal (und nur nach vielen Jahren meditativer Übungen) wirklich total still. Wenn wir aber denken, ist es wichtig, genau zu wissen, was wir denken: Wir haben die Wahl, unseren Geist konstruktiv auszurichten oder destruktiven Gedanken Raum zu geben.

Wenn du in deiner Partnerschaft Streit, Auseinandersetzung oder Langeweile erlebst, kannst du mit Geistesklarheit konstruktive Gedanken nähren und dich wieder auf dein/euer Ziel und eure Beziehungsvision ausrichten. Konstruktives Denken ist die Disziplin, die wir alle in unserem Leben mehr lieben und üben sollten.

Wenn du ein Ziel hast, musst du exakt wissen, wo du hingehen willst, um dieses Ziel zu erreichen. Du musst wissen, was du tust und was du besser unterlässt, und dann musst du deinen Geist disziplinieren und dich wirklich damit beschäftigen, was deine Ziele sind. Alle Menschen, die das Fühlen in Beziehungen mehr betonen, lade ich ein, diese vielleicht neue Sicht einmal zu prüfen.

Das Fühlen, die Emotion, ist so etwas wie der energetische Antrieb in Beziehungen. Aber wenn dieser Antrieb keine klare Richtung bekommt, dann führt er dich oft in Sackgassen.

Denken ist männlich, Fühlen weiblich?

Das ist natürlich grob falsch. Frauen, die wirklich in ihrer weiblichen Kraft angekommen sind, sind oft wesentlich effizienter, klarer und konstruktiver im Denken als manche Männer. Ich habe Männer getroffen, die sehr stolz auf ihre Rationalität waren, und wenn man dann etwas nachgebohrt hat, konnte man feststellen, dass es darunter ziemlich empfindsam und sehr gefühlvoll zugeht.

Fühlen ist etwas, worin viele Menschen schwelgen können, worin sie sich genussvoll fallen lassen, aber das ist etwas ganz anderes, als wirklich klar wahrzunehmen. Es ist ein Mythos anzunehmen, Liebe habe nichts mit Denken zu tun. Manche Sprüche der psychospirituellen Szene wie »Komm doch mal in dein Herz« oder »Wenn du mich liebst, dann denk nicht zu viel«, sind etwas was sehr Destruktives. Ich finde: Wir sollten sehr klar und sehr detailliert über Liebe nachdenken.

Alle unsere Beziehungen sind Felder, in denen es gilt, wahrzunehmen, was gerade passiert. Fühlen ist etwas ganz anderes als wahrzunehmen. Nehmen wir die Partnerschaft: Da ist das Wahrnehmen ein Öffnen für das Biofeedback des Partners. Ich nehme wahr: Geht es ihm gut? Ich schaue, was ist (ihm) angenehm, was geschieht gerade wirklich? Wenn präzise Wahrnehmung und Geistesklarheit zusammenkommen, ist das die allerbeste Voraussetzung für das Finden und Leben einer richtig lebendigen Seelenpartnerschaft.

Ideen, Impulse und Inspirationen

Geistesklarheit als Weg zur Liebe ohne Limit

Um Geistesklarheit zu erreichen, ist es hilfreich, täglich die eigene Achtsamkeit zu üben. Du musst deine Ziele für deine Partnerschaft ebenso wie deine eigenen sehr genau kennen, um deinen Geist ganz klar auf die Realisierung auszurichten. Weiterhin musst du konsequent die Art deines Denkens prüfen: Denkst du durchgehend konstruktiv und vermeidest jedes zerstörerische, destruktive Denken?

- Versuch einmal einen Tag lang, nur einen Tag lang ausschließlich konstruktiv zu denken. Nörgeln, Meckern, Miesmachen gilt nicht. Das ist nie konstruktiv.
- Hast du deine Ziele für dich und für die Partnerschaft klar schriftlich, positiv und in der Gegenwartsform formuliert? So hilfst du deinem Unterbewusstsein, ein klares Bild vor Augen zu haben.
- Glaubst du daran, dass du dieses Ziel auch wirklich erreichen kannst? Achte bei deiner Antwort auf die Reaktion deines Körpers: Wenn dein Kopf Ja sagt, dein Inneres aber zweifelt, dann wirst du das deutlich an deinem Biofeedback spüren.
- Erkennt dein klarer Geist in Zusammenarbeit mit deinem Körper irgendwelche Widerstände oder Einwände gegen das Erreichen deiner Ziele?
- Kennst du die richtigen Wege, um dein Ziel zu erreichen? Prüfe auch das mit deinem klaren Geist. Wenn du einen Sonnenaufgang sehen willst, aber dafür nach Westen schaust, wirst du dein Ziel nicht erreichen. Übertrag das Bild auf deine Ziele und Visionen: Sind deine Strategien, um diese zu realisieren, wirklich effektiv und konstruktiv?

Geschlechtlichkeit – Männlein oder Weiblein?

»Die Metempsychose (Seelenwanderung, Anm. d. Aut.) ist oft der Gegenstand meines Nachdenkens. Wer kennt die große Gottesironie, die allerlei Wiedersprüche zwischen Seele und Körper hervorzubringen pflegt! Wer kann wissen, in welchem Schneider jetzt die Seele eines Platos, und in welchem Schulmeister die Seele eines Cäsars wohnt!«

Heinrich Heine

Die Suche nach dem Seelenpartner beschäftigt viele Menschen ein Leben lang. Tiefe Gefühle und emotionale Intimität zu teilen ist eine uralte Sehnsucht der Spezies Homo sapiens. Warum das überwiegende Gros der Menschheit dafür aber nur das jeweils andere Geschlecht in Betracht zieht, ist rationell gesehen unverständlich. Wir berauben uns auf der Suche nach dem Seelenpartner damit der Chance, den Partner zu finden, mit dem wir wirklich eine erfüllende Liebesbeziehung führen können.

Ich selbst war schon in Männer und Frauen verliebt, und sowohl Männer als auch Frauen waren in mich verliebt. Mit beiden Geschlechtern habe ich Seelenfreundschaft, Seelenverwandtschaft oder Seelenliebe erlebt. Für mich ist es völlig selbstverständlich, dass ich eine innige seelische Beziehung zu einer Frau nicht ausschließe, nur weil ich eindeutig heterosexuell bin. Und wenn diese Verbundenheit auch nicht vor der körperlichen Intimität halt macht, ist das für mich kein Widerspruch. Wenn ich mich einem Menschen mit all meinem Sein, mit meinem ganzen Wesen öffne, zieht auch mein Körper keine Grenze.

Aber in der heutigen Gesellschaft sieht das anders aus. Egal wie aufgeschlossen, multikulturell und auch tolerant sich die meisten Menschen empfinden, viele Begrifflichkeiten der Gegenwart unterliegen einem Schwarz-Weiß-Denken. Eine Frau, die mit einer Frau zusammenlebt, wird im allgemeinen Sprachgebrauch als Lesbe tituliert. Sind Mann und Frau verheiratet, werden sie als »normal« beziehungsweise heterosexuell bezeichnet. Dass Liebe und Sexualität etwas Fließendes und Veränderbares sind, spielt im Bewusstsein der meisten keine Rolle. »Der ist schwul!« So kann man es, auch ganz ohne homophoben Zwischenton, über einen Kollegen, den Nachbarn oder einen Freund hören. Doch sich in jungen Jahren in eine Frau und später in einen Mann zu verlieben, ist kein Vereinswechsel. Die vermeintliche Gegensätzlichkeit dieser Lebensstile erweckt der Gesellschaft allerdings den Anschein einer wie auch immer gearteten 180-Grad-Drehung und sie unterstellt demjenigen, jetzt »ganz anders zu sein«.

Die Seele dieser Person hat sich aber bestimmt nicht verändert, sie ist vielleicht nur um eine Facette reicher geworden. Dass bei über 90 Prozent der Weltbevölkerung bisexuelle Tendenzen festgestellt wurden, wird gern übersehen. Wer tief in sich hineinhört, wird kein Entweder-oder finden.

Dies bedeutet allerdings in keinem Fall, dass alle Menschen unterdrückte Homosexuelle seien und sich nur die wenigsten dies offen zu leben trauen. Wer ganz ehrlich zu sich selbst ist, wird erotische Momente mit beiden Geschlechtern erlebt haben. Es gibt keine Schublade, für die wir uns entscheiden müssen. Man kann viele Jahre mit einem Mann glücklich zusammen sein und als Frau dennoch andere Frauen attraktiv finden. Denn eines will uns diese Separierung ebenfalls vorgaukeln: Es ginge ausschließlich um Sexualität. Dass diese etwas sehr Schönes sein kann und die meisten ungern darauf verzichten möchten, steht außer Frage. Aber die ausschließliche Definition über das Sexuelle beschränkt den Menschen auf ein animalisches Wesen. Seine Vielschichtigkeit und die Fähigkeit zu wahrhaft tiefen Emotionen wird dabei völlig übergangen. Die Liebe zwischen zwei Personen, unabhängig von ihrem Geschlecht, strebt immer nach Seelenverschmelzung. Sperren wir uns dann mit der Festlegung auf hetero- oder homosexuell nicht selbst ein? Vermutlich.

Die wunderbare Vielfalt

Man stelle sich folgendes, extrem unrealistisches Szenario vor: Ein Außerirdischer kommt auf die Erde. Er stammt von einem Planeten, auf dem weder Religionen, heuchlerische Moralvorstellungen noch gesellschaftlicher Zwang nach dem Prinzip »So hast du zu sein!« üblich sind. Er betrachtet das partnerschaftliche Glücksspiel der Erdlinge und wird gewiss irritiert sein. Auf der Suche nach dem Seelenpartner werden Partnervermittlungen bemüht, Blind-Dates arrangiert und Verkuppelungsversuche von Freunden unternommen.

So weit, so skurril. »Ich habe kein Glück mit Männern!« wird der Außerirdische von so mancher Frau hören, und der eine oder andere Mann wird beklagen, dass er Frauen einfach nicht verstehen könne. Abgesehen davon, dass Pauschalisierungen in einem derart sensiblen Bereich wie der innigen Liebe zwischen zwei Menschen ohnehin fehl am Platz sind, ist dies für den Gast aus dem Weltall bestimmt unverständlich. »Warum wendest du dich dann nicht den Frauen zu, wenn du mit Männern kein Glück hast?« Eine berechtigte Frage. Wenn die meisten Menschen ohnehin bisexuelle Tendenzen aufweisen, wäre dies doch die logischste Konsequenz.

Doch die anerzogene Heterosexualität, die gesellschaftliche Norm und die Angst vor eventueller Ausgrenzung vereitelt dies zumeist. Wie viel den Liebenden mit dieser selbstauferlegten Beschneidung der persönlichen Freiheit entgeht, kann man nur erahnen.

Würden viele unglückliche Singles den ersehnten Seelenpartner endlich finden, wenn sie sich wirklich öffnen würden? Egal für was? Ganz populistisch gesprochen, grenzt man die Hälfte der Menschheit in Sachen Seelenliebe einfach aus. Seelen haben aber kein Geschlecht! Es gibt also über drei Milliarden Chancen mehr, den Seelenverwandten zu finden und mit ihm oder ihr ein glückliches Leben zu führen.

Männlich, weiblich, menschlich – das Geschlecht der Seele

Manche Eigenschaften gelten in unserer westlichen Gesellschaft als typisch maskulin. Andere hingegen schreibt man dem sogenannten schwachen Geschlecht zu. Die meisten dieser Vorurteile werden irgendwann im Laufe des Lebens an uns herangetragen. Würde dem Sohn zweier lesbischer Mütter nicht in der Schule unterbreitet werden, dass seine Eltern nicht »normal« seien, er würde es gar nicht merken. Die beiden lieben sich und ihn und das ist alles, was die kindliche Seele an Sicherheit und Nestwärme benötigt. Wer sich die Seele als wandelndes, tiefstes Inneres vorstellt, wird bald feststellen, dass die meisten Klischees über Männer und Frauen nicht zutreffen.

Die Seele ist nicht an den Körper gekettet. Sie nimmt ihn nur als vorübergehende Hülle an und legt sich nicht auf diese nach außen sichtbare Variante fest. In diesem Zusammenhang spielt es für die Seele keine Rolle, mit wem wir unser Leben oder gar unser Bett teilen.

Ist für die Seele die eigene körperliche Hülle irrelevant, wie unwesentlich muss für sie dann erst die des Partners sein? Treffen zwei Seelen aufeinander, versuchen sie sich in die gleiche Schwingung, in Einklang zu versetzen. Alles im Wortsinne »Drumherum« wird zur Nebensache.

Nochmal: Eine Seele hat kein Geschlecht!

Kann man sich mit dem Seelenpartner nichts Schöneres vorstellen, als Alltag zu erleben, ist diese Liebe immer »richtig«. In der Seelenliebe gibt es kein Richtig und kein Falsch! In der Seelenpartnerschaft findet ein emotionaler und ein verbaler Austausch statt und beide Seelen nähern sich immer mehr an. Seelenpartner, die sich nach vielen Jahren immer noch etwas zu sagen haben, ehrlich miteinander sind und sich gegenseitig den Rücken stärken, sind zumeist glückliche, ausgeglichene Menschen.

Kannst du wirklich glauben, dass diese tiefe Liebe etwas mit einem Geschlechtsteil zu tun hat? Unabhängig davon, ob man tatsächlich als Frau eine Beziehung mit einer anderen Frau eingeht oder nicht – allein die Bereitschaft, dies nicht kategorisch auszuschließen, bereichert das Leben. Wer sich selbst kasteit, Möglichkeiten prinzipiell verbietet und nicht gewillt ist, über den Tellerrand hinauszublicken, macht das eigene Leben ärmer. Jede Seele dürstet aber nach emotionalem Reichtum und dem Gegenüber, das sie nährt. Wäre es nicht eine Schande, ihr dies auszuschlagen?

Ideen, Impulse und Inspirationen

Geschlechtlichkeit als Weg zur Liebe ohne Limit

Die Anziehung zu einem Geschlecht wird nicht gewählt, sie besteht einfach. Manchmal ist es enorm verwirrend, wenn du dich plötzlich zu dem »anderen« Geschlecht als bislang immer hingezogen fühlst. Ich kenne einige Menschen, die ihren Seelenpartner unerwartet in dem Geschlecht fanden, das bisher nicht favorisiert war. Urplötzlich, wie aus heiterem Himmel, war da die Resonanz auf eine Seele, die in einem bisher als unpassend geltenden Körper lebte. Frag dich:

- Könntest du dir vorstellen, jenseits deiner eigenen Geschlechtlichkeit *alle* Geschlechter für eine Seelenpartnerschaft in Betracht zu ziehen?
- Bist du dir bewusst, dass du nicht immer bewusst auswählst, zu welchem Menschen du dich hingezogen fühlst? Darf diese Anziehung einfach geschehen?
- Welche eigenen Urteile und Vorurteile sind dir in Bezug auf gleichgeschlechtliche Liebe bewusst?
- Bist du wirklich – ich meine *wirklich* bereit –, deine Vorstellungen und Erwartungen über Bord zu werfen?

 Lukas, 33

Seit nunmehr fünf Jahren lebe ich mit meinem Seelenpartner in einer glücklichen Beziehung. Zuvor hatte ich nie wirklich gezielt nach einem Partner Ausschau gehalten oder eine Beziehung angestrebt. Und wie aus heiterem Himmel kam es eines Tages zu einer Begegnung, die mein Leben nachhaltig verändern sollte.

Zum ersten Mal traf ich auf ihn inmitten einer geschäftigen Lobby eines großen Bürogebäudes. Herz und Seele werden diese phänomenologischen Sternsekunden nie vergessen. Ich sah und spürte in diesem Menschen so unglaublich viel innere Schönheit, Freude, Ausgeglichenheit. Sein Wesen strahlte förmlich und fühlte sich warm und rund an. Es mögen keine zwei Wochen vergangen sein, bis er bei mir einzog – und seitdem sind wir zusammen. Die gefühlte Gewissheit, dass uns das Leben zusammengeführt hat, ist eine ganz besondere Basis für unsere Beziehung und das von uns empfundene Gefühl der Zugehörigkeit.

Was an unserem Zusammensein von Anfang an immer besonders war, ist das gelebte Maß an Harmonie und Einklang. Wir wundern uns oftmals, wie in anderen Beziehungen zum Teil verletzende Reibereien und Auseinandersetzungen zum Alltag gehören. Das hat es bei uns nie gegeben. Zu keiner Zeit haben wir versucht, uns gegenseitig zu verändern, sondern den Partner stets in seiner Art und mit seinen besonderen Eigenschaften akzeptiert. Oder versucht, in wahrgenommenen Diskrepanzen durch Offenheit und Weite das Schöne zu sehen, auch als Bereicherung des gemeinsamen Lebens und als Reflektion eigener Verhaltensweisen und damit Anregung zu persönlichem Wachstum.

Wir engen uns nicht gegenseitig ein, stehen nicht in Wettbewerb zueinander oder begegnen uns mit Neid. Wir ergänzen uns. Vertrauen in gemeinsame Werte und Ideale ist für uns besonders wichtig. Als mein Partner eines Tages mit dem Satz begann, er müsse etwas beichten, war mein erster Gedanken nicht der – Klischees zufolge – naheliegende. Im Gegenteil. Ich fragte ihn sofort, was er gekauft hätte. Volltreffer. Es liegt hier keine Naivität zugrunde, sondern das beruhigende Wissen und Gefühl: Das, was wir zu zweit erleben dürfen, kann uns ein anderer Mensch niemals ersetzen.

Viele Kleinigkeiten und Überraschungen beleben unseren Alltag. Zum Beispiel schreiben wir kleine Grußbotschaften und legen diese unter das Kopfkissen, wenn einer von uns verreist. Oder wir überraschen den anderen mit besonderen Kleinigkeiten oder einem Mitbringsel, von dem wir wissen, dass es den Partner erfreut. Ab und an schicken wir uns Postkarten und manchmal auch Fotos von einem der letzten Urlaube. Urlaube sind für uns stets etwas ganz besonderes, da wir dann den vollen Tag miteinander unsere Zeit verbringen dürfen. Wenn wir danach wieder in den Alltag starten, vermissen wir uns und das Zusammensein sehr. Abschied nehmen ist immer sehr emotional, berührend und mitunter tränenreich. Viele kleine Rituale dagegen bereichern die Zweisamkeit.

In zwei betriebsamen Berufen verankert versuchen wir, miteinander unsere Inseln zu finden und so viele gemeinsame Stunden wie möglich zu verbringen. Und selbst, wenn wir nur zusammen in einem Raum sind und unabhängigen Tätigkeiten nachgehen: Diese empfundene Nähe fühlt sich wohltuend und erholsam an, führt zu innerer Ausgeglichenheit, schenkt Kraft und lässt das Leben zutiefst lebenswert erscheinen.

Unsere Seelenpartnerschaft gründet auf der gegenseitigen Anziehung und der Kompatibilität unserer Seelen und weniger auf der sexuellen Attraktion. Diese stand nie im Vordergrund. Während in so vielen Beziehungen das physische Verschmelzen mit dem anderen als größte Nähe empfunden wird, kennt unsere Liebe das körperliche Eindringen nicht. Diese für uns vermeintliche Vereinigung würde einen Akt der Dominanz bedeuten, eine Hierarchie herstellen, aber über allem die Integrität des anderen verletzen. Während für die meisten Menschen der Wunsch natürlich scheint, in einer Liebesbeziehung eine sexuelle Einheit zu erleben, empfinden wir dagegen: Wie kann man in einen Menschen eindringen, den man liebt? Körperlichkeit ist nicht allein auf diesen Akt reduziert.

Es gibt nur die Gegenwart und diese versuchen wir so intensiv wie möglich auszufüllen und zu leben. Müssten wir morgen sterben, es gäbe noch einiges zu unternehmen, neue Ideen, um unserer Gemeinsamkeit Ausdruck zu verleihen, zu realisieren. Das Leben hat uns lange warten, uns auf unterschiedlichen Umlaufbahnen kreisen lassen, bis wir einander begegneten. Es bleibt in der Sphäre des Unbeschreiblichen, auszudrücken, was passiert, wenn sich zwei einander zugehörige Seelenhälften eines Tages im Universum finden und sich vereint, was zusammengehört. Aus dem größten Zweifler in Bezug darauf, wie man definitiv wissen könne, wann der richtige Mensch gekommen ist, mit dem man das Leben verbringen möchte, ist ein Mensch geworden, der dem Leben und seinen Wegen jetzt vollstes Vertrauen schenkt und größte Dankbarkeit entgegenbringt.

Für uns bedeutet Seelenpartnerschaft nicht, dass unsere Seelen ähnlich sind und daher mit größtem Verständnis zueinander- und zusammenpassen. Sie sind sogar höchst unterschiedlich. Mit einem harmonischen Ideal und einer größtmöglichen Akzeptanz ausgestattet bilden sie eine Einheit im Gegensatz. Wie hielt Goethe einst in Gedichtform fest: »Ist es ein lebendig Wesen, das sich in sich selbst getrennt? Sind es zwei, die sich erlesen, dass man sie als eines kennt?« Doch am Ende macht gerade dieses das Wesen unserer Seelenpartnerschaft für uns aus: Sie entzieht sich sämtlicher rationaler Analytik. Oftmals bezeichne ich meinen Seelenpartner als Engel, und Freunde äußern, dass sie diesen Ausdruck für übertrieben halten. Erst wenn sie uns gemeinsam und diese besondere, wortwörtlich selige Atmosphäre erlebt haben, können sie ansatzweise spüren und nachvollziehen, was sich in einer Partnerschaft der Seelen manifestiert.

Heilung – Mit Selbstachtung und Würde

»Ein tiefer Mensch glaubt an Wunder und ist ihrer gewärtig, glaubt an Magie, glaubt, daß der Redner seinen Gegner vernichten kann, glaubt, daß der böse Blick verzaubern kann, glaubt, daß der Segensspruch, der aus dem Herzen kommt, heilen kann, daß Liebe unser Können erweitert und alle Hindernisse besiegt.«

Ralph Waldo Emerson

»Die Destruktivität ist die Folge ungelebten Lebens.« So schrieb der Psychoanalytiker Erich Fromm, dem wir wunderbare Bücher wie »Die Kunst des Liebens« verdanken. Ungelebtes Leben – was ist darunter zu verstehen? Viele erlittene seelische Verletzungen schleppen wir ein Leben lang mit uns. Die meisten davon beruhen auf unserem Gefühl, nicht geliebt oder nicht genug geliebt zu werden. Wir spüren einen Mangel und sind häufig nicht in der Lage, diesen durch Liebe zu uns selbst auszugleichen. Stattdessen bestimmt das Bedürfnis nach Aufmerksamkeit unser Leben. Um die von den Mitmenschen zu erlangen, flüchten sich viele von uns in eine bestimmte Rolle.

Menschen gehen häufig Beziehungen ein, in denen sie kein Glück finden, und zeigen sich ihrer Umwelt so, wie diese sie sehen möchte. Wer das tut, entfernt sich von seinem wahren Sein. Du läufst Gefahr, dich aufzugeben, wenn du dich anpasst oder gar unterwirfst und deine wirklichen Bedürfnisse deiner Bedürftigkeit nach Liebe und Aufmerksamkeit unterordnest.

Aber es kann dir gelingen, dich selbst zu heilen. Mit einem seelisch starken Partner an deiner Seite gelingt dir der Heilungsprozess noch besser. Denn wahre Liebe schließt dich als »Ganzes« mit deinen Unzulänglichkeiten und traumatischen Verkrustungen ein. Das Gefühl, um deiner selbst willen geliebt zu werden, ist unvergleichlich beglückend.

Der Weg der Heilung ist nicht frei von Hindernissen

Nicht nur du möchtest geliebt werden, auch dein Seelenpartner verlangt danach. Gehst du den »einfachen« Weg, wirst du deine traumatischen Belastungen nicht überwinden, sondern viel eher auf einem Menschen mit ähnlicher Disposition treffen. Sogenannte bindungstraumatisierte Frauen und Männer gibt es zu Millionen, und sie haben meist ein Gespür füreinander. Folglich existieren unzählige Beziehungen zwischen narzisstisch gekränkten Partnern, die von außen betrachtet völlig normal im bürgerlichen Rahmen verlaufen.

Gut möglich, dass sich diese Paare ihrer seelischen Verletzungen nie bewusst werden oder sie über Jahrzehnte voreinander verbergen. Unser Seelenleben funktioniert so, dass wir extrem schmerzhafte Erfahrungen abspalten und in unserem Unterbewusstsein vergraben.

Doch im tiefsten Inneren sehnen wir uns nach echter zwischenmenschlicher Verbundenheit und wahrer Seelenverwandtschaft. Wir streben eine innermenschliche Ganzheit an, um uns spirituell entfalten zu können. Analog zu Ganzheit = Heilung ließe sich Trennung als Krankheit betrachten. Das heißt, Getrenntes wird in der Heilung durch Liebe wieder zusammengefügt. Wie aber kann das gelingen?

Im Zentrum der Heilung: dein Herz

Das Herz ist unser »Zentralorgan« und besitzt als Lebensquelle eine große Bedeutung in zahlreichen Lehren weltweiter Kulturen. Es gilt als Ort, an dem sich sämtliche Facetten unseres Seins vereinen: Männliche und weibliche Energien sowie Himmel und Erde verschmelzen miteinander. Unser Herz birgt unser wahres Wesen oder unsere wahre Natur. Hier treffen sich Psyche, Körper und Seele. Du begegnest in deinem Herzen deinem Intellekt, aber auch deiner Intuition und deinen Instinkten. Hohes und Niederes, Sensitives und Grobes, Göttliches und (allzu) Menschliches schlagen im übertragenen Sinne in deiner Brust. Hier wohnt dein Gewissen, das mit deiner inneren Stimme zu dir spricht und Wahrheiten benennt, die du gern verdrängst. Dein Herz ist außerdem eine Art Barometer für Glück und Zufriedenheit.

Unser Herz signalisiert sofort, wenn etwas nicht stimmig ist, vor allem in der Verbindung mit einem Seelengefährten, der dir nah ist und wahrhaftig mit dir fühlen kann. Empathie in der Seelenpartnerschaft ist das höchste Glück. Wenn du vertraust, kannst du dich öffnen und deine Empfindungen teilen. Spürst du eine Unterbrechung oder Blockade in der Lebensenergie, die von deinem Herzen ausgeht, fühlt dein Seelenpartner diese Störung auch. Ihr werdet intuitiv wissen, was die Ganzheit aus der Balance gebracht hat und ob diese Beeinträchtigung von innen oder von außen kommt. Negative und zerstörerische Kräfte blendet ihr nicht aus, damit aus ihnen keine Ängste und Krankheiten erwachsen.

Der Verstand kann deine Heilung behindern

Selbst wenn du einen Seelenpartner hast, der dich innigst liebt, bist du vielleicht einer von den Menschen, die ihrem physischen Körper feindselig gegenüberstehen. Um den Kontakt zu deinem Innersten wiederzufinden, ist es nötig, auf die Signale deines Herzens und die Sprache deines Körpers zu hören und diese zu verstehen. Leider dominiert der Verstand oft das Bild, das wir von der Welt und von den Menschen haben. Definierst du dich vor allem über deinen Intellekt, erlebst du dich nicht als Ganzes, weil dir der Blick für die geistigen Zusammenhänge verstellt ist.

Das Wesen der Heilung in und durch Liebe kann darin bestehen, dass du mithilfe deines Seelenpartners erkennst, dass es mehr gibt als Orientierung, Kontrolle und Strukturen. Diese helfen zwar, dein Leben »in Ordnung« zu halten, aber sie sind nur Werkzeuge. Denn sie erlauben dir lediglich die Betrachtung kleiner Ausschnitte, lassen dich aber nicht das Ganze in seiner Unendlichkeit wahrnehmen.

Entdecke die Liebe als Naturgesetz der Verbindung

Liebe ohne Limit ist mehr als nur ein Gefühl – sie ist eine mächtige Kraft und die Wurzel des Glücks in der menschlichen Existenz. Die Lebensenergie Liebe schafft Verbindungen, überbrückt Differenzen und sorgt dort für Einklang, wo eben noch Dissonanzen bestanden. Durch die Seelenliebe kannst du einen Bewusstseinszustand erreichen, der dich zur Erkenntnis deines wahren und tiefsten Seins führt.

Der Kern deines Wesens verbindet dich mit der in dir angelegten Fähigkeit zur Selbstheilung. Du weißt auf einmal, was für deine Heilung wichtig ist, und lernst, die Verantwortung dafür zu übernehmen.

Dein Seelenpartner, eure tiefen Gefühle füreinander und die wahrhaftige Zugewandtheit befähigen dich, das gesamte Leben neu zu betrachten. Als stimmig, harmonisch und schön offenbart sich dir die Schöpfung. Du findest zu einer lebensbejahenden Haltung durch die Seelenliebe. Denn alles, was wir als negativ, trennend, destruktiv und widernatürlich empfinden, entsteht einzig und allein dadurch, dass wir uns unseres Anteils an der Welt in ihrer Gesamtheit nicht voll bewusst sind. Insofern ist die Liebe ohne Limit mit einer Lebenshaltung gleichzusetzen, aus der wir heilende Selbstachtung und Würde schöpfen.

Ideen, Impulse und Inspirationen

Heilung als Weg zur Liebe ohne Limit

Liebe ist der Kern aller positiven Gefühle und die Äußerung der Weltenseele. Liebe entsteht im Zentrum all dessen, was heilt, und macht das Leben erst liebenswert. Liebe hat ihren Ursprung im Geben, Empfangen und in der Hinwendung zu anderen Menschen. Liebe erzeugt Freude, Glück und erfüllt das Leben mit Sinn. Sie nährt, rettet, löst und vereint. Liebe sorgt dafür, dass du dich selbst und alle anderen besser verstehst, und sie segnet alles, womit sie in Berührung kommt. Liebe ist die Antwort auf jede Frage, auf jede beliebige Situation. Wenn wir uns aus Freude am Geben verschenken, dann öffnen wir uns der Großzügigkeit der Liebe und damit der Heilung unserer Seele. Liebe verlangt nichts und stellt keine Bedingungen. Liebe verzagt nicht und kann, anders als Träume und Illusionen, nicht zerstört werden.

Heilung geschieht in Liebe!

Hingabe – Verschmelzung im Du

»Das Kind ist auch im Erwachsenen nicht ganz gestorben. Wir schätzen die Einfalt des Herzens, die unmittelbare Kraft der Hingabe, die schlichte Wahrhaftigkeit, die Begeisterung für das Hohe, das freie Spiel.«

Alois Maria Wurm-Arnkreuz

Wirklich unglaubliche viele Menschen streben danach, den einzig wahren Seelenpartner zu finden und mit ihm einen Großteil des Lebens in Harmonie und Eintracht zu verbringen. Ich selbst hätte nie gedacht, wie große die Sehnsucht danach sein kann. Erst die vielen Gespräche mit suchenden Menschen machten mir die Dringlichkeit dieser Sehnsucht nach der Liebe ohne Limit bewusst. Sie wird allerdings sehr oft mit endlosem Glück und einem Himmel voller Geigen in Verbindung gebracht.

Die Realität sieht in vielen Fällen ganz anders aus. Viele Paarbeziehungen scheitern nach einer leidenschaftlichen Verliebtheitsphase über kurz oder lang an unüberbrückbaren Differenzen, die sich aus Missverständnissen, dem Ausbleiben eines Gedankenaustausches und schließlich Desinteresse ergeben.

Seelenpartnerschaften gehören zu den größten Herausforderungen des Lebens und erfordern intensive und gezielte Arbeit an sich selbst. Doch auch eine mentale Fähigkeit, die mit bewusstem Verhalten wenig zu tun hat, ist wesentlich daran beteiligt, wenn die Seelenliebe auf lange Sicht gelingen soll. Die Fähigkeit, sich dem Seelenpartner wahrhaftig ganz hinzugeben, ist der Schlüssel zu einer glücklichen und stabilen Verbindung, die langfristig als Symbiose funktioniert.

Vielleicht klingt für dich der Begriff »Hingabe« negativ und ist mit Selbstaufgabe, Kapitulation oder Zwang sich zu ergeben verbunden. Versuch es einfach einmal mit dem Wort »Einverstandensein«. Damit ist aber nicht nur ein intellektuelles Akzeptieren, sondern ein Annehmen mit »Haut und Haaren« gemeint. Dieses vollständige Annehmen mit Leib und Seele ist für mich im Begriff »Hingabe« enthalten – und erklärt wahrscheinlich einen großen Teil des häufigen Widerstands(!) gegen ihn.

Die Fähigkeit, sich hinzugeben, verbinden die meisten Menschen wahrscheinlich in erster Linie mit der sexuellen Ebene. Die körperliche Nähe zu einem Partner setzt eine regelrechte Flut an Empfindungen frei, denen das kontrollierte Denken im Idealfall nicht nachkommt.

Dabei entsteht ein Zustand einer »positiven Bewusstlosigkeit«, im Zuge derer die Liebenden die Kontrolle über ihr Denken verlieren. In solch innigen Momenten ist es kaum möglich, etwas gedanklich zu formulieren oder Gedankengänge zu entwickeln, denn in diesem körperlichen Zustand ist das Ego vorübergehend ausgeschaltet. Dies bedeutet, dass keine vom Ego formierten Ideen, Gedanken oder Vorstellungen aktiv sind, obwohl die körperliche Erfahrung vom Geist bewusst miterlebt wird.

Nur wenn die Fähigkeit zur sexuellen Hingabe aus verschiedenen Gründen blockiert ist, kann das Ego während einer sexuellen Begegnung an die Oberfläche gelangen, und es kommt zu subjektiven Gefühlen wie beispielsweise Angst vor Nähe, Scham oder Scheu. Dringen solche subjektiven Bilder, Sichtweisen und Weltanschauungen durch die Blockade der Hingabe nach außen, werden das intensive sexuelle Empfinden und die Ekstase zum Erliegen gebracht. Dieses psychologische Prinzip lässt sich ebenso auf die seelische Ebene einer Partnerschaft übertragen.

Das Ego ist der Feind der Hingabefähigkeit

In allem, was du unmittelbar und ohne die Kontrolle deines Egos erfährst, zeigst du Bereitschaft zur Hingabe. Dabei handelt es sich genau genommen um eine mentale Funktion, die das Erleben und instinktive Einfügen in gewisse Situationen möglich macht. Viele Menschen zeigen diese Fähigkeit erst in unerwarteten Momenten, auf die sie nicht vorbereitet waren.

Die Bereitschaft aufzubringen, sich einem Menschen oder einer Situation voll und ganz hinzugeben, fällt oft schwer und kostet ein großes Maß an Überwindung. Es bedeutet, sich auf etwas einzulassen, auf das man selbst beziehungsweise das eigene Ego keine direkte Wirkung ausüben kann. Auf die meisten Situationen, denen du dich einfach mit positiven Gefühlen hingeben könntest, hatte dein Tun überhaupt keinen Einfluss.

Wenn du beispielsweise ein überwältigendes Naturschauspiel mit allen Sinnen genießt oder dich das Lachen eines Kindes erfreut, gibst du dich dem Moment hin, weil du ihn selbst nicht geschaffen hast.

Dies ist der Schlüssel dazu, dich auch deinem Seelenpartner hinzugeben. Sieh ihn als jemanden, der so ist, wie er nun mal ist. Das bedeutet: Mach ihn nicht zu einer Projektionsfläche für deine Erwartungen und Wünsche, sondern gib ihm den Freiraum, sich so zu entwickeln, wie es ihm entspricht.

Menschen scheitern an den oft unerfüllbaren Erwartungen, die das Umfeld an sie stellt. Sowohl im Berufsalltag als auch im Privatleben ist das Bewusstsein, den Forderungen und Wünschen der Mitmenschen nicht entsprechen zu können, oft mit Stress, mangelndem Selbstwertgefühl und manchmal sogar Depression oder Krankheit verbunden. Solche seelischen Zustände können jede Beziehung zum Scheitern bringen.

Hingabe auf seelischer Ebene als Grundstein einer glücklichen Seelenpartnerschaft bedeutet also: den geliebten Menschen annehmen zu können, wie er ist, und ihm zu überlassen, wie er sich entwickeln möchte und welche Erfahrungen ihn prägen.

Diese hingebungsvolle Offenheit von deiner Seite gibt ihm die Möglichkeit, sich voll und ganz entfalten zu können und als ausgeglichener und mit sich selbst glücklicher Mensch zu leben. In sich gestärkte Menschen, die von ihren Partnern ganzheitlich akzeptiert werden, können auch innerhalb der Beziehung mit Konflikten und Problemen jeder Art wesentlich besser umgehen. So können von Sorgen jeder Art geprägte Lebensphasen oder Zeiten von Krisen in der Seelenpartnerschaft zusammen viel leichter und eher überwunden werden.

Totale Verschmelzung: Die Tücken der Anfangsphase

Wie bereits erwähnt, fällt Hingabe, vor allem sexueller Natur, in der ersten Verliebtheitsphase im Normalfall recht leicht. Die Flut der Hormone schaltet das Denken aus und lässt uns die Reize auf unkontrollierte und intensive Art erleben. Trotzdem liegen in dieser Anfangsphase und der damit verbundenen absoluten Nähe und Harmoniebedürftigkeit einige Tücken.

Diese anfängliche Verschmelzung lässt zu, dass sich Muster im Umgang mit dem Partner etablieren, die später nur schwer rückgängig zu machen sind und die gesamte Beziehung negativ beeinflussen können.

Die exklusive Welt, die verliebte Paare oft um sich herum aufbauen, führt unweigerlich zunächst zur teilweisen Selbstaufgabe. Freunde und Familie werden vernachlässigt und

Hobbys aufgegeben. Dies sind jedoch die Aspekte, die neben der beruflichen Aufgabe die Identität eines Menschen ausmachen. Nur wenn beide Seelenpartner unabhängig voneinander individuelle Erfahrungen machen und neue Erkenntnisse gewinnen können, sind ein für die Beziehung so wichtiger reger gedanklicher Austausch sowie gegenseitige Inspiration möglich.

Hingabe versus Selbstaufgabe

Jeder Mensch braucht Auszeiten, in denen er sich bewusst wahrnehmen kann. Nur so bleibt gewährleistet, dass die Identitätsfindung nicht stagniert und eine geistige Gleichberechtigung möglich ist. Beide Seelenpartner müssen die Möglichkeit haben, auch außerhalb der Beziehung zu lernen und in ihrer Persönlichkeit zu wachsen. Wird der individuellen Entwicklung beider genügend Raum geboten, können aus der anfänglichen Verliebtheit und dem sexuellen Begehren tiefe Seelenliebe und aufrichtiger Respekt erwachsen. Nur dadurch entsteht eine grundlegende Seelenbverbundenheit zwischen zwei Menschen, die das Fundament jeder starken Seelenpartnerschaft bildet.

Dies bedeutet: Die totale Alltagsverschmelzung bewusst nicht zu leben, heißt nicht, sich dem Partner auf seelischer und körperlicher Ebene nicht hinzugeben. Vielmehr bedeutet diese Art der Unabhängigkeit erst die Fähigkeit zur Hingabe, die es Menschen in Beziehungen erlaubt, mit sich und dem Seelenpartner eins zu werden. Gib dich dem hin, was deinen Partner lebendig macht. So werdet ihr zusammen positive und negative Lebensphasen Seite an Seite, auf gleicher Augenhöhe und im Gleichschritt erleben und meistern.

Hingabe übt sich am leichtesten erst einmal mit sich selbst

Jeder Mensch, egal ob er in einer Partnerschaft lebt oder gerade Single ist, kann seine Hingabefähigkeit in jeder Minute schulen. Es geht darum, nicht nur Situationen und Momente zu akzeptieren, sondern dich selbst in diesen Zusammenhängen. Durch Hingabe verbindest du dich mit deinem Herzen und entwickelst die Bereitschaft, dich einzulassen und dein Herz zu öffnen.

Wenn du dich einlässt, wenn du die Wahl triffst, dich vollständig hinzugeben, dann führt dich dein Leben und dein Herz kann sich öffnen. Du musst dich gar nicht selbst damit beschäftigen, das ist nicht deine Aufgabe. Deine Aufgabe ist deine Bereitschaft, dein Einlassen. Und wenn du dich hingibst, dich öffnest, dann wird immer wieder ein neuer Teil deines Bewusstseins geheilt werden.

Wie wir Hingabe üben können

Will ich Hingabe üben, brauche ich ein Gewahrsein dessen, was im jeweiligen Moment geschieht. Es geht also zunächst darum zu lernen, die Wahrnehmung dessen, was ist, zu vertiefen und zu verfeinern.

Konkret: Wenn wir beispielsweise schwer krank sind, ist es nicht ganz leicht, uns dieser Krankheit mit allen Begleiterscheinungen widerstandslos hinzugeben. Gelingt es uns jedoch, unseren Zustand voll und ganz anzunehmen, uns also der Krankheit hinzugeben, so ist dies letztendlich ein angenehmer Vorgang. Hingabe kann eine regelrechte Erlösung sein. Zwar hört die Krankheit nicht auf, doch wenn wir uns hingeben, wenn wir einverstanden sind, dann hört unser Kampf auf.

Hingabe ist das bedingungslose Eins-Sein mit dem Moment. Auch und gerade im Moment des Todes sich ganz zu übereignen, sich dem, was geschehen will, anzuvertrauen. Nach der Bibel war Jesus, als er am Kreuz hing, zunächst noch nicht zu bedingungsloser Hingabe fähig: »Mein Gott, warum hast Du mich verlassen?« Später vermochte er dann zu sagen: »Herr, vergib ihnen, denn sie wissen nicht, was sie tun«, und im Moment des Todes ein »Es ist vollbracht«. In diesem Moment gab es nichts mehr in ihm, was dagegen war, kein Aufbegehren mehr. Nur noch die Haltung des Einverstandenseins, nur noch völlige Hingabe.

Vergleichsweise leicht fällt uns die Hingabe an angenehme Dinge: ein gutes Essen, ein freudiger Augenblick, eine schöne Landschaft. Kinder können sich mit ganzer Hingabe dem Spiel widmen. Sie lassen sich durch nichts stören, sie vergessen sich selbst im Spielen.

Ideen, Impulse und Inspirationen

Hingabe als Weg zur Liebe ohne Limit

Hingabe ist Liebe. Liebe zu dem Moment oder zu dem, was du gerade tust. Es kommt nicht darauf an, was du tust, sondern wie du es tust. Achtsame Tätigkeit führt zu Hingabe. Den Strom deiner Gedanken, deiner Gefühle, deiner Körperempfindungen zu spüren und darüber hinaus möglichst viel von den Erscheinungen der Welt da draußen um dich herum differenziert wahrzunehmen, das führt zu Hingabe.

- Was bedeutet für dich Hingabe?
- Kannst du dich allem hingeben, was ist?
- Welche Widerstände kennst du, die das vollständige Einverstandensein verhindern?
- In welchen Momenten fällt dir die annehmende Haltung schwer?
- Übe mit dir und deinem Körper, lausche nach innen und nach außen. Sei achtsam beim Lauschen und spüre, ob sich Widerstände gegen das regen, was der Augenblick dir bringt.
- Immer wenn du es vermeidest, dich einer konkreten Situation hinzugeben, dann lohnt es sich, die Gefühle anzuschauen, die möglicherweise hinter oder unter der Situation liegen.

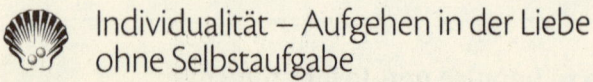

Individualität – Aufgehen in der Liebe ohne Selbstaufgabe

»Seine Individualität wahren muß man immer, denn was sich nicht durch immer neue Selbsttätigkeit erhält, löst sich auf nach dem allgemeinen Gesetz des Werdens und Vergehens.«

Fanny Lewald

Mit Sicherheit kennt jeder Mensch jemanden, der als Single durch Selbstständigkeit, individuelle Interessen und feste Ansichten angenehm auffiel – und in einer Beziehung direkt und auf Nimmerwiedersehen im Partner verschwand.

Aus der lebenslustigen Partygängerin mit offenem Ohr für Freunde wird ein verhuschtes Hausmütterchen, das vor lauter Selbstaufgabe nur noch Augen und Zeit für ihren Mann hat. Aus dem vielseitig interessierten und interessanten Mann wird ein Pantoffelheld, der der Liebsten nur noch nach dem Mund redet.

Die schlechte Nachricht: Das Potenzial dazu steckt in nahezu jedem Menschen.

Die gute Nachricht: Mit Reflexion und Achtsamkeit kann die Individualität auch in einer jahrzehntelangen Seelenpartnerschaft erhalten bleiben.

Kennst du diese Paare, die scheinbar alles gemeinsam machen? Kleidung im Partnerlook, die Sätze des anderen beenden, Frisur und Brille im gleichen Stil, Arztbesuche, Einkauf und das Kochen jeder Mahlzeit zu zweit. Wird einer angerufen, unterhalten sie sich nebenbei noch untereinander oder schalten direkt und ohne zu fragen den Lautsprecher an. Zur Männerrunde oder dem Frauenabend kommt entweder keiner oder aber beide im Doppelpack? Das ist das völlige Aufgehen im Partner. Viele finden das erstrebenswert und halten das für das Wesen der Seelenpartnerschaft. Was für ein Quatsch!

Wer die Perspektive eines Außenstehenden hat und einen tieferen Einblick bekommt, wird schnell eine andere Haltung zu dieser Form von Einigkeit entwickeln. Wo bleiben da die Geheimnisse und die Überraschungen? Was geschieht mit individuellen Vorlieben und Interessen? Wie kann einer noch ohne den anderen funktionieren?

Die Antworten darauf sind meist recht ernüchternd. Die Individualität wurde aufgegeben. Neue Impulse von innen heraus gibt es nicht mehr. Der Austausch beschränkt sich oft auf Wiederholungen. Ohne den Partner beherrschen Unsicherheiten und Ängste den Alltag und es ist eine ungesunde Unselbstständigkeit entstanden. Kurz gesagt, in der scheinbaren Idylle herrscht eigentlich Öde. Was nach außen als innige Verbundenheit gesehen werden könnte, ist im Grunde nichts anderes als gegenseitige Abhängigkeit.

Und so berauschend schön und normal dieses Ineinander-Aufgehen in der Phase der Verliebtheit auch ist – auf Dauer gehen mit dem Überbordwerfen der Individualität auch Anregungen, Möglichkeiten und zahlreiche romantische Gefühle baden. Das völlige und vorbehaltlose Aufgeben der eigenen Persönlichkeit ist also nicht nur verheerend für jeden einzelnen Partner, sondern auch für die Seelenpartnerschaft.

Wer bin ich? Die Individualität vor und während einer Partnerschaft

Die Besinnung auf die eigene Individualität, auf Interessen und Vorlieben wird meist dann in den Fokus gerückt, wenn nach der Verliebtheit langsam Alltag in der Seelenpartnerschaft eintritt oder, im schlimmsten Fall, eine Trennung erfolgte. Gerade bei Letzterem bleibt plötzlich wieder Zeit, eigene Ziele zu verfolgen.

Soweit kann und muss es aber gar nicht erst kommen. Stattdessen gilt es, hin und wieder einmal innezuhalten und dich zu fragen: Was war vor der Partnerschaft wichtig und warum? Welche Menschen und Aktivitäten wurden aufgegeben oder zumindest vernachlässigt, als der Partner ins Leben trat und aus welchem Grund? Bist du wirklich aus den Freundschaften und Hobbys herausgewachsen oder kollidierten sie einfach nur mit den Ansichten oder dem Zeitplan der »besseren Hälfte«?

Auch offene Gespräche mit Freunden und der Familie können hier helfen. Geben sie doch eine Perspektive von außen, die deutlich aufzeigen kann, wie und wo sich die eigene Persönlichkeit verändert hat. Und natürlich kannst du auch selbst etwas unternehmen, um dich mehr an dir selbst zu orientieren.

Die oben erwähnten Fragen helfen bereits dabei. Regelmäßig reservierte »Ich-Tage« oder »Ich-Abende« ebenso. In diesen Zeiten solltest du dir weder Gedanken zur Partnerschaft machen noch irgendetwas für den Partner unternehmen. Aktivitäten mit Freunden und Hobbys nachzugehen ist aber sehr sinnvoll. Gut ist ebenfalls, wirklich intensiv darüber nachzudenken, wer du außerhalb der Beziehung bist.

Meine Wünsche, deine Wünsche

Aber mal ehrlich: Wie oft steht hinter der eigenen Zurücknahme eigentlich die Angst, den Partner zu verärgern? In wie vielen Fällen sogar die Befürchtung, die eigenen Interessen zu vertreten könnte im Alleinsein enden? Und wie häufig die Bequemlichkeit des Satzes »Du hast recht und ich meine Ruhe«?

Hierbei gilt es in einer wahren Seelenpartnerschaft einen gleichberechtigten Mittelweg zu finden. Das bedeutet ab und an nachzugeben und sich hin und wieder durchzusetzen. Einen Kompromiss zu finden oder auch mal getrennter Wege zu gehen. Wer sich aber immer nur unterbuttern lässt oder ständig aus Prinzip über den Partner hinwegsetzt, verfehlt das Ziel ganz klar. Dieses sollte ein Austausch sein, aus dem beide zufrieden und erfüllt und nicht etwa resigniert hervorgehen. Das ist in erster Linie ein selbstverantwortlicher Prozess. Wer aber merkt, dass der Partner Spannung und Konflikt nicht erträgt, und dann lieber einknickt, muss das ansprechen, denn das führt ihn auf seinen eigenen Weg der Entwicklung zurück.

Individuell sein und sein lassen

Traurig, aber nach wie vor Realität ist, dass viele versuchen, ihre Partner zu »erziehen«. Oder im krassen Kontrast, alles und jedes an ihm verherrlichen. Beide Extreme haben nichts mit Gleichberechtigung oder der Akzeptanz von Individualität zu tun. Eigene Wünsche müssen ausgedrückt, individuelle Grenzen gezogen werden dürfen. Veränderungen werden in einer gesunden Beziehung an beiden Partnern ganz natürlich geschehen. Unbedachte Aussagen oder vereinzelte verletzende Handlung und die Kritik an diesen stellen nicht gleich die gesamte Person infrage.

Ein Seelenpartner ist weder ein Gott, der angebetet werden muss. Noch ist er ein Stück formbarer Ton, der hier und da eingedellt und dort ausgebeult werden kann. Wer sich wirklich als Gleichberechtigter in der Seeenpartnerschaft versteht, sollte derlei Gedanken, Verhaltensweisen und ihre Hintergründe also einmal genau unter die Lupe nehmen. Denn Gleichberechtigung bedeutet Austausch, nicht Manipulation oder Schönreden.

Bist du versucht, etwas an deinem Seelenpartner zu ändern? Dann denk mal daran zurück, was dich an ihm anfangs angezogen hat. Und such im Anschluss daran ein offenes Gespräch. Vielleicht hat sich dein Seelenpartner verändert, vielleicht siehst du es jetzt strenger und die Veränderung liegt vor allem in dir selbst.

Oft machen Perspektivwechsel klar, wo du außerhalb der verklärten Liebe individuelle Grenzen ziehst und deine eigenen Ansichten bewahrst. Und diese sollten dann auch in der Seelenpartnerschaft eingehalten werden. Nur so ist es möglich, Individualität zu erhalten und eine ständig wachsende und lebendige Seelenliebe zu erfahren.

Ideen, Impulse und Inspirationen

Individualität als Weg zur Liebe ohne Limit

Je mehr du deine eigene Individualität und Eigenständigkeit als alleinstehender Mensch bereits entwickelt und kultiviert hast, umso eher wirst du sie auch in der Seelenpartnerschaft erhalten können. Je weniger du deinen Partner für das Gelingen der Liebe ohne Limit verantwortlich machst und dich dabei aufgibst, umso leichter werdet ihr beide als starke Individuen eine Basis für eine dauerhafte Seelenpartnerschaft legen. Frag dich dazu:

- Wer bist du als unabhängiger, freier Mensch?
- Wie hast du dein Leben geführt, als du allein lebtest?
- Sei ehrlich: Was hast du aufgegeben für deine Partnerschaft?
- Befrage Freunde oder Familie: Wie nehmen sie dich jetzt in der Partnerschaft wahr?
- Was würdest du gern verändern, um dich freier und unabhängiger zu fühlen?
- Wo könntest du deinem Partner mehr Freiraum schenken, damit er zufriedener ist?
- Wenn du Single bist: Wie empfindest du dich als alleinstehendes, freies Individuum? Frag dich: Was von deiner Individualität hast du in vergangenen Beziehungen aufgegeben, um dich anzupassen, Anerkennung zu bekommen und geliebt zu werden?

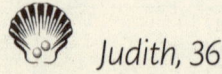 *Judith, 36*

Durch ein unglaubliches Gefühl der Vertrautheit habe ich es sofort gemerkt, als ich meinen Seelenpartner gefunden hatte. Ich hatte vom ersten Moment an das Gefühl, ich kenne ihn schon ewig. Wir konnten gegenseitig unsere Gedanken lesen und waren völlig fasziniert vom anderen. Ich war völlig von der Rolle. Ich hatte das erste Mal in meinem Leben das Gefühl, »angekommen« und auch wirklich gewollt zu sein. Erst durch die tiefen Erlebnisse miteinander habe ich begonnen, mich mit dem Thema Seelenpartner zu beschäftigen. Zuvor wusste ich darüber nichts.

Seitdem ist nichts ist mehr, wie es war. Wir haben uns – leider – in der Firma kennengelernt, in der ich Geschäftsführerin war und er Fuhrparkleiter. Diese Konstellation ist leider nicht sehr günstig gewesen und wurde in unserem Konzern nicht gern gesehen. Auch gab es viel Neid – da ich für eine Geschäftsführerin sehr jung war, zudem in einer kompletten Männerbranche und in einer bis dato völlig männerdominierten Firma. Ich musste viele Demütigungen über mich ergehen lassen, da sehr viel Müll über mich verbreitet wurde und ich durch das Verhältnis zu meinem Partner sehr stark unter Druck gesetzt wurde. Ich habe daher meinen Job gekündigt und meinem Partner wurde vom Vorstand gekündigt. Somit sind wir derzeit beide ohne Beschäftigung. Aber all das ist unwichtig. Wir haben uns. Ich habe daraus viel gelernt. Mich sehr verändert und vor allem meine Prioritäten stark geändert. Was früher so wichtig war – Karriere und Geld – ist nicht mehr so wichtig. Jetzt sind Werte wie Familie und Liebe plötzlich in den Mittelpunkt gerückt.

Mein Partner hat die unglaubliche Gabe, alle Unausgeglichenheiten bei mir zu spüren und diese auch anzusprechen. Ich bin sehr häufig diejenige, die Dinge mit sich selbst zu lösen versucht. Das funktioniert aber bekanntlich nicht sehr gut. Daher glaube ich heute, dass lange, ausführliche Gespräche zwischen Seelenpartnern existenziell sind. Ich versuche auch, mich immer wieder in die Position meines Partners zu versetzen, um seine Standpunkte besser verstehen zu können. Ich probiere auch immer wieder, mich von ihm abzugrenzen und mir klar zu sagen: »Das sind seine Probleme und nicht meine.« Ich mache leider viele seiner Probleme zu meinen Themen und wälze diese stunden-, tage- und wochenlang im Kopf. Das macht mich völlig fertig und bringt nichts. Nur durch lange Gespräche mit ihm kann ich das abschwächen.

Ich muss besonders darauf achten, mich nicht zu sehr nur mit ihm zu umgeben und alle meine Aktivitäten mit ihm zu machen. Das wird oft fast zu viel und ich habe dann leicht das Gefühl, keine Luft mehr zu bekommen. Auch muss ich oft bewusst aufhören, ihm jeden – aus meiner Sicht – Wunsch zu erfüllen. Das wird mir und ihm zu viel. Ich ordne mich und meine Bedürfnisse sehr häufig unter. Nicht weil mein Partner es von mir will, sondern weil ich denke, es sei besser so und bringe mir mehr.

Ich rate allen Menschen, die eine Seelenpartnerschaft führen oder führen wollen: Niemand sollte sich selbst vergessen. Du selbst bist dir der wichtigste und beste Freund. Auch wenn manchmal alles dagegenspricht und der Weg ein wirklich harter ist, die Liebe zum Seelenpartner wiegt alles auf. Wer es nicht probiert, wird es irgendwann bereuen.

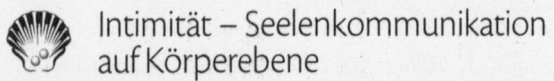
Intimität – Seelenkommunikation auf Körperebene

»Sie rückte ganz nahe zu mir hin und ich zu ihr. Und meine Seele erfrischte sich durch die gegenseitige Nähe.«

Sprichwort aus der Sahara

Was in früheren Zeiten meist mit Scham besetzt war, wird in unserer heutigen Gesellschaft ganz offen diskutiert. Sex scheint kein Tabuthema mehr zu sein, im Gegenteil, Sex wird fast schon als Konsumgut gehandhabt und es scheint, dass es mittlerweile beim Liebesspiel zwischen zwei Menschen um eine Art Leistungssport geht, wobei in erster Linie die Körper von Mann und Frau den von Medien gesetzten Maßstäben genügen müssen. Die äußere Hülle und das Ziel Orgasmus stehen im Vordergrund. Sex sollte aber viel mehr sein als der gegenseitige Austausch von Körpersäften auf Basis zweier egozentrierter Menschen. Körperliche Liebe ist die intimste und intensivste Form der Kommunikation, die weit über verbale Ausdrucksweisen hinausreicht.

Nehmen wahre Seelenpartner die Chance wahr, gemeinsam intensive Sexualität zu erleben, werden sie in Schichten ihres Bewusstseins vordringen, die sie nicht für möglich gehalten hätten und die beide Seelen in höchster Form miteinander verschmelzen lassen.

Möchtest du deinem Seelenpartner auf intime Weise deine Liebe zeigen, dann solltest du herausfinden, welche Bedürfnisse er oder sie hat. Denn Sex ist Kommunikation, bei der es darum geht, auf den anderen einzugehen und ihm erwartungslos Liebe zu schenken. Es geht darum, herauszufinden, wer der andere ist.

Durch einen offenen und bedingungslosen, leidenschaftlichen Dialog findet ein Austausch statt, der nicht das zu Erwartende bringen wird, sondern Raum für Überraschungen bereithält, um auch eigene bisher unentdeckte Sphären kennenzulernen. Lenkst du den Fokus weg von der Fixierung auf den Orgasmus und den eigentlichen Geschlechtsverkehr, hin zu körper- und seelenumfassender Zärtlichkeit, öffnest du die Tore zu nie zuvor erlebten Gipfeln der körperlichen Vereinigung und hast vielleicht sogar transpersonale Erfahrungen.

Es gibt einige Dialogformen der Liebe, wie die Sprache oder auch zärtliche Blicke, wobei der sinnliche Tanz zwischen Mann und Frau sicherlich zu den faszinierendsten gehört.

Diese nonverbalen Kommunikationsformen, die Körper und Geist miteinander verschmelzen lassen, sind Momentaufnahmen intensiver Kommunikation. Empfindungen durch Berühren, Anrühren, Ergreifen und Begreifen lassen die Seelen erklingen, sie versetzen sie gemeinsam in einen höheren Bewusstseinszustand, und so berühren sich beide Partner auf einer Ebene, die in einer rational dominierten Alltagswelt nicht möglich ist. Auch wenn diese ungreifbaren, gemeinsamen Erlebnisse nur für kurze Augenblicke anhalten, füllen und nähren sie zutiefst und verbinden zwei Seelen auf höchster Ebene miteinander.

Bei der Suche nach dem Seelengefährten werden wir von tiefsten Sehnsüchten getrieben, die wir oft glauben im Äußeren eines Menschen erfüllt zu finden. Sehr intime sexuelle Begegnungen vertiefen Seelenpartnerschaften, aber nur, wenn wir uns dazu bereiterklären, uns voll und ganz aus dem Vorhersagbaren und aus Sicherheitsgedanken hinauszubewegen und uns dem Partner, abseits von Bewertungen, zu öffnen. Dabei sind die Stille und das Nicht-Denken Schlüssel für die

Kommunikation auf seelischer Ebene und auch das Einfach-Geschehenlassen. Hingabe ist das Zauberwort!

Lässt du dich fallen, bist dabei präsent, achtsam und feinfühlig, wirst du dem Geheimnis der Seelenpartnerschaft jedes Mal ein Stück näher kommen, denn je tiefer du bei dir selbst bleibst, desto tiefer wird der Kontakt zu deinem Partner. Das Resultat wird eine lebendige, wache, freie und vor allem echte Beziehung zum Liebsten und auch zu dir selbst sein.

Jahrtausendealtes Wissen um die Bedeutung der Sexualität

Tantra, im Sinne indischer Philosophien, steht für die Polarität zwischen Mann und Frau, zwischen aktiv und passiv und beschreibt die Schaffung des Universums durch die Wechselwirkung dieser beiden Pole. Sexuelle Begegnungen zweier Menschen werden im Tantra als heilig angesehen, da die Verbindung von Mann und Frau als Schöpfungsakt auf höchstem Niveau gilt.

Nicht der Erotismus steht hier im Vordergrund, sondern tiefstes, eben tantrisches Erleben, das den gesamten Körper und schließlich auch das ganze Sein umfasst. Dabei wird die Intensität des Liebesspiels durch eine lange Dauer des Sexualaktes erhöht. Eine meditative Praxis des Nicht-Denkens wird angewandt, um ins Innerste des Partners im Hier und Jetzt vorzudringen und so kosmische Schöpferkraft erleben zu dürfen.

Gut Ding braucht Weile

Möchtest du mit deinem Partner solche intensiven Körperdialoge führen, um so dem Liebsten, dich selbst und dem Universum ein Stück näher zu kommen, braucht es zuerst einmal die Bereitschaft beider Partner, eine offene Haltung sich selbst und dem anderen gegenüber einzunehmen. Auch ein respektvoller Umgang miteinander, abseits von Geschlechterrollen und egofixierten Identitäten, ist wichtig, um einander liebevoll näher kennenzulernen.

Eine Seelenpartnerschaft und ein gemeinsames, befriedigendes Sexualerleben werden nicht von heute auf morgen stattfinden, da es bei dieser Art der Kommunikation um ein Wechselspiel zwischen weiblicher und männlicher Lust geht und diese erst entdeckt und erforscht werden möchten.

Ideen, Impulse und Inspirationen

Intimität als Weg zur Liebe ohne Limit

Um wahre Intimität mit deinem Partner leben zu können, solltest du dir über dein Verhältnis zu Körperlichkeit und Sexualität klar sein. Wenn du deinen eigenen Körper kennst, seine Reaktionen und seine sinnliche Empfindsamkeit, kannst du aus der intimen Begegnung mit deinem geliebten Menschen eine wunderbare Kommunikation eurer Seelen werden lassen. Hierzu lade ich dich ein, dir ganz offen und ehrlich einige Fragen zu beantworten:

- Magst du deinen Körper?
- Fühlst du dich in deinem Körper wohl?
- Kennst du die Reaktion deines Körpers auf bestimmte Arten von Berührungen?

- Bist du in der Lage, offen und frei über deine körperlichen Bedürfnisse zu sprechen?
- Hast du das Gefühl, dass Scham oder Schuldgefühle deine Sinnlichkeit beeinträchtigen?
- Verbindet du mit Lust oder Leidenschaft irgendwelche abwertenden Glaubenssätze?
- Kannst du dir vorstellen, einmal spielerisch und leicht Körperlichkeit zu erkunden?

 Leidenschaft – Akzeptierte Vergänglichkeit

»Das geistige Wesen der Liebe offenbart sich am klarsten darin, daß wir mit leidenschaftlicher Innigkeit Menschen umfassen können, die wir niemals gesehen haben, und glücklich sein können in solcher Seelenliebe.«

Otto von Leixner

Es gibt so etwas wie den Mythos – oder auch die Hoffnung –, dass es die ewige Liebe gibt, eine Liebe, die auch nach Jahrzehnten noch prickelnd und voller Spannung ist, die aber auch durch Nähe und Vertrautheit gekennzeichnet ist. Sind diese Vorstellungen miteinander vereinbar, ist sie wirklich möglich, die bedingungslose Liebe, die Liebe ohne Limit, die Seelenpartnerschaft?

Die Liebe ist etwas unglaublich Komplexes, Vielschichtiges und sich auch ständig Wandelndes. Wenn du gerade frisch verliebt bist, schwebst du natürlich auf Wolken und willst nichts davon wissen, dass es gerade mit diesem neuen Menschen in deinem Leben eines Tages doch banal, langweilig oder auch anstrengend werden kann.

Du glaubst vielleicht an das Konzept der einen, der wahren Liebe, für die man »nur« den perfekten Seelenpartner finden muss. Dies wird natürlich auch durch Lieder und Gedichte herbeigeführt, das Radio konfrontiert uns von morgens bis abends mit solchen Ideen in Liedform. Das Konzept ist das Eine, die Realität aber eine andere Sache. Und es lohnt sich, einmal alle Ideen beiseitezulegen und sich anzusehen, was Liebe wirklich ausmacht.

Der Rausch der ersten Verliebtheit – wie lange hält er? Wenn du aktuell verliebt bist, fällt es dir vielleicht schwer, dir eine nicht mehr schmetterlingshafte Zeit mit deinem Partner vorzustellen. Aber denke doch einfach einmal an vergangene Lieben zurück. Von einigen möchtest du vielleicht nie wieder etwas hören, weil sie dir wehgetan haben, mit anderen bist du gut befreundet. Heißt das, dass du diese Menschen nicht geliebt hast, dass alles eine Täuschung war, oder kann es vielleicht nur bedeuten, dass sich die Liebe über die Zeit gewandelt hat?

So schwer es fallen mag, sich dies einzugestehen: Im Alltag verlieren sich die ganz großen Gefühle, der Rausch der ersten Zeit, in der man sich ständig nah sein musste, und es werden andere Dinge wichtig. Welche »Gesetze« finden da Anwendung, wann wird aus dem Rausch der ersten Zeit etwas Haltbares, Beständiges, Tragfähiges, wann und warum passiert das nicht? Manche Beziehungen erweisen sich als Eintagsfliegen, sie sind schnell vorbei, während du mit anderen Menschen gern sehr lange verbunden bist.

Auch eine Art Arbeit:
Die Leidenschaft in Liebe verwandeln

Wenn du schon einmal eine Partnerschaft in ihrer Entwicklung erlebt hast, weißt du es auch: Es kommt der Moment, in dem du plötzlich feststellst, dass der andere ein ganz normaler Mensch ist. Das gilt auch für einen Seelenpartner. So banal dies klingen mag, so erstaunlich ist es, da zu Beginn einer Beziehung oft die berühmte rosa Brille getragen wird. Und nun stellst du also fest, dass ohne die Brille dein Seelenpartner auch ganz langweilige oder sogar enervierende Züge trägt. Was machst du nun?

Setzt du sozusagen unter Zwang wieder die rosa Brille auf und negierst das, was du gerade gesehen hast, oder stellst du dich der Tatsache, dass dein Seelenpartner auch etwas ganz Alltägliches an sich hat?

Und – noch einen Schritt weiter gedacht – was machst du, wenn du nach einer Weile feststellst, dass auch die erotische Anziehung im Alltag verloren gegangen ist? Bleiben oder weiter nach dem »Kick«, nach einem neuen Partner suchen? Diese Wahl stellt sich dem Menschen heute ja.

Wenn nun beide Optionen beleuchtet werden, wirst du sehen, dass du an jeder Stelle die Wahl hast, wie du deine Seelenpartnerschaft gestaltest.

Eine Option: Immer wieder neu verlieben

Die sicher vordergründig spannendere, aber letztendlich auch frustrierendere Variante dessen, wie du mit dem Frust einer Partnerschaft umgehen kannst, besteht darin, dass du, sobald es langweilig und nicht mehr übermäßig erotisch in deiner Partnerschaft zugeht, die Blicke nach außen wendest und dort einen neuen Partner für das ewige Spiel aus Hoffnung und Euphorie (und Enttäuschung) suchst.

Viele Menschen machen dies, sie geben damit indirekt aber auch dem aktuellen Partner die Schuld daran, dass alles nicht mehr so aufregend wie am Anfang ist, sodass sie sich zwangsläufig nach einem neuen Objekt umsehen müssen. Wenn du das kennst, dieses »Beim nächsten Mann wird alles besser« hast du eins nicht bedacht: nämlich, dass zu einer wahren Seelenpartnerschaft zwei Personen gehören, auch du – sei dir dessen bewusst – bist nicht mehr so aufregend wie am Anfang. Und, ist das schlimm? Ist es schlimm, dass du deinen

Partner in- und auswendig kennst, dass er dich nicht mehr permanent reizt? Und willst du das wirklich, immer weitergehen, immer auf der Suche nach dem nächsten Kick sein? Damit wären wir bei der anderen Option: bleiben, sich mit dem Partner verbunden fühlen – auch ohne beziehungsweise mit wenig Sex.

Bleiben – auch wenn die Partnerschaft ohne Sex auskommt

Auch Sex ist etwas, das fast mythische Qualitäten hat. Und, um die Idee des frisch Verliebtseins vom Beginn noch einmal zu bemühen: Am Anfang glaubt jeder, dass er diesen Mann, diese Frau ewig begehren wird. Dies stimmt aber nicht, kann gar nicht stimmen, denn Alltag heißt in gewisser Weise auch Entzauberung.

Selbst wenn ihr nicht zusammen wohnt, lernt ihr euch auch als gelegentlich missgelaunt, als streitsüchtig oder einfach nur langweilig kennen. Und, klar, oft kommt dabei die Erotik abhanden, der Reiz des Neuen, auch des Unerreichbaren ist verpufft. Was bleibt, ist das, was vielleicht aber viel tragfähiger ist als wilde Nächte.

Selbst wenn eine Seelenpartnerschaft sozusagen in die Jahre gekommen ist, kann sie voller Zärtlichkeit sein. Findest du nicht auch alte Paare wunderbar, die Händchen haltend die Straße entlangspazieren – und sich dabei auch noch angeregt unterhalten? Bei meinen Eltern, die mittlerweile fast sechzig Jahre verheiratet sind, ist das noch immer so. Und sie sind mir und meinen Schwestern große Vorbilder.

In vielen Fällen kannst du davon ausgehen, dass im Bett nicht mehr viel passiert, dass die Paare, die lange zusammenbleiben, aber eine Art innere Zufriedenheit entwickeln, etwas Warmes, das gerade ohne die ungestüme Leidenschaft des Anfangs auskommt. Wie siehst du diese Option, wenn du dir dein späteres Leben vorstellst?

Liebe ganz ohne Zwang zum Sex

Wenn du souverän bist, lässt du dich von Fremdbildern dahingehend, wie überaus wichtig Sex in der Partnerschaft ist, ohnehin nicht leiten. Dann hast du auch die Freiheit, die Liebe für dich ganz neu zu definieren und allen Elementen ihren eigenen Stellenwert zu geben: Zärtlichkeiten, Gesprächen, Zuhören, Vertrautheit, der Basis, die man gemeinsam aufbaut.

Ideen, Impulse und Inspirationen

Leidenschaft als Weg zur Liebe ohne Limit

Liebe hat unendlich viele Facetten, und wenn sozusagen der Rausch abgeklungen ist, kommt möglicherweise eine Zeit der großen Ruhe und Zufriedenheit, die mit oder ohne Sex schön ist. Du hast also die Wahl, wie du leben willst: ständig auf der Suche nach dem Kick oder in Ruhe und Zufriedenheit. Ist es nicht großartig, wählen zu können?

- Welche Vorstellungen hast du von Leidenschaft, welche Erfahrungen hast du bis heute damit gemacht? Bist du bereit, diese Vorstellungen über den Haufen zu werfen?
- Was ist an die Stelle der früher einmal gefühlten Leidenschaft getreten?

- Was ist dir in der Beziehung zu deinem Seelenpartner wirklich wichtig?
- Kannst du mit deinem Seelenpartner über deine Wünsche und Sehnsüchte sprechen?
- Kannst und willst du wirklich leidenschaftlich leben? Bist du bereit, zu brennen und das Feuer der Liebe abzufackeln, heiß und sanft zugleich?
- Schaust du dich um und suchst die Leidenschaft in anderen Menschen?
- Warum meinst du, leidenschaftliches Erleben woanders finden zu können?

Liebesbewusstsein – Wisse, was Liebe für dich bedeutet

»Die Liebe ist ein magischer Lichtstrahl, der aus den Tiefen des Gefühls hervorbricht und sein ganzes Umfeld erhellt; auf diese Weise erlebt man die Welt als einen Reigen, der durch grüne Wiesen zieht, und das Leben als einen schönen Traum, den man zwischen zwei Phasen der Schlaflosigkeit träumt.«

Khalil Gibran

»Ich liebe dich, weil ...« Dies ist nicht nur eine häufige Aussage in jeder Art von zwischenmenschlichen Beziehungen, etwa zwischen den Eltern und dem Kind oder auch zwei Liebespartnern, sondern gleichzeitig ein verbales Zeugnis dafür, worin der Sinn der Liebe für die meisten besteht: »Der andere erfüllt etwas Bestimmtes, worauf ich Wert lege, deshalb liebe ich ihn.«

Ist das wahre, ehrliche, tiefe Liebe? Ist das Seelenliebe? Was bedeutet es, wirklich zu lieben? Und wie unterscheidet sich die Seelenpartnerschaft von dem, wie die meisten Menschen Liebe im Alltag tatsächlich leben?

Es handelt sich um einen sehr gern eingesetzten Wortgebrauch, auf der Suche nach der »erfüllenden Liebe« zu sein.

Wenn wir das Adjektiv genauer betrachten und in seiner buchstäblichen Bedeutung verstehen, so wird klar, dass die Aussage im Grunde genau dem entspricht, was sich sehr viele Menschen von der Liebe erhoffen beziehungsweise erwarten: dass die Person, der Liebe entgegengebracht wird, für einen selbst etwas erfüllt, den eigenen Wünschen und Vorstellungen gerecht wird – also beispielsweise einen bestimmten Status vorweisen kann oder besonders gut aussieht.

In der Regel ist es zuerst die Erfüllung von Äußerlichkeiten, die letztlich den Ausschlag gibt, ob ein anderer Mensch geliebt wird oder nicht. Damit einhergehend verlangt der Einzelne natürlich auch von sich selbst, die Erwartungen der geliebten Bezugsperson zu erfüllen, und entwickelt prompt Schuldgefühle, wenn eine Verhaltensweise, Handlung oder Empfindung dem nicht entspricht.

Um diese Schuldgefühle zu umgehen, gibt sich der Mensch Kompromissen, Arrangements, inneren Zweifeln und Unstimmigkeiten hin. Dies wiederum führt nicht selten dazu, dass eigene Gefühle dem anderen zuliebe(!) unterdrückt werden, was in der Folge eine sich aufstauende Wut, Aggressionen und manchmal sogar negative Persönlichkeitsveränderungen mit sich bringt. Was für ein bescheuerter Teufelskreis!

Niemals kann ein Mensch auf diese Weise mit sich ins Reine kommen, sich selbst wirklich kennen und alles, was in ihm ist, auch so als richtig anerkennen. Niemals kann er sich selbst lieben. Und wenn er sich selbst nicht lieben kann, kann er auch einen anderen Menschen niemals ehrlich lieben.

Der Weg zur bedingungslosen Liebe

Vielen fällt es sehr schwer, an die Liebe keine Bedingungen zu knüpfen, sondern Menschen »einfach« so zu lieben, wie sie sind – sowohl sich selbst als auch andere. Es existieren so viele Vorstellungen und Einschränkungen, wer geliebt werden darf und wer nicht, was erfüllt sein muss, damit der Mensch, dem Liebe entgegengebracht werden soll, in gewisser Weise auch als Statussymbol fungiert.

Demnach ist es der erste Schritt weg von der »erfüllenden« hin zur Liebe ohne Limit und damit auch hin zu einem wahrhaftigen Liebesbewusstsein, diese Wertvorstellungen und Beurteilungen allmählich fallen zu lassen, sich innerlich davon zu entfernen und zu befreien.

Dabei handelt es sich durchaus um einen schwierigen Prozess: Die eigenen Unzulänglichkeiten, die oftmals der wesentlichste Grund dafür sind, Wünsche und Erwartungen in das eigene Selbst und andere Menschen zu projizieren, zu begreifen und zu überwinden, verlangt vollkommene Aufrichtigkeit in jedem einzelnen Bereich.

Da es zunächst immer einfacher und bequemer ist, sich zu belügen und Unangenehmes zu verdrängen, sind nur wenige Menschen dazu bereit, den steinigen Weg zu gehen. Lieber wird der Status quo aufrechterhalten, obwohl das eigene Herz vielleicht längst eine andere Sprache spricht.

Die einzige Möglichkeit, jemals zu dem zu gelangen, was wahre Seelenpartnerschaft ist, besteht darin, sich der Herausforderung zu stellen und tief in sich zu gehen, sich ganzheitlich fühlen, verstehen und schließlich lieben zu lernen.

Es gilt, die »Alibis des Egos«, welche sich meist in resignativen Aussagen widerspiegeln, abzulegen und sich Schritt für Schritt den »erhabensten Gedanken« zu nähern. Erhabenste Gedanken sind Gedanken in Demut; Gedanken, die darlegen, dass einzig um der Liebe willen geliebt wird – ohne jedes Gefühl, ein Opfer zu bringen oder Verzicht zu üben. Es sind Gedanken, die allein dem Wunsch entspringen, die Liebe in ihrer Reinheit zu leben. Erhabenste Gedanken sind grundlegende Gedanken, die einen Menschen auch in schwierigen Zeiten vorantreiben und nicht vom tiefsten Sinn der Seelenliebe wegbewegen.

Liebesbewusstsein als Sinn des Lebens?

Vielleicht besteht der von einigen Menschen gesuchte Sinn des Lebens darin, Liebesbewusstsein zu erlangen, mit der Zeit zu lernen, sich selbst und andere wahrhaftig und demnach absolut bedingungslos zu lieben. Sich selbst und anderen zu vertrauen. Sich selbst und anderen treu zu sein.

Sich selbst treu zu sein kann hier auch bedeuten, unter Umständen einen geliebten Menschen zu verlassen. Wenn ein Herz erkennt, dass die von ihm gegebene Liebe nicht angenommen, nicht wertgeschätzt wird, ist es nur legitim, zu gehen. Eine ebensolche Selbstverständlichkeit der bedingungslosen Liebe liegt in der Freiheit, es dem anderen mitzuteilen, wenn sich Mangelempfindungen auftun, sich kritisch zu äußern, ohne dabei fordernd und verletzend zu sein. Ein wirklich liebender Mensch folgt einer bedingungslosen Konsequenz, er gibt sich, fühlt und handelt ausschließlich nach dem, was in seinem Inneren gegeben ist.

Liebesbewusstsein heißt, seinen Geist, sein Herz, seine Seele für die Seelenpartnerschaft zu öffnen und sich selbst wie allen anderen Menschen stets liebevoll und ehrlich zu begegnen.

Eine Folge des Erlangens echten Liebesbewusstseins ist darüber hinaus, dass räumliche Nähe keine Bedingung für Liebe darstellt, sondern die Seelen auch in Entfernung durch das unsichtbare Band ihrer Liebe miteinander verbunden sind.

Bedingungslos zu lieben ist nicht einfach, sondern vielmehr ein stetiger, innerlich stattfindender Prozess, in dem sich der Mensch immer wieder von Neuem der Liebe zuwenden muss, um sich die vollständige Aufrichtigkeit zu bewahren. Jeder, dem das Liebesbewusstsein in seiner tiefsten Form zugänglich ist, erlangt im Einklang mit sich und der umgebenden Welt eine höhere Lebensqualität.

Ideen, Impulse und Inspirationen

Liebesbewusstsein als Weg zur Liebe ohne Limit

Hinterfrage deine Vorstellung von dem, was Liebe ist.

- Welche Erfahrungen hast du mit Liebe gemacht?
- Wurde jemals in deinem Leben von dir erwartet, dass du bestimmte Anforderungen erfüllst, um geliebt zu werden?
- Wie hast du auf diese Erwartungshaltung reagiert?
- Ist dir bewusst, dass Liebe keine Aktion von dir verlangt, sondern ein Zustand ist?
- Hast du eine Vorstellung davon, wie du dein ganz persönliches Liebesbewusstsein entwickeln kannst?

Liebesintelligenz – Fünf Schritte zur Liebeskultur

»*O, welche Erleichterung – welch unbeschreibliche Erleichterung, sich bei jemandem sicher zu fühlen – keine Gedanken mehr abwägen zu müssen, keine Worte mehr abmessen zu müssen ... sie loslassen dürfen, bis zum Überfließen.*«

Dinah Maria Mulock Craik

Wir leben in einer Zeit voller Wandlung und Wunder. Immer mehr Menschen entdecken, dass neben einer neuen Arbeitskultur auch eine neue Liebesintelligenz notwendig ist, um Körper, Seele und Geist in Harmonie zu versöhnen. Manche Menschen brauchen nur etwas Mut, um sich für neue Dimensionen der Sinnlichkeit, Zärtlichkeit und Erotik zu öffnen. Die Liebeskultur der Liebe ohne Limit hebt die triebhaften, sozialen und rituellen Anteile von Intimität stilvoll und kultiviert auf eine spirituell höhere Stufe, bejaht aber auch deren Tiefe und Kraft. Dies geschieht auf fünf Ebenen:

Die Liebe zu mir

Diese Ebene lädt dich ein, dich in deiner Intimität und mit deinem Körper neu zu erfahren. Was immer an eingrenzenden und entwertenden Mustern dich bisher daran gehindert hat, lässt du hinter dir. Deine neu erwachende Liebesintelligenz sagt dir, dass du das Alte nicht mehr brauchst. Nur wer sich sinnlich bedingungslos annimmt, ist offen für die zweite Ebene:

Die Liebe zum Du

Hier entdeckst du im Zwiegespräch und im Dialog der Berührung, dass du weiter reichst als das, was du bisher als deine Grenze wahrgenommen hast. Es ist an der Zeit, dass wir intelligent lieben. Das bedeutet, dass es möglich ist, dass du niveauvoll und kultiviert neue Formen der Nähe und Innigkeit leben kannst. So kommen wir auf eine weitere Ebene:

Die Liebe zur Gemeinschaft

Zuneigung, Erotik und Sinnlichkeit darf weiterhin etwas Geschütztes und Privates bleiben. Aber vielleicht sehnst du dich auch nach einer Öffnung hin zu einer vertrauten Gemeinschaft, mit der du deine Zuneigung, Sinnlichkeit und Zärtlichkeit auch teilen möchtest. Hier helfen dir Rituale, soziale Kompetenz und eine auf Weitsicht eingestellte Form der Kommunikation. Dein Mut kann an diesem neuen Stil des Miteinanders wachsen und du öffnest dich für eine weitere Ebene:

Die Liebe zur Erde

Wir alle sind unendlich reich. Da wir uns, den anderen und die Gemeinschaft mit uns haben, dürfen wir frei in die Welt treten. Wenn du jedes Denken von Begrenztheit aufgibst, entsteht eine Zuneigung in die Fülle aller Geschenke und Schätze unserer Erde und wirkt auf sie zurück. Alles, was an Erotik, Sinnlichkeit und Berührung gelebt wird, wird getragen von ihr. Es werden vor allem die Liebenden sein, die unsere Erde zu heilen vermögen. Sie, die Erde, braucht dich, mich, uns: Liebende, die alles wertschätzen und achten, was unser Sein hier trägt. Eine Ebene bleibt noch:

Die Liebe zur Leere

Das liest sich für dich vielleicht zunächst merkwürdig. Aber wenn du dich für ein Du, für eine Gemeinschaft und die Welt geöffnet hast, warum dann nicht für Alles, was unendlich groß und in dem unser Planet nur ein Sandkorn ist? Ich könnte für Leere auch Kosmos, Gott oder All-Eins schreiben. Leere ist aber insofern gut, da es alles offen lässt für eine unbegrenzte, ja kosmische Erfahrung. Diese Ebene beinhaltet alle anderen.

Egal, ob du am Strand sitzt und auf das Meer schaust oder deine unendlich kostbare Zeit zum Verwöhnen eines geliebten Menschen lebst: Hier kann alles und nichts sein. Es ist gut.

Nun fragst du dich vielleicht, wie du all das finden kannst. Fang bei dir an. Lass die Sehnsucht nach Sinnlichkeit und Freude zu. Je wahrhaftiger du sein kannst, umso mehr liebenswerte Menschen wirst du treffen. Stilvoll und kultiviert wird die Kommunikation sein, Zärtlichkeit, Berührung und Innigkeit etwas Wesentliches und Wichtiges: ein Kulturgut eben. Dann hören Zärtlichkeit und Erotik auch auf, Waren zu sein, für die man bezahlen muss. Oder ein Tauschgeschäft, bei dem einer meist draufzahlt.

Intelligent lieben heißt, die fünf Ebenen kennen

Wer diese Ebenen spirituell versteht, erkennt, dass Selbstliebe Dienst am anderen ist. Und dass das Verwöhnen eines anderen ihn und uns selbst erfüllt. Sinnlichkeit ist immer und überall, in Gemeinschaft und in der Welt möglich. Wird sie gelebt, gibt es wieder Tempel der Freude und Liebespflege, wie es sie schon immer gegeben hat.

Ideen, Impulse und Inspirationen

Liebeskultur als Weg zur Liebe ohne Limit

Wenn du die fünf Ebenen der Liebesintelligenz betrachtest: Wie stehst du zu ihnen? Was hast du unternommen, wahrhaftig gelebt, um die Liebe ohne Limit zu realisieren? Liebst du Menschen, missachtest aber täglich den Umweltschutz? Willst du einen liebevollen Lebenspartner, vergisst aber im Zusammenleben die Bedürfnisse deiner Kinder? Respektierst du den Schutz unseres Lebensumfeldes oder sorgst du nur für eine positive Umgebung in deinen eigenen Lebenskreisen? Kümmerst du dich um andere oder nur um dich selbst? Gibst du Liebe zurück, die du erhalten hast, oder konsumierst du nur?
Ja, das sind unbequeme Fragen. Ich selbst kann bei manchen nur beschämt den Kopf senken. Ich esse manchmal keine biologisch und ökologisch hergestellten Lebensmittel. Manchmal bin ich total egoistisch und übersehe, dass ich andere damit verletze. Manchmal bin ich total liebesdumm und versuche recht zu haben, streite, beharre auf meinem Standpunkt.
Ich bin keine Liebesheldin. Beileibe nicht. Aber ich versuche, immer mehr und zunehmend mein Allerbestes zu geben, um den fünf Ebenen der Liebesintelligenz gerecht zu werden.
Lass uns üben.
Wir üben gemeinsam, okay?
Willst du irgendwann auf ein erfülltes Liebesleben zurückblicken?

 ## Nicole

Es war ganz »zufällig« (es gibt keine Zufälle, das weiß ich), als ich meinen Seelenpartner traf. Ich war eher so aus Neugier bei einer Partnervermittlung im Internet angemeldet, nicht wirklich auf der Suche. Ich war auch lange Zeit nicht online, bis ich einfach mal so reingeklickt habe und mich dieser Mensch »angeklickt« hat. Ich habe sein Profil gelesen und habe mich darin wiedergefunden. Ich wusste ganz genau, dass er wichtig ist, dass ich ihn kennenlernen würde – ich wusste, dass ich ihn schon geliebt habe, bevor ich »wusste« /mir bewusst war, dass es ihn gibt. Es war eine unglaubliche Anziehung da, ich hatte nicht aufgehört, an ihn zu denken, bis er mich schließlich angeschrieben hat.

Unsere Mails wurden schnell sehr persönlich, und als wir zum ersten Mal miteinander telefonierten, waren auf einmal zwei Stunden vergangen ... Wir kannten uns, vertrauten einander sofort, unsere Gespräche dauerten immer so lange, wurden immer inniger. Wir haben SMS geschrieben, seitenlang, sind morgens miteinander aufgestanden und abends miteinander schlafen gegangen. Bis wir uns endlich sieben Wochen nach unserem ersten Telefonat getroffen haben! Es war magisch. Wir waren da, keine Spur von Fremdsein. Einfach nur wahnsinnige Vertrautheit. Wir waren wahrhaftig, mutig! Keiner hätte vermutet, dass sich eigentlich zwei Menschen gegenüberstehen, die sich noch nie im Leben gesehen haben. Es war vom Verstand her nicht greifbar, entbehrte jeder Logik ... Er hatte es mal so formuliert: »Unglaublich gut im Bauch, überfordert im Kopf.« Ich habe meinen Kopf gar nicht mehr gefragt, weil ich wusste, dass er das nicht versteht ...

Und es gibt eine wahnsinnige körperliche Anziehung zwischen uns. Stärker als alles, was ich je erlebt habe. Es ist irgendwie der Wunsch, eins zu sein ...

Mein Leben hat sich sehr verändert, seit das geschah. Er macht mich heil, ganz. Mit ihm ist alles richtig. Ich bin einfach zu Hause mit ihm. Alte Wunden können heilen. Nichts ist mehr so, wie es war ... Entweder etwas berührt das Herz, oder es tut es eben nicht. Etwas dazwischen gibt es nicht mehr.

Unsere Begegnung hat mich mir sehr, sehr viel näher gebracht, sie lässt mich erkennen und sein, wie ich gemeint bin. Und ich finde den Mut dazu, diesen Weg zu gehen. Unsere Begegnung ist dennoch alles andere als einfach – wir spiegeln uns tiefste Blockaden, Ängste, Muster ... Zur Liebe gehört wahnsinnig viel Mut, unbesiegbarer Mut. Nur das Ego hat Angst, die Führung abzugeben an das Herz ... Oft verlieren wir den Mut, manchmal er mehr als ich. Aber vielleicht ist es auch nur eine andere Art, mit diesen Emotionen umzugehen. Ich lerne, meine Angst zu umarmen und an die Hand zu nehmen. Immer mehr.

Es gibt Momente, wo wir denken, wir schaffen es nicht mehr zusammen, nicht als Paar. Gerade sind wir wieder in genau so einem Moment. Aber ich weiß auch, dass wir nicht als Paar zusammen sein müssen. Nur Kontaktabbruch fühlt sich absolut falsch an, als wenn mir ein Teil von mir/in mir fehlen würde. Als würde mir die Luft wegbleiben, als hätte ich ein riesiges Loch in mir ... Unvorstellbare Schmerzen! Aber es würde auch gar nicht gehen, wir spüren immer, wie es dem anderen geht. Es ist eine innige Verbindung, die mich trotz und gerade wegen allem mit unendlicher Dankbarkeit erfüllt. Ich weiß jetzt, dass Liebe niemals fordert. Liebe gibt nur. Und sie kommt tausendfach zurück, wenn man keine Erwartungen daran knüpft.

Wir streiten nicht unfair. Niemals. Wir haben viele Diskussionen, schmerzhafte, tränenreiche – und dann wieder absolute emotionale Höhenflüge, wo alles einfach nur gut ist. Dieses Hin und Her kostet wahnsinnig viel Energie, und mehr als einmal wollten wir uns in Liebe loslassen, einfach nur innige Freunde sein. Bisher ist uns das nicht gelungen.

Ich lerne, mit meinem Herzen verbunden zu bleiben, aus Liebe zu agieren, nicht aus Angst. Ich schaffe mir Freiräume, meditiere fast täglich, um in mich reinzuhören und herauszufinden, was wahr ist. In emotionalen Krisenzeiten habe ich enge Freundinnen, die für mich da sind, mich auffangen, und dafür bin ich unendlich dankbar! Mittlerweile versuche ich, meine Dämonen, so nenne ich diese Ängste oft, auch wieder mit ihm zu teilen – ich hatte das irgendwann nicht mehr getan, weil ich ihn nicht noch zusätzlich damit belasten wollte und weil ich Angst vor seiner Reaktion (»Ich tue dir nur weh«) hatte. Es gelingt mir immer besser und das fühlt sich für uns beide auch richtig an. Ich bin froh, dass ich mich jetzt ganz zeigen kann. Mit allen Zweifeln, Ängsten, Hoffnungen, aller Liebe und allen Gefühlen.

Ich merke immer mehr, dass einfach unbesiegbarer Mut und Wahrhaftigkeit die Schlüssel sind. Die Liebe ist da, das gegenseitige Vertrauen auch. Aber das Vertrauen in sich selbst ist genauso wichtig. Verheimlichen kann man nichts, und das sollte man auch nicht versuchen. Denn wir fühlen, wenn der andere etwas ausspricht, was nicht seiner eigenen Wahrheit entspricht.

Es ist ein großes Glück und Geschenk, diese Seele gefunden zu haben. Es lässt mich wachsen. Alles ist möglich. Wirklich alles! Ich möchte euch sagen: Vertraut eurem Herzen, es weiß alles und wird euch nie belügen. Versucht nur niemals, den anderen zu verändern, in eine Richtung zu drängen. Einem anderen Menschen seinen eigenen Weg zumuten und ebenso den des anderen zu akzeptieren ist eine große Aufgabe. Aber auch das ist die Liebe. Den anderen so annehmen und lieben und wertschätzen, genauso, wie er ist. Gebt euch Raum, für euch selbst, für den anderen, für einander. Seid mutig.

Das ist ein Teil meiner Geschichte, die wir gerade noch weiterschreiben. Mein Leben hat sich verändert, nichts ist mehr so, wie es mal war. Ich bin von tiefer Liebe und Dankbarkeit erfüllt.

Nähe – Im Wechselspiel mit Distanz

»*So mancher mag in deiner süßen Nähe begeistert sein – mich aber macht erst liebeskrank die Ferne!*«

Peter Altenberg

Die Liebe ist ein seltsames Spiel – dies wurde schon von vielen Musikern besungen. Überall auf der Welt ist es das gleiche Spiel. Man trifft sich, man verliebt sich und dann geht man entweder eine Beziehung ein oder man mimt den Igel und zieht den Kopf ein, bis die Gefahr außer Sichtweite ist.

Den richtigen Weg zu finden ist nicht immer einfach, besonders wenn du schon mehrere schmerzhafte Erfahrungen hinter dir hast. Irgendwann kommt der Tag, wo du denkst: Warum tu ich mir das noch an? Wenn ich allein bleibe, dann bleiben mir die schmerzhaften Situationen erspart. Sobald du das denkst, dann irrst du dich gewaltig.

Denn es wird dir nicht nur so gehen, wenn du in einer Partnerschaft keine Nähe zulässt, sondern auch bei Freundschaften und allen anderen zwischenmenschlichen Beziehungen. Selbst bei den Eltern und Geschwistern gibt es Situationen, die dich sehr schmerzvoll treffen können. Du kannst dich diesen Menschen zwar entziehen – aber glücklicher wirst du deswegen nicht.

Seelenpartnerschaften und die Liebe ohne Limit verlangen eine echte Hingabe an die Nähe zur geliebten Seele. In der heutigen Zeit ist es kein Wunder, dass sich die Menschen voneinander entfernen. Die Zeit, in der wir leben, ist einfach zu schnelllebig und zu oberflächlich geworden. In einer Beziehung wird der andere kaum mehr geschätzt und nach einiger

Zeit sogar nicht mehr gesehen. Jeder lebt sein Leben und weiß kaum etwas über den Menschen, neben dem er Tag für Tag einschläft. Welche Bedürfnisse hat diese Person? Wie fühlt der Mensch neben dir? Was fast noch wichtiger ist: Wie fühlst du für den Menschen neben dir?

Meist gehen Beziehungen auseinander, weil der eine den anderen verletzt und dieser immer mehr auf Distanz geht. Vor allem viele Frauen machen dann den Fehler, dass sie einem distanzierten Menschen folgen wollen, um ihn zurückzugewinnen. Das führt jedoch meist nur dazu, dass er sich noch mehr distanziert. Sobald die Situation eintrifft, in der sich der Partner zurückzieht, sollte man sich selbst eingestehen, dass es besser ist, dem Menschen die gewünschte Distanz zu gewähren. Denn nur wer Abstand nehmen kann, hat auch die Chance wieder zurückzufinden.

Wie viel Nähe kannst du zulassen?

Die Liebe ist etwas Herrliches. Sie kann aber genauso grausam und gemein sein. Wenn du zu oft verletzt wurdest, wirst du irgendwann blockieren und keinen mehr an dich ranlassen. Auch dieses Verhalten ist menschlich und normal. Es ist wie bei einer Schnittwunde. Man fasst nicht hinein, wenn sie noch offen ist – dann würde der Schmerz noch viel schlimmer sein. Man kann die Stelle erst wieder berühren, wenn die Wunde verheilt ist.

Deshalb solltest du dir nach jeder Enttäuschung die Zeit geben, die Wunden heilen zu lassen. Denn wenn eines der Wahrheit entspricht, ist es, dass die Zeit alle Wunden heilt. Manchmal dauert es länger und manchmal geht es schneller. Erst wenn du wieder bereit dazu bist, Nähe zuzulassen, kannst du dich und deine Mitmenschen glücklich machen. Den Zeitpunkt, wann du wieder bereit dazu bist, erkennst du nicht einfach so – du musst es probieren, denn nur der Versuch macht dich klug.

Distanz schafft Nähe

Dieser Satz wird nicht von jedem gleich verstanden. Distanz ist eigentlich etwas Negatives. Viele Menschen nehmen an, dass ich, wenn ich mich von jemandem distanziere, Desinteresse zeige. Das stimmt so nicht. Denn in einer Beziehung schafft die Distanz tatsächlich Nähe.

Stehst du immer parat, wenn dein Partner etwas möchte, wird er sich deiner zu sicher sein und dich vielleicht schnell nicht mehr bemerken. Lebt ihr jedoch ein Leben, wo jeder seinen Freiraum ausleben kann, ohne dass der andere vor Eifersucht an die Decke geht, wird die Seelenpartnerschaft viel leichter dauerhaft funktionieren. Es ist das Vertrauen, das Geben und Nehmen, was eine Partnerschaft am Leben hält. Das Wichtigste ist dabei, dass du du selbst bleibst.

Das Rezept für die ewige Liebe ...

... gibt es nicht. Wenn du so sehr verletzt wurdest, dass du jetzt keine wirkliche Nähe zulassen kannst (nur jetzt – wer weiß, was noch alles geschieht?), dann musst du versuchen, mit deinem Partner darüber zu reden. Wahrer Austausch und offen miteinander zu sprechen ist das, was in der heutigen Zeit oft fehlt. Wenn du dir die Pärchen im Café näher ansiehst, erkennst du, dass sich viele Menschen nichts mehr zu sagen haben. Sie sitzen da, lesen Zeitung oder tippen auf dem Smartphone, anstatt sich zu unterhalten und das Leben zu genießen.

Sage deinem Liebespartner, wo die Probleme liegen, und sei ehrlich zu dir selbst. Bleib dir bei allem, was du tust, selbst treu und du wirst dich und andere respektieren und auch wieder Nähe zulassen können.

Ideen, Impulse und Inspirationen

Nähe als Weg zur Liebe ohne Limit

Mach eine Bestandsaufnahme und frag dich, wie viel Nähe du wirklich zulassen kannst, und gleichzeitig, wie viel Distanz du bereit zu gewähren bist. Oftmals ist die Fähigkeit, wahre Nähe zuzulassen, damit verbunden, dass du dir auch erlaubst, auf Distanz zu gehen, wenn du es brauchst. Kleb- und Klettbeziehungen führen oftmals dazu, dass einer der Partner den Wunsch verspürt auszubrechen.

- Erkennst du selbst, wann du Distanz und Abstand brauchst?
- Bist du bereit, deinem Partner auch deutlich zu sagen, wenn du Zeit für dich brauchst?
- Ebenso wichtig ist es aber auch, den Wunsch nach Nähe auszudrücken. Kannst du das?
- Kannst du damit umgehen, wenn dein Partner sagt: »Jetzt nicht«, ohne dich gleich abgelehnt zu fühlen?
- Bist du in der Lage, wirklich frei und bedingungslos einem anderen Menschen Nähe zu schenken, ohne eine Gegenleistung zu erwarten?

Offenheit – Die nackte Seele

»Es bedeutet immer einen großen Schritt vorwärts auf dem Wege der Menschwerdung, wenn jemand sagen kann: das verstehe ich nicht und das weiß ich nicht und deshalb erlaube ich mir kein Urteil darüber. Die Verlegenheit, die sich gewöhnlich nach einer solchen erstaunlichen Offenheit in der Gesellschaft verbreitet, ist nicht etwa Mitgefühl für den, der das Geständnis gemacht hat, sondern das stille Eingeständnis vor sich selbst, daß man zu solch ehrlicher Gradheit nicht imstande ist.«

Johannes von Müller

Sich einem Partner zu öffnen, das ist bei aller Liebe für viele Menschen ein Problem. Vor allem, wenn deine Offenheit in der Vergangenheit bereits zu Verletzungen geführt hat, bist du wahrscheinlich jetzt vorsichtig. Jedoch gibt es kein Rezept für ein »gesundes Maß« an Offenheit.

Wenn die Seelenpartnerschaft stark ist und bleiben soll, dann gehört Offenheit dazu wie die Luft zum Atmen. Jede Maskerade, jede Notlüge oder gar ernsthafte Lüge ist Gift für eine Partnerschaft. Dies bezieht auch deine Wünsche und Sehnsüchte mit ein. Ihr stärkt und erhaltet eure Liebe wohltuend, wenn ihr als Seelenpartner ehrlich miteinander umgeht und euch keine »Rollen« zuweist.

Es gibt aber kein Rezept dafür, wie viel Offenheit einer Partnerschaft bekommt. Vielleicht lebst du mit jemandem zusammen, der sehr sensibel ist oder sogar einen Schicksalsschlag noch nicht verarbeitet hat. Möglicherweise gehört er zu jenen, die sich in panischen Situationen in die »sizilianische Verteidigung« (Angriff aus Verzweiflung) flüchten.

Welches Maß an Offenheit eurer Liebe guttut, das müsst ihr euch sachte, feinfühlig und allmählich erarbeiten. Nur wenn sich beide Seelen einander wirklich öffnen, ist eine Liebe ohne Limit auf körperlicher, geistiger und seelischer Ebene auf Dauer erfüllend.

Einem neuen möglichen Partner sofort offen gegenüberzutreten, erfordert oft etwas Überwindung. Denn die Angst, durch die preisgegebene Wahrheit verletzt zu werden, ist stark. Andererseits: Im frisch verliebten Zustand ist es jedem Partner ein überquellendes Bedürfnis, sich dem anderen anzuvertrauen. Die zunehmende Offenheit verbindet und stärkt die Liebe. Allmählich allerdings entstehen auch Situationen der Unsicherheit. Bereits eine Beichte, auf die der andere unerwartet reagiert, kann dich in schwere Zweifel stürzen. Vielleicht rührst du deinen Partner mit deinem Bericht zu Tränen. Oder er lacht und tut deine tiefsten Enthüllungen nur mit den Worten »Ja, und?« ab.

Es ist nicht maßgeblich, wie positiv oder intensiv erfüllend der Partner auf Offenheit reagiert. Wichtig ist, dass beide Liebenden sich immer und immer wieder dazu entscheiden, ehrlich statt halbherzig aufeinander zuzugehen. Selbst peinliche Enthüllungen sind eine Stärkung für die Innigkeit in einer Beziehung. Denn was Partner in intimer Trautheit austauschen, das sind Dinge, die sonst niemanden in der Welt etwas angehen. Sind sie in einer Partnerschaft einmal ausgesprochen und akzeptiert, nähren sie die Liebe dauerhaft.

Maskeraden sind hinderlich

Wer flirtet, benutzt dafür mehr oder weniger eine sympathische Maskerade. Für das harmlose, bedeutungslose Spiel ist es höchstens ein Ausprobieren, gepaart mit einem Hauch Neugier auf die Wirkung.

Möchtest du jedoch, dass aus einer ersten Verliebtheit eine wahre Liebe ohne Limit wird, kann eine vorher geübte Maskerade schnell Enttäuschung verursachen. Deshalb ist es immer sinnvoll, ehrlich zu sein, sich selbst zu zeigen. Dein Bauchgefühl, deine Intuition wird dich feinfühlig darauf vorbereiten, wann ein Schweigen eine Verletzung verhindert oder wann ein falsches Wort das Vertrauen zu deinem geliebten Partner untergräbt. Am besten versuchst du nicht, eine Situation abzuwägen, sondern nimmst deinen Mut zusammen und gehst das Risiko einfach ein. Das ist für die Partnerschaft belebend und baut Vertrauen auf.

Natürlich weckt die Liebe Sehnsüchte in dir

In einer erfüllten Seelenpartnerschaft musst du dich für deine Sehnsüchte nicht schämen. Sprich aus, was du dir wünschst, am besten in einer entspannten Situation, bei einem Tässchen Tee oder in angenehmer Umgebung.

Sicher ist es nicht, dass sich deine Wünsche erfüllen lassen. Ob es aber doch möglich wäre, erfährst du nur, wenn du darüber redest. Menschen leiden unter verschwiegenen Wünschen des Partners. Das Grundgefühl Liebender ist immer darauf ausgerichtet, den Partner wirklich glücklich zu machen.

Dazu muss aber klar werden, was es ist, das dieser so herzlich ersehnt. Vielleicht vermisst du etwas in deiner Partnerschaft, etwas, das nie da war oder das im Laufe der Beziehung versiegt ist. Dann gib deinem Partner eine Chance und rede darüber. Dies ist kein Nörgeln, ganz und gar nicht. Es ist vielmehr ein deutliches Signal dafür, dass du zu eurer Seelenliebe stehst und die Seelenpartnerschaft lebenslang Bestand haben soll. Genau genommen ist offenes Aussprechen von Sehnsüchten und Wünschen ein besonderes Kompliment in jeder Partnerschaft.

Jeder Partner darf seine »dunkle« Vergangenheit behalten

Ein Menschenleben hat ständig seine Sonnenseiten und schattige Begebenheiten. Betreffen frühere Ereignisse die Partnerschaft nicht, dann musst du nicht bis aufs Kleinste deine Offenheit beweisen und alles durch eine Offenbarung auf den Tisch legen. Ganz im Gegenteil. Wenn ihr in der Seelenpartnerschaft ehrlich miteinander umgeht, dann muss Raum für eine nicht näher hinterfragte Vergangenheit bleiben, solange sie die Gegenwart nicht betrifft. Ein Partner, der bis zu den mentalen Fußspitzen »bohrt«, erweist sich höchstens als neugierig, keinesfalls als liebevoll. Die schönste Sache in einer Seelenpartnerschaft ist es nämlich, dass sich Liebende in einem langen Zeitraum ganz automatisch immer besser kennenlernen.

Ehrliches Miteinander statt Rollenspiele

Die beste Voraussetzung, offen mit dem Partner umzugehen, ist die Offenheit zu sich selbst. Wenn du unbesorgt in den inneren Spiegel schauen kannst, wenn du das Gefühl der Peinlichkeit ertragen kannst, wenn du unschöne Dinge aussprichst, dann ist deine Seelenpartnerschaft erfüllt und nicht in Gefahr. Das funktioniert besonders gut, wenn ihr beide dieses ehrliche Miteinander auf Augenhöhe lebt. Rollenspiele sind für eine Partnerschaft, die ein ganzes Leben miteinander plant, ausgesprochen destruktiv.

Ideen, Impulse und Inspirationen

Offenheit als Weg zur Liebe ohne Limit

Offenheit wirkt sich in einer Seelenpartnerschaft immer Glück bringend aus. Sie macht es uns möglich, Liebe, Wunder und all die Geschenke anzunehmen, die eine Liebe ohne Limit bereithält. Manchmal haben wir aber auch das Bedürfnis, uns zu schützen, weil die Liebe so unendlich groß erscheint und wahre Offenheit auch leicht zu Verletzungen führen kann. Wir machen uns mit Offenheit verwundbar. Doch wenn wir uns verschließen, verhindern und verzögern wir nur das, was eine Seelenpartnerschaft in uns bewirken soll: all das Gute und Segensreiche, wofür unsere Seelen aufeinander getroffen sind.

Konfrontiere dich, am besten schriftlich, mit den Antworten auf diese Fragen:

- Bist du bereit, deinem Partner wirklich offen und vorbehaltslos gegenüberzutreten?
- Bist du bereit, dich auch verletzlich und verwundbar zu zeigen?
- Welche Ängste leben noch in dir, die Nähe und Offenheit verhindern könnten?
- Wie offen und wahrhaftig bist du zu dir selbst?
- Gibt es in dir noch einen Hauch von Selbstbetrug oder Peinlichkeiten, die du nicht anschauen möchtest?

Partnerschaftlichkeit – Geben und Nehmen in Balance

»Eine gute Partnerschaft ist der Ort, wo wir beides finden: so viel Geborgenheit, wie wir suchen, und so viel Freiheit, wie wir brauchen.«

Henriette Wilhelmine Hanke

Partnerschaftlichkeit – der Begriff klingt so nüchtern und einfach und steht doch für einen erfüllenden Prozess, der vielen ausgesprochen schwerfällt.

In der partnerschaftlichen Seelenliebe stehen Geben und Nehmen im Vordergrund, das Miteinander und die Autonomie. Also scheinbar unvereinbare Gegensätze, die in Balance gebracht werden wollen. Wer sich dieser Aufgabe aber selbst und gemeinsam mit dem Seelenpartner stellt, kann eine ganz neue Form der Partnerschaft erleben.

Am Anfang einer Beziehung ist jeder Partner darum bemüht, die beste Version seiner selbst zu sein. Das ist nicht neu. Ebenso wenig, dass diese »beste« Version durchaus ein wenig in Verstellung enden kann. Da wird ein bisschen bei den Interessen geflunkert, weil es eine scheinbare Gemeinsamkeit schafft. Da bleiben vermeintlich unpassende Vorlieben und Einstellungen unerwähnt, weil die Offenbarung das Ansehen zerstören könnte.

Auf lange Sicht funktioniert das aber nicht. Und schon gar nicht, wenn wahre Liebe ohne Limit das Ziel ist. Denn für diese ist es notwendig, authentisch und offen zu sein und sich von dem Wunsch, dem Partner ständig und um jeden Preis zu gefallen, zu verabschieden. So hochtrabend und formell das auch klingt, es bedeutet nichts anderes, als ehrlich zum eigenen Ich zu stehen und Bedürfnisse zuzugeben, Interessen offenzulegen und Wünsche zu äußern.

Keine Lust darauf, Stunden in der Oper zu verbringen, weil Arien einfach nicht deinen Geschmack treffen? Dann steh dazu. Gemeinsames Anschauen jedes Fußballspiels der Saison ödet dich an? Dann gib das Bedürfnis nach mehr Abwechslung und Aufregung zu. Natürlich sollte diese Offenheit auf beiden Seiten herrschen und ausdrücklich frei von Verurteilung sein. Wer sich offenbart, macht sich verletzbar – und es ist nicht im Sinne einer Seelenpartnerschaft, diese Verletzlichkeit auszunutzen oder ausnutzen zu lassen. Stattdessen ist den eigenen Bedürfnissen ebenso mit Respekt zu begegnen wie denen des geliebten Menschen.

Diese Form der Offenheit und Ehrlichkeit kann zunächst schwierig umzusetzen und geradezu beängstigend sein. Es hilft, sich erst einmal selbst über die eigenen Bedürfnisse klar zu werden und nach einer Absprache gemeinsam klein anzufangen.

Ist der erste Schritt geschafft und es fällt vielleicht schon etwas leichter, Bedürfnisse auszusprechen? Super! Aber wie sollte damit nun umgegangen werden? Wenn gegensätzliche Wünsche auftreten, ist für viele der Kompromiss das Mittel der Wahl. Fußballspiel versus ein Abend in der Stadt – da liegt der gemeinsame Besuch einer Sportsbar nahe. Menschen und Cocktails für den einen, die Jagd nach dem Leder für den anderen, passt doch, oder? Aber, Hand aufs Herz: Wie wohl wird sich der Ball-Fan fühlen, der seine Mannschaft vom heimischen Sessel aus anfeuern und danach direkt ins Bett fallen wollte? Wie viel Spaß wird der Partner haben, der sich auf schickes Weggehen und anregende Unterhaltung gefreut hat?

Anstatt auf Gedeih und Verderb nach einem Mittelweg zu suchen, der irgendwie und dann doch nur halbwegs beide

Bedürfnisse unter einen Hut bringt, sollte den Wünschen auch einmal allein nachgegangen werden. Dazu sind zwei Einsichten von Nöten. Zum einen, dass Partner in einer Beziehung auch eigenständige Menschen sind und nicht nur ein »Wir«. Zum anderen, dass eine Person nicht alle Bedürfnisse einer anderen erfüllen kann. Ganz egal, wie groß die Seelenliebe zwischen beiden auch ist.

Für viele mag das unromantisch klingen. Wer sich wirklich liebt, macht eben alles gemeinsam. Zumindest in Filmen. Wie romantisch ist es aber, grollend den Satz »Wenn du nicht mitkommst, gehe ich eben auch nicht!« auszustoßen und dann bockig und missgünstig neben dem Partner auf der Couch zu sitzen? Oder im Gegenzug widerwillig in schicke Garderobe zu schlüpfen, um gähnend in geselliger Runde das Bett zu vermissen? Und viel wichtiger: Wie gut wird das langfristig der Beziehung tun? Wer Partnerschaftlichkeit in der Liebe ohne Limit anstrebt, sollte Freiräume nicht nur zulassen, sondern begrüßen und Wert darauf legen, dass sich beide Partner erfüllen können und wohlfühlen. Auch wenn das bedeutet, das eben nicht jede Aktivität eine gemeinsame ist.

Geben und nehmen

Immer nur zu nehmen ohne zu geben ist schlecht – das lernen die meisten Menschen schon im Kindergarten. Dass aber auch ausschließliches Geben unfair und wenig partnerschaftlich ist, realisieren nur die wenigsten. Denn etwas zu geben, sei es Zeit, Trost, ein Geschenk oder Hilfe, macht Freude und glücklich. Vor allem wenn der Empfänger ein geliebter Mensch ist. Wer also immer nur gibt, ohne bereit zu sein, auch einmal etwas anzunehmen, beraubt den anderen der Freude des Gebens.

Kann oder will dein Partner das von dir Verschenkte (was immer es ist) jedoch nicht annehmen, sprich an, dass das Geben auch für dich wichtig ist, und versuch gemeinsam mit ihm, Möglichkeiten zu finden. Wer alleiniges Geben gewöhnt ist, tut sich beim (An)Nehmen häufig schwer oder fühlt sich durch Hilfsangebote gar kritisiert oder unzureichend. Hier ist also Fingerspitzengefühl gefragt.

So wichtig das Geben und Nehmen ist – es sollte nicht zur Buchhaltung mit einer Strichliste verkommen. Fühlst du dich ausgenutzt oder ständig abgelehnt, sprich dieses Gefühl und dein damit verbundenes Bedürfnis auch an, anstatt mental Buch zu führen, aus dem bei jedem Streit vorwurfsvoll zitiert wird.

Sich nicht zurückstellen, sondern zumuten

Viele Vorwürfe und negative Gefühle in einer Liebesbeziehung entstehen, weil die eigenen Bedürfnisse zugunsten des Partners – meist ungefragt – zurückgestellt oder gar verheimlicht werden. Wird Wert auf Partnerschaftlichkeit gelegt und diese auch gelebt, werden Bedürfnisse offen ausgesprochen und ihnen mit Respekt begegnet, können derartige Vorwürfe nicht entstehen. Das heißt natürlich nicht, dass es keine Konflikte geben wird. Der Umgang mit ihnen ist aber ein anderer. Zudem wird nicht aus Angst an der Beziehung festgehalten, obwohl sich keiner der Partner in ihr wohlfühlt und sich die Situation trotz aller Bemühungen nicht ändert.

In der partnerschaftlichen Liebe geht es darum, ein individuell erfülltes, gleichberechtigtes Miteinander zu schaffen, ohne dabei die eigene Autonomie zu vergessen. Und das bedeutet gegebenenfalls, sich von den traditionellen Vorstellungen und

Grenzen zu verabschieden. Die auf Partnerschaftlichkeit basierende Beziehung muss nicht monogam sein oder in einer gemeinsamen Wohnung stattfinden – nur weil »man das eben so macht«. Sie kann ruhig ungewöhnlich sein, solange sie beidseitig erfüllt.

Ideen, Impulse und Inspirationen

Partnerschaftlichkeit als Weg zur Liebe ohne Limit

Partnerschaftlichkeit bedeutet die Bereitschaft, den anderen immer gleichwertig zu sehen und vor allem ein gemeinsames Ziel für die Partnerschaft zu leben. Sie entsteht, wenn du dich entscheidest, mit deinem Partner eins zu sein, wenn ihr euch gegenseitig unterstützen wollt, euch aufeinander wirklich bezieht und möglichst authentisch miteinander umgeht. Partnerschaftlichkeit bedeutet vor allem, dass irgendwelche Probleme oder Schwierigkeiten nicht wichtiger werden als eure Partnerschaft selbst. Eure Beziehung steht immer an erster Stelle. So verschwinden alle Störaspekte des Lebens an den ihnen gebührenden Platz und schaffen Raum für die Liebe ohne Limit.
Hast du das Gefühl, dass das Geben und Nehmen in deiner Partnerschaft im Gleichgewicht sind? Bei jedem Anzeichen von Ungleichgewicht frag dich, was das mit dir zu tun hat. Geben und Nehmen erfordern eine ausgeglichene Balance, damit ihr in einem harmonischen Alltag einer Seelenverwandtschaft glücklich sein könnt.

- Frag dich, ob du leichter geben oder nehmen kannst.
- Bist du ein Mensch, der nur schwer um Hilfe bitten kann?
- Bist du ein Mensch, dem es viel leichter fällt, etwas für einen anderen zu tun, als etwas für sich selbst anzunehmen?
- Welche Vorstellungen hast du selbst von einer ausgewogenen Balance und wahrer Partnerschaftlichkeit in deiner Liebe ohne Limit?
- Frag deinen Partner, was er selbst darunter versteht.

Rücksicht – Tanz der Bedürfnisse

»Es ist durch die Gottheit die Natur des Mannes und des Weibes dadurch zur Gemeinschaft vorher bestimmt worden, daß nicht jedes allein zu allem geschickt gemacht ward, sondern jedes zu dem, was dem anderen fehlt, damit beide zusammen den ganzen Zweck erreichen. Es soll deshalb schon frühzeitig in der Erziehung die Verschiedenheit der Geschlechter die erforderliche Rücksicht finden.«

Aristoteles

Besonders die Liebe ohne Limit lebt von der gelebten Wertschätzung, von offenen Worten zum rechten Zeitpunkt, von kleinen Gesten, die Aufmerksamkeit und Verständnis signalisieren. Rücksicht und Vorsicht sind das »Fruchtwasser«, das jede Partnerschaft nährt und durch das Miteinander eine gedeihende, lebenslange Harmonie schafft.

Ein geringes Selbstwertgefühl

Es ist häufig der Grund, weshalb Menschen einander verletzen. Nachlässiger Umgang ist meist keine böse Absicht, sondern ein unbewusst übertragener Abwehrmechanismus. Seelenliebe ist empfindsam. Wenn du dir bewusst machst, dass du nachlässig mit deinem Seelenpartner umgehst, dann helfen einfache Gewohnheiten, um dies zu ändern.

Die Zauberworte »Bitte«, »Danke« und »Verzeih mir« signalisieren, dass dir deine mangelnde Wertschätzung bewusst ist und du eigentlich lieber anders gewesen wärst. Falls du ein von Grund auf selbstbewusster Mensch bist, stärkst du deine Partnerschaft umso sicherer mit diesen kleinen Zeichen der Liebe. Immerhin hat diese Liebe ja auch dir signalisiert, dass du für einen Menschen auf dieser Welt etwas Besonderes bist, einzigartig und nicht austauschbar. Darüber darfst du dich freuen. Noch stärker empfängst du die Freude wieder, wenn du mit wenigen Worten und Zeichen die Wertschätzung in einer Partnerschaft erwiderst.

Das Leben ist stürmisch und nimmt keine Rücksicht auf Befindlichkeiten. Die Seelenpartnerschaft kann hier eine Oase sein und wird umso wertvoller, je schnelllebiger und unvorsichtiger die Umgebung mit Gefühlen umgeht.

In einer wahren Liebe ohne Limit ist Rücksicht eine Tugend, die du bewusst jeden Tag pflegen musst. Geh taktvoll mit deinem Partner um und wirb – falls er zu jenen zurückgezogenen, weil verletzlichen Charakteren gehört – um sein Vertrauen.

Allerdings sollte dein Entgegenkommen Grenzen haben. Falls du bemerkst, dass deine Rücksicht phasenweise reichlich einseitig ist, scheue nicht den Konflikt, sprich aus, was dich nervt. Beide Seelenpartner müssen rücksichtsvoll miteinander umgehen, damit die Liebe ohne Limit dauerhaft bestehen kann. Rücksicht kann keine Einbahnstraße sein.

Liebe ist ein »Pflänzchen für draußen«

Seelenpartnerschaft ist Nähe, Innigkeit, haltloses, blindes Vertrauen. Diese Vorstellung ist der perfekte Idealzustand, der bekanntlich nie zu erreichen ist. In der Realität herrscht oft ein Ungleichgewicht zwischen dem Zugeständnis der Freiheit und dem Vertrauen ineinander. Freiheit in einer Partnerschaft bedeutet manchmal auch Toleranz, Kompromisse, vor allem Verständnis, wenigstens Rücksicht für die Interessen, die Wünsche, die Gewohnheiten des Partners.

Wer seine eigenen Lebensgewohnheiten komplett für eine neue Liebe über Bord wirft, beweist damit nicht freiheitliches Entgegenkommen. Ganz im Gegenteil: Ein solches Verhalten nimmt der Seelenpartnerschaft die Kraft zu wachsen. Nur wenn sich die Bedürfnisse beider Partner frei innerhalb des Miteinanders entfalten dürfen, bleiben beide Liebenden einander nahe.

Offene Worte stärken das Vertrauen einer Partnerschaft

Zu Beginn einer neuen Liebe geschieht fast alles zwischen zwei Menschen intuitiv. Das ist das Besondere, was die Intimität in einer Seelenpartnerschaft von dem ungewissen Miteinander in einem unverbindlichen Umfeld abgrenzt. Doch sobald auch in eine Seelenliebe der Alltag einkehrt, gewinnen Ängste, Zweifel und Missverständnisse gelegentlich die Oberhand. Heilsam sind dann offene Worte. Selbst wenn diese unberechtigt sind, eröffnen sie die Möglichkeit, das Vertrauen in einer Partnerschaft zu stärken. Denn deinen Mut, offen über deine Zweifel zu sprechen, belohnt ein liebender Partner mit eigener Offenheit.

Natürlich kennen fast alle Partnerschaften den Zustand der »Tonstörung«. Dieses hilflose Schweigen entsteht dann, wenn offene Worte nicht beantwortet werden. Aus einer vernünftigen Auseinandersetzung kann eine hoffnungslos scheinende Krise entstehen. Aber auch hier hast du Möglichkeiten, humorvoll und vorsichtig auf deinen Seelenpartner zuzugehen.

Kleinen Gesten der Aufmerksamkeit hat seit Menschengedenken noch kein Streit widerstehen können. Möglicherweise eröffnen sie sogar eine neue Chance, ehrlich über alles zu reden, Missverständnisse auszuräumen und sich an die Seelenliebe zu erinnern, wenn sie mal in einer Krise ist.

Eine Partnerschaft ist nur so frei wie das offene Miteinander

Eine gewisse Verschlossenheit im Umgang miteinander ist ein Grund dafür, weshalb so viele Beziehungen früher oder später scheitern. Zugegeben, das Leben wirft einem offenen Miteinander viele mentale Steine in den Weg. Aber nur durch den Mut zur Offenheit gelingt es, daraus keine unüberwindliche Mauer wachsen zu lassen.

Seelenliebe entsteht spontan, scheinbar als eine Laune der Natur. Damit sie ein ganzes Menschenleben lang hält, müssen zwei Seelenpartner tagtäglich neu rücksichtsvolle Freiheit und Offenheit miteinander üben.

Ideen, Impulse und Inspirationen

Rücksicht als Weg zur Liebe ohne Limit

Viele Menschen verwechseln Rücksicht mit Hilfsbereitschaft. Hilfsbereitschaft ist ein wichtiger Lebensbestandteil. Indem wir anderen helfen, helfen wir uns selbst. Indem wir auf andere Rücksicht nehmen, erwarten wir, dass diese das auch uns gegenüber tun. Rücksicht ist ein Aufeinander-Zugehen und bildet einen stabilen Nährboden für das Gedeihen einer Seelenpartnerschaft. Mit Rücksicht fällt es allen Liebenden leichter, sich Liebe zu zeigen, zum gemeinsamen Erfolg der Partnerschaft beizutragen und auch alle anderen an dieser Liebesliebe teilhaben zu lassen. Aufeinander Rücksicht zu nehmen bedeutet, den anderen wirklich anzunehmen. Wir sind dann mit ihm von innen heraus freundlich und liebevoll und zeigen diese Gefühle dem geliebten Menschen. Rücksicht ist so einfach und gleichzeitig so überaus förderlich für unsere eigene Entwicklung und die aller Menschen um uns herum. Sie führt einen Schritt näher in eine Welt, die voller Liebe ist.

- Was bedeutet Rücksicht für dich?
- Kennst du deine eigenen Bedürfnisse und kannst du sie auch artikulieren?
- Wann verwechselst du Rücksichtnahme mit Opferbereitschaft?
- Welche Urteile und Vorurteile verbindest du damit, ein rücksichtsvoller Mensch zu sein?
- Sprich mit deinem Partner darüber, wo er von dir mehr Rücksicht erwartet.
- Sprich mit deinem Partner über deine eigenen Erwartungen in Bezug auf seine Rücksichtnahme.

 ## Nina, 40

»Das Ganze ist mehr als die Summe seiner Teile«, sagte Aristoteles und es passt sehr gut zu unserer Erfahrung.

»Ich kenne dich doch eigentlich gar nicht!« Das war wohl der häufigste Satz unserer ersten gemeinsamen Tage und Wochen. Die von der ersten Sekunde an bestehende Vertrautheit war einfach unfassbar! Und wir konnten uns einander vom ersten Moment an so zumuten, wie wir sind.

Jens (damals dreiunddreißig Jahre alt) und ich (damals sechsunddreißig) haben uns kennengelernt, nachdem er mir über eine Online-Partnervermittlung geschrieben hatte. Um kurz nach Mitternacht, am Tag nach der Beerdigung meines Vaters. Ein Zufall? Ich glaube es nicht. Ein paar Tage später haben wir uns spontan an einem späten Sonntagabend bei mir vor der Haustür zu einem Spaziergang an der Alster im tief verschneiten Hamburg verabredet. Eigentlich war nach dem Treffen alles klar.

Mein Verstand hat zwar noch an meinem Gefühl gezweifelt, aber ich erinnere mich, wie ich auf dem Weg in meine Wohnung dachte: »Das könnte ER sein!« Dabei musste ich schmunzeln. Mein Herz hatte zugestimmt.

Ausschlaggebend für unsere Beziehung ist wohl das Leben, das wir jeweils vor unserer Begegnung gelebt haben. Die Dinge, die wir jeder für sich vorher ausleben und klären mussten. Denn ohne diese persönlichen Entwicklungen wäre unsere heutige Beziehung nicht möglich. Jens kommt aus einem sehr liebevollen Elternhaus und hat Selbstliebe dadurch sehr tief in sich verankert. Die Bedürftigkeit seiner Mutter konnte er durch die beruflich bedingte hohe Präsenz seines Vaters gut kompensieren. Bevor wir uns finden konnten, hatte er die wesentliche Herausforderung anzugehen, sich aus der Enge der Überzeugung seiner Eltern, »einfache Leute« zu sein, zu befreien. Über einige dadurch bedingte Umwege hatte er es zum Zeitpunkt unserer Begegnung geschafft, sich ein Leben einzurichten, in dem er seine Potenziale (hochbegabt, hochsensitiv und sehr sensibel) voll entfalten kann. Auch verschiedene Beziehungen und Freundschaften auf seinem Niveau waren wichtige Faktoren für seine Entwicklung. Außerdem hat Jens einen extrem großen Drang, unterschiedlichste Dinge zu erleben und sich beruflich und ehrenamtlich mit Grenzbereichen auseinanderzusetzen, die den meisten Menschen verschlossen bleiben. Ein Bedürfnis, das vor unserer Begegnung und der Gründung einer Familie ausführlich ausgelebt werden musste.

Die große Aufgabe meines Lebens vor unserer Begegnung war es, zu Selbstliebe zu finden und meine seit meiner frühen Kindheit existierende, latente Depression zu heilen. Ich habe eine liebevolle, psychologisch gut geschulte Mutter und hatte einen sehr bedürftigen Vater, dem ich meine Mutter als Erstgeborene für sein Empfinden weggenommen habe. Für ihn war ich bis ins junge Erwachsenenalter nie gut genug. Diese Energie konnte meine Mutter nicht kompensieren. Große Verlustängste und das Gefühl nicht dazuzugehören prägten meine Kindheit und Jugend. In Kombination mit einer nicht erkannten Hochbegabung und einer sehr ausgeprägten Sensibilität und Sensitivität war das ein schwerer Start in mein Leben. Trotz einer – nach einigen schmerzhaften Umwegen – erfolgreichen beruflichen Entwicklung und einigen engen, langjährigen Freundschaften war die innere Überzeugung, nicht richtig, nicht gut genug zu sein, sehr tief in mir verankert. Natürlich hatte mein negatives Selbstbild auch zur Folge, dass ich bis dahin einige Beziehungen geführt hatte, in denen ich mich kleiner gemacht habe, als ich bin. Und ich hatte mich eigentlich immer in die Verliebtheit der Männer verliebt, anstatt selbst eine Wahl zu treffen. Durch Coachings, Therapien und den Willen und Mut, mich meinen Themen zu stellen, habe ich mich stetig weiterentwickelt. Innere Heilung habe ich jedoch erst nach einer tiefen Depression im Rahmen der damit verbundenen Verhaltenstherapie ein halbes Jahr vor meiner Begegnung mit Jens erfahren. Endlich war ich glücklich und stolz darauf, wie und wer ich bin, und nicht mehr auf der Suche nach jemandem, der mich ganz macht.

Zum Zeitpunkt unserer Begegnung waren Jens und ich also beide mit sich im Reinen, haben unser Leben und unsere Freiheit genossen, uns selbst geliebt und angenommen. Wir waren beide nicht auf der dringenden Suche nach einem Partner und in unseren Leben angekommen.

Unseren Restaurantbesuch beim zweiten Treffen habe ich dafür genutzt, meine neu erstellte Liste zur Auswahl meines Lebenspartners im Gespräch abzufragen – und es war erstaunlich: Alles passte! Auch ich erfülle die Kriterien, die Jens sich für die Frau an seiner Seite gewünscht hat. Zu seiner großen Verwunderung habe ich mich nicht über die Vielzahl seiner privaten und beruflichen Aktivitäten gewundert. Wie er dieses Leben einer neuen Partnerin vermitteln sollte, war ihm vorher ein Rätsel gewesen.

Die Intensität unserer Beziehung konnte Jens mit den Worten »Ich liebe dich« schon nach sehr kurzer Zeit in Worte fassen. Und bis heute setzt er meist einen drauf, indem er mir auf meine Liebeserklärung antwortet »... und ich dich erst!!!« Für mich ist unsere Beziehung vom ersten Moment an nicht mehr infrage zu stellen gewesen. Aber gerade dieses Gefühl der bedingungslosen Liebe und Sicherheit hat mich lange verunsichert. Bei mir ist es noch immer auch der Kopf, der Bescheid weiß. Manchmal beneide ich Jens um die Fähigkeit, das, was ist, auch mit dem Herzen so umfassend zu empfinden. Seine beste Freundin hat mir einmal gesagt, dass er wie ein Glühwürmchen mit wärmender Infrarotlampe sei, seit er mich hat.

Mittlerweile sind viereinhalb Jahre vergangen. Wir leben seit dreieinhalb Jahren zusammen, sind gut zwei Jahre verheiratet und erwarten im Sommer unsere zweite Tochter. Noch nie war ich so sicher, das Richtige zu tun, wie am Tag unserer Hochzeit. Wir haben vor zweieinhalb Jahren eine Firma gegründet, die wir – Jens nebenberuflich und ich neben meiner Rolle als Mutter – gemeinsam führen. Das Portfolio dieser Firma setzt sich aus unseren jeweiligen Stärken, Erfahrungen und Fähigkeiten zusammen und ist ein Beispiel dafür, wie wir gemeinsam immer wieder über uns selbst hinauswachsen. Wir lernen noch immer viel voneinander – ohne das Gefühl der Konkurrenz – und unterstützen uns gegenseitig bei der Entfaltung unserer Potenziale. Unsere Schwächen und Unsicherheiten kompensiert der jeweils andere. Oft spricht Jens aus, was ich gerade gedacht habe, und umgekehrt. Häufig ruft der andere in dem Moment an, in dem man das Telefon gerade in die Hand genommen hat. Wir respektieren einander vollumfassend. Das Wohlsein des anderen ist uns genauso wichtig wie das eigene. Aber wir sind nicht symbiotisch, sondern im Herzen zwei Menschen, die auch allein leben könnten. Was den Alltag erleichtert, ist, dass wir uns in vielen Dingen ähnlich sind und die meisten Werte teilen. Das bedeutet, dass vieles nicht verhandelt werden muss. Konflikte gibt es natürlich auch, doch zum Glück selten. Da wir beide nicht nachtragend sind und bisher immer einen Weg finden konnten, zu verstehen, was den Konflikt ausgelöst hat, sind wir uns danach noch ein Stückchen näher als vorher.

Eine wichtige Bedingung, tatsächlich eine glückliche Beziehung mit seinem Seelenpartner führen zu können, könnte nach meiner Erfahrung sein, nicht (mehr) bedürftig und auf der Suche zu sein. Unser Erfolgszwang ist daher, dass wir beide den Mut hatten, uns unseren wesentlichen Themen zu stellen und diese für uns selbst zu lösen. Das gibt heute den Raum, an den Stärken des anderen zu partizipieren und zu wachsen. So sind wir gemeinsam mehr, als nur »die Summe der beiden Teile«.

Sanftmut – Tugend der Seelenliebe

»Die Sanftmut macht uns empfänglich für den göttlichen Geist.«

Erasmus von Rotterdam

»Sanft wie ein Lamm« ist eine gängige Redewendung, Sanftmut hingegen kommt in unserem alltäglichen Wortschatz eher selten vor. Damit ist eine menschliche Wesensart gemeint, die sich durch Milde und Nachsicht auszeichnet.

In manchen Kulturen wird Sanftmut auch als Tugend bezeichnet. Im Umgang unter Seelenliebenden ist sie unverzichtbar für ein harmonisches Miteinander. Es lohnt sich aber nicht nur für dein Liebesleben, wenn du dich mit der Sanftmut beschäftigst.

Hast du bisher geglaubt, sanftmütige Menschen seien einfach nur zu schwach, um sich zu wehren oder jemandem etwas heimzuzahlen, der es verdient hätte? Damit stehst du nicht allein.

Doch Sanftmut hat mit Güte, Wertschätzung und Freundlichkeit zu tun, und alles das setzt Liebesfähigkeit voraus. Wenn der andere wütet, flucht und anklagt, reagiert der sanftmütige Mensch gefasst, gelassen und zugewandt oder er wendet sich ab, um mit sich selbst liebevoll umzugehen.

Verwechsle aber Sanftmut nicht mit Gleichgültigkeit oder Bequemlichkeit. Personen, die sich sanftmütig verhalten, sind keine generellen Konfliktvermeider. Sie brechen heftigen Konfrontationen lediglich die Spitze ab und schützen damit sowohl den Wütenden als auch sich selbst vor Verletzungen.

Wie schnell sind kränkende oder demontierende Worte ausgesprochen. Danach folgen die Reue und die Angst, dass eine Versöhnung unmöglich ist, weil zu viel Porzellan zerschlagen wurde.

Wenn zwei sich streiten, geht es manchmal um Wesentliches, aber häufig auch nicht. In fast allen Partnerschaften schleichen sich im Laufe der Zeit Muster ein. Oft drehen sich Sticheleien, fruchtlose Diskussionen und Wortgefechte um immer dasselbe Thema. Die Argumentation auf beiden Seiten verläuft nach einem starren Schema – bis einem von beiden der Kragen platzt und er wütend wird. Dann fallen Worte, die gar nicht so gemeint sein müssen, aber trotzdem schmerzen. Wird der andere Partner ebenfalls laut und beleidigend, mündet das Ganze in ein sinnloses, abstoßendes Gezeter, das Wunden hinterlässt.

Du glaubst, es sei schließlich auch eine Frage des Temperaments, ob jemand schnell aufbraust oder nicht? Das stimmt, nur ist der Aggressivere nicht zwangsläufig auch der Stärkere. Er bestimmt zwar meistens die Dynamik einer Auseinandersetzung, während der Sanftmütige in der Defensive bleibt. Ihm das als Schwäche auszulegen, kann sich als Trugschluss erweisen.

Wie dich Sanftmut vor Liebesproblemen schützt

Schon der durchaus streitbare Martin Luther wusste: »Eine linde Antwort stillt den Zorn; aber ein hartes Wort richtet Grimm an.« Wer wüsste das besser als verliebte Paare, die nach dem ersten Streit aus dem siebten Himmel fallen. Kritik mit Herabsetzung zu kontern, heftige Anklagen mit unmäßigen Attacken zu übertrumpfen, kann der Tod der gelebten

Seelenpartnerschaft sein. Auf jeden Fall wird das Vertrauen erschüttert, selbst wenn sich die Versöhnung beglückend gestaltet.

Mut und Festigkeit zeigst du mit einer moderaten Reaktion, die der anderen Person hilft. Dies soll dich nicht bestärken, stets deinen Ärger zu schlucken und dir Kränkungen niemals anmerken zu lassen. Gibt es grundlegende Probleme, gehören sie auf den Tisch. Aber nicht zu einem Zeitpunkt, an dem dein Seelenpartner noch in Rage ist. Jähzornige Menschen sind häufig lammfromm, wenn du sie im Zustand der Ruhe ansprichst. Vergiss nie, dass Zorn und unberechenbares Aus-der-Haut-Fahren immer ein Ausdruck von momentaner Ohnmacht und Hilflosigkeit sind. Dieses Gefühl wird dir im Gewand von Empörung, Vorwurf oder Vorhaltung präsentiert oder besser um die Ohren gehauen. Du musst aber nicht jedes Wort für bare Münze nehmen.

Sanftmut in Liebe dient der Deeskalation. Dazu gehört, dass du dir treu bleibst und dich nicht provozieren lässt. Selbst der sanftmütigste Mensch wird mal sauer, wenn er sich ständig gepiesackt fühlt. Da hilft nur eine deutliche Ansage ohne Geschrei. In der Seelenpartnerschaft lernst du, sanftmütig und rücksichtsvoll zu wachsen. Du gewinnst aus den Erfahrungen mit deinem Seelenpartner für dein sonstiges Leben und setzt dich anderweitig besser gegen Unhöflichkeit, Respektlosigkeit und Misstrauen durch. In der Familie, bei der Kindererziehung, im Beruf und in Freundschaften hilft dir Sanftmut mehr als verbale Schlagkraft. Wer dich liebt und achtet, wird dir deine Fähigkeit auszugleichen hoch anrechnen und nicht als Schwachheit ankreiden.

Sanftmut als Friedensstifter

Sanftmut wird nicht umsonst die »Intelligenz einer glücklichen Partnerschaft« genannt. Viel eher, als ein sanftmütiger Mensch zum Jähzorn konvertiert, verwandelt sich sein zum Jähzorn tendierender Partner in einen ausgeglichenen Mitmenschen. Beide Partner werden es als Befreiung empfinden, wenn die heftigen Kämpfe mit der Zeit abebben und stattdessen ein liebevoll nachsichtiger Umgang miteinander gepflegt wird. Wahre Liebe ohne Limit ermöglicht diesen Wandel.

Wer seinem Seelenpartner seine kleinen Schwächen vorhält, wird zum Quälgeist und darf sich über mangelnde Gegenliebe nicht beschweren. Zur Seelenliebe gehören Bewunderung und Respekt vor der Andersartigkeit. Diese befruchtet eine lebendige Seelenpartnerschaft nicht weniger als die viel beschworenen Gemeinsamkeiten. Verschiedene Auffassungen bringen uns weiter als einträchtiges Stagnieren. Fair und nachsichtig miteinander zu diskutieren, ist weitaus erfreulicher und effektiver als ein hitziges Wortgefecht, mit dem du dich abzugrenzen versuchst. In Wortgefechten hört man sich meist nicht zu, sondern jeder bündelt seine Argumente, um sie wie Pfeile auf sein Gegenüber abzuschießen. Sanftmut in der Seelenliebe heißt, nicht aus dem Affekt heraus zu reagieren und zu handeln, sondern Ruhe zu bewahren.

Zuhören, reflektieren, auf einen Gedanken zurückkommen, der dich nicht loslässt – darin liegt das Geheimnis einer Seelenpartnerschaft, die auch geistig als befriedigend empfunden wird und euch zusammenschmiedet. »Wir haben uns nichts mehr zu sagen«, lautet das Fazit einer Liebe meistens dann, wenn zu viel, zu laut und ständig dasselbe gesprochen wurde. Sanftmut im Miteinander lässt es nicht dazu kommen.

Ideen, Impulse und Inspirationen

Sanftmut als Weg zur Liebe ohne Limit

Das Leben würde sich für viele Menschen wundersam verändern, wenn sie sich in Sanftmut lieben lassen würden. Leider haben aber viele moderne Menschen eine Art Kampfanzug an, der ihnen im Berufsleben selbstverständlich geworden ist. Es fällt ihnen schwer, diesen Kampfanzug auszuziehen, wenn sie mit ihrem geliebten Partner zusammen sind. Oft haben sie auch entschieden, Liebe nicht zuzulassen, und verhalten sich dann, wenn ihnen Liebe entgegengebracht wird, abwehrend. Sanftmut beweist sich nicht nur in Konfliktsituationen. Sanftmut beweist sich vor allen Dingen dann, wenn dir eine wirklich wahre, innige Liebe entgegengebracht wird und es erforderlich ist, diese in Dankbarkeit anzunehmen. Manche Menschen empfinden genau dies als größte Grenze, an die sie immer wieder stoßen, wenn sie der Liebe begegnen. Sanftmut ist die Therapie einer verletzten Seele, Sanftmut entwaffnet jeden Kämpfer, Sanftmut bereitet den Weg zur letzten Befreiung – zur Tranzendenz. Meine Anregungen für dich:

- Achte darauf, wie du dich fühlst, wenn dein Partner dir in Liebe und Sanftmut entgegenkommt.
- Nimm dir vor, dich jeden Tag sanftmütig und milde deinem Partner zu öffnen.
- Spüre all die Liebe, die dein Partner dir schenkt, und verteile diese Liebe großzügig in deinem Umfeld. So wird Sanftmut und Friedlichkeit dein Leben auf vielen Ebenen bereichern.
- Sanftmut kennt keinen Kampfanzug. Kennst du Situationen mit deinem Partner, in denen du nur allzu bereit

bist, den Kampfanzug zu tragen? Frag dich, ob das wirklich notwendig oder nur aus alten Erfahrungen entstanden ist.
- Beschäftige dich mit den Biografien von Mahatma Gandhi, Abraham Lincoln, Martin Luther King, Dietrich Bonhoeffer und suche die Sanftmut in ihren Leben.

Selbstliebe –
Mit Cellulitis und anderen Makeln

»Hast du dich selbst lieb, so hast du alle Menschen lieb wie dich selbst. Solange du einen einzigen Menschen weniger lieb hast als dich selbst, so hast du dich selbst nie wahrhaft lieb gewonnen.«

Meister Eckhart

Selbstliebe ist die vollständige Annahme und Liebe zu sich selbst! Was für ein großes Ziel. Die Selbstliebe ist das Meisterstück der Liebe – ich meine sogar, es ist die schwierigste Lebensaufgabe.

Der Begriff ist sinnverwandt, jedoch nicht vollständig synonym mit Begriffen wie Selbstannahme, Selbstachtung, Selbstzuwendung, Selbstvertrauen und Selbstwert. Von Denkern wie Erich Fromm wird die Selbstliebe als Grundlage dafür gesehen, andere Menschen lieben zu können.

Selbstliebe, das ist für viele Menschen ein sehr schwieriges Thema. Wie sollte ich mich lieben, wo ich doch all meine »Fehler« so gut kenne? Ich kenne alle meine fiesen, faulen Gedanken, ich kann mich nicht selbst bescheißen, wenn ich mich wirklich mies fühle, ich weiß, wo ich ungerecht war oder einen anderem Menschen wirklich nicht respektvoll begegenet bin. Mir selbst kann ich einfach nichts vormachen. Wie sollte ich, wie könnte ich mich da aus vollem Herzen lieben? ... Kennst du diese Gedanken?

Selbstliebe verhilft dir dazu, besser auf die eigenen Bedürfnisse zu hören und sie zu erfüllen. Sie macht eine wahre, bedingungslose Liebe anderen Menschen gegenüber sogar überhaupt erst möglich. Sie stärkt dein Selbstwertgefühl und dein Selbstbewusstsein. Wer sich selbst liebt, ist glücklicher, gesünder und erfolgreicher.

Der einstige Traumpartner stellt sich nach der ersten Verliebtheit schnell als Mensch mit Fehlern und Schwächen heraus. Diese negativen Eigenschaften nehmen wir dann häufig als Beweggrund für die Trennung. Doch in Wahrheit steckt in diesem Verhalten nur allzu oft eine Projektion des eigenen Minderwertigkeitsgefühls auf unseren Partner. Der einzige Weg raus aus diesem Problem ist der Prozess, sich selbst lieben zu lernen!

Denkst du an Selbstliebe, assoziierst du dieses Wort vielleicht erst einmal mit Egoismus, Ichbezogenheit und Eitelkeit. Diese sogenannte Selbstverliebtheit ist in unserer Gesellschaft verpönt. Soziale und empathische Menschen, die sich möglichst viel um die Personen in ihrer Umgebung kümmern und dabei als völlig selbstlos gelten, sind häufig unser Idealbild. Dabei vergessen wir jedoch, dass die Liebe unseres Umfelds immer erst einmal abhängig ist von der eigenen Selbstliebe. Die frühesten Erfahrungen hiermit hast du bereits als Baby gemacht. Von den Eltern liebevoll umsorgt, spürt ein Kind zumeist das erste Mal in seinem Leben seinen eigenen Stellenwert und lernt dadurch, ein eigenes positives Selbstbild zu entwickeln.

Dieses positive Selbstwertgefühl, ermöglicht es uns, auch anderen Menschen Wertschätzung entgegenzubringen. Hierbei geht es also keineswegs darum, dich selbst als die perfekte Person ohne Makel und Fehler zu empfinden oder dich anderen Menschen überlegen zu fühlen und auf sie herabzublicken. Die Selbstliebe zeigt sich schlechthin in der Wertschätzung der eigenen Person, ganz so, als würde man sie gegenüber einem guten Freund empfinden. Nur dann kannst du eine Ahnung davon bekommen, was andere Menschen an dir lieben können. Selbstliebe bedeutet nicht, dass du eigene Fehler und Makel übersiehst. Akzeptiere dich einfach so, wie du bist. Dies gilt sowohl in charakterlicher Hinsicht, als auch in Bezug auf körperliche Gegebenheiten.

Auswirkungen der fehlenden Selbstliebe auf dich und deine Umwelt

Wahre Selbstliebe kommt von innen heraus! Wenn du dir nicht sicher bist, ob du über genügend Selbstliebe verfügst, beobachte dich im Alltag selbst. Fehlende Selbstliebe kann leicht identifiziert werden.

Frag dich, ob du mit deinem jetzigen Leben und deiner aktuellen Situation zufrieden bist. Bist du stolz auf dich? Meinst du, dass du etwas erreicht hast? Frage dich auch, wie du mit der Kritik anderer umgehst. Fühlst du dich schnell angegriffen? Nimmst du immer alles persönlich? Beobachte auch dein eigenes Verhalten in Konfliktsituationen mit anderen Personen. Wenn du schnell Streit anfängst und Konflikte provozierst, könnte dies ein Anzeichen für fehlende Selbstliebe sein.

Meckerst du ständig in Gedanken mit dir selbst herum? Verurteilst du deine kleinen Brüste, die Cellulitisdellen an den Schenkeln, deinen Bauch, die frühe Glatze oder andere körperliche Merkmale? Wie könntest du dann wirklich glauben, dass dich ein anderer Mensch mit all diesen »schrecklichen Makeln« lieben könnte? Solange du dich selbst nicht mit all diesen Ecken und Kanten akzeptierst, wirst du es einem anderen nicht glauben, wenn er das tut.

Sieh dir auch dein Verhalten in deiner Partnerschaft an. Brauchst du immer Komplimente und Bestätigung vom anderen? Neigst du zu Eifersucht? Frage dich auch, wie kritisch du mit deinem Geliebten bist. Wirfst du ihm ständig vermeintliche Fehler vor? Je mehr Punkte du bejahst, desto höher ist die Wahrscheinlichkeit, dass du unter mangelnder Selbstliebe leidest und dieses Defizit auf dich und dein gesamtes Umfeld projizierst. Das Resultat sind letztendlich ein mangelndes Selbstbewusstsein und das Zusammenbrechen der Seelenpartnerschaft.

Sich selbst lieben lernen

Stellst du fest, dass es dir an Selbstliebe mangelt und dies vielleicht auch der Grund für das Scheitern deiner früheren Beziehungen sein könnte, verzweifele nicht! Selbstliebe kann erlernt werden und ist das Resultat eines langen Prozesses, bei dem dein eigenes Ich wachsen wird. Der erste Schritt, sich selbst zu lieben, umfasst den Aufbau des Bewusstseins darüber, dass du selbst für dein Leben verantwortlich bist und es folglich in Zukunft auch selbst in die Hand nehmen und in die richtigen Bahnen lenken kannst.

Ab jetzt übernimmst du die Verantwortung für dich und schiebst sie nicht mehr auf andere Menschen, wie deinen Partner, ab. Versuche ein neues Gefühl für deinen Körper und deine Seele zu erlangen. Höre genau auf die Bedürfnisse dieser beiden Instanzen und versuche sie so gut wie möglich zu befriedigen. Unterdrücke keine Gefühle mehr und handle frei nach deinem eigenen Gewissen. Vergiss falsche Moralvorstellungen und achte nicht auf andere Menschen, die dir Vorschriften machen wollen. Achte vielmehr darauf, wie sich der Kontakt mit anderen gestaltet. Profitierst du wirklich von der jeweiligen Beziehung? Fühlst du dich in Anwesenheit des anderen wohl?

Ein sehr wichtiger Schritt für dich ist auch die Aufarbeitung deiner Vergangenheit. Traumatisierende Erlebnisse in der Kindheit und Jugend sowie andere negative Ereignisse müssen liebevoll angeschaut und dann in der Vergangenheit belassen werde. Bei besonders traumatischen Erlebnissen wie Gewalt, Missbrauch, Vernachlässigung oder anderen seelischen oder körperlichen Verletzungen ziehe auch professionelle Unterstützung in Betracht. Selbstliebe setzt ein aufgeräumtes Inneres voraus, das dann nach außen hin stark sein kann.

Wie sich die Selbstliebe auf die Beziehung auswirkt

Mit einem neuen, gestärkten Selbstwertbewusstsein wird es dir möglich sein, eine intensive nahe Beziehung mit deinem Seelenpartner einzugehen. Merkst du allerdings innerhalb deines Selbstfindungsprozesses, dass dir dein Partner nicht guttut, kannst oder musst du auch lernen, ihn loszulassen. Mit deiner neuen Selbstliebe ist das allerdings kein Problem mehr für dich! Liebst du dich selbst, hast du eine positive Ausstrahlung und wirst so endlich den Partner anziehen, der ebenfalls mit seinem eigenen Ich versöhnt ist. Eine harmonische Beziehung mit einem ausgeglichenen Geben und Nehmen kann nur mit beidseitiger Selbstliebe entstehen. Mit Selbstliebe wird es dir auch nicht mehr schwerfallen, deine Wünsche und dein Verlangen deinem Partner mitzuteilen und gemeinsam einen Weg zur Erfüllung dieser zu finden. Gleichzeitig wirst du auch mehr auf die Anregungen deines Partners eingehen können. Mit Selbstliebe gehst du selbstbewusst und stark durch den Alltag und wirst so auch begehrenswerter für deinen Seelenpartner.

Ideen, Impulse und Inspirationen

Selbstliebe als Weg zur Liebe ohne Limit

Wenn wir uns der Liebe voll und ganz ausliefern und akzeptieren, dass wir in der Liebe geführt und verbunden sind mit dem Sein, dann werden wir Frieden finden. Wenn wir die Selbstliebe als Grundlage aller Liebesformen akzeptieren, kann es gelingen, die Liebe zu einem anderen Menschen zu kultivieren und zu veredeln. Dazu ist es notwendig, dass wir unsere Gefühle zulassen können, auch die schmerzhaften und unangenehmen und alles das, was uns Probleme bringen kann. Die Selbstliebe gibt uns die Fähigkeit, uns sowohl mit unserem eigenen Herzen, als auch mit dem Herzen unseres geliebten Menschen zu verbinden und damit die Fähigkeit zu entwickeln, Liebe zu empfangen. Ohne Selbstliebe wirst du immer daran zweifeln, dass du selbst liebenswert bist. Selbstliebe gebiert eine eigene innere Schönheit. Diese ist Zartheit, Freundlichkeit und eine wunderbare Ausstrahlung. Mit dieser Ausstrahlung wirst du automatisch anderen Menschen liebevoll begegnen und sie in dein Leben einladen.

- Selbstliebe bedeutet, voll umfänglich deiner eigenen gegenwärtigen Realität ins Auge zu blicken. Kannst du das?
- Kannst du zu dir sagen: »Ja, das bin ich, so bin ich, und so bin ich voll und ganz in Ordnung«?
- Bist du bereit, auch deine Fehler und Schwächen liebevoll anzunehmen und zu tolerieren?
- Sag dir selbst: »Egal welche Fehler und Unzulänglichkeiten ich an mir selbst wahrnehme, ich akzeptiere sie vorbehaltslos und nehme an, dass all das zu mir und meiner Persönlichkeit gehört.«

- Eine ganz einfache Übung ist die Spiegelübung: Stell dich vor einen großen Spiegel und betrachte dich selbst. Mach es dir zunächst einfach und bleibe voll bekleidet. Mach diese Übung jeden Morgen fünf Minuten, verkürzte sie nicht. Nach einer Woche stell dich unbekleidet vor den Spiegel und betrachte dich liebevoll ganz nackt. Je mehr du dein äußeres Nacktsein akzeptierst, umso mehr wirst du deine innere Nacktheit deinem Seelenpartner gegenüber zeigen können.
- Als Steigerung: Macht diese Übung gemeinsam, innen und außen nackt. Wie fühlt sich das an?

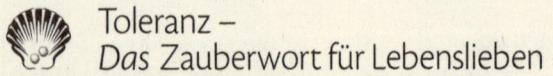

Toleranz –
Das Zauberwort für Lebenslieben

»Toleranz und Freundschaft ist oft alles, und bei weitem das Wichtigste, was wir einander geben können.«

Novalis

Die Definition von Glück ist für jeden Menschen eine andere und auch der Weg, dieses Glück zu finden, ist von Mensch zu Mensch unterschiedlich. In der Liebe geht es nach dem ersten Kennenlernen darum, entweder getrennte Wege zu gehen oder den Weg in eine Beziehung einzuschlagen. Dabei prallen natürlich zwei verschiedene Lebenswelten aufeinander, die aber eine Einheit bilden könnten und sollten, wenn eine Liebe ohne Limit gewünscht ist.

Ob sich gleich und gleich nun gern gesellt oder Gegensätze sich anziehen, muss wohl jeder für sich selbst herausfinden. Wichtig ist letztendlich das Miteinander, das aber insbesondere bei anstengenden und herausfordenden Seelenpartnerschaften eine enorme Portion Toleranz auf beiden Seiten erfordert.

Häufig wird in Beziehungen darum gekämpft, wer den stärkeren Part einnehmen kann. Dass diese Ambitionen eine Seelenpartnerschaft nicht dominieren sollten, ist klar. Sie stellen nämlich nicht nur eine überflüssige Belastung dar, vielmehr solltest du dir darüber im Klaren sein, dass beide Partner nicht nur Stärken, sondern auch Schwächen haben.

Doch wie kann eine Beziehung am besten wachsen und über viele Jahre, wenn nicht sogar ein ganzes Leben lang bestehen bleiben? Die Antwort darauf ist ebenso simpel wie schwierig in der Umsetzung: Toleranz lautet das Zauberwort.

Viele kleine Macken und Eigenheiten kristallisieren sich erst nach und nach heraus und beide Partner wünschen sich, dass ihre charakterformenden Besonderheiten akzeptiert und vor allem toleriert werden.

Toleranz bedeutet auch, dem Partner genug Freiheit zu geben. Beispielsweise die Freiheit, einem Hobby nachgehen zu können, selbst wenn der andere das nicht teilt. Ein Hobby ist oftmals nicht nur ein profaner Zeitvertreib, sondern eine Lebenseinstellung. Dieser Teil des Lebens wurde mit in die Beziehung gebracht. Es ist also nicht so, dass du erst nach langer Zeit davon erfährst und dich überraschend anpassen musst. Du solltest dementsprechend auch nicht jammern, wenn sich dein Partner die Zeit nimmt, sein Hobby zu pflegen. Stattdessen solltest du die »Freizeit« nutzen, um deinen eigenen Dingen nachzugehen. Alternativ besteht auch die Möglichkeit, selbst ein Interesse an diesem Hobby zu entwickeln und den Partner zu begleiten beziehungsweise zu unterstützen. Ein weiterer Aspekt in Bezug auf das Thema Toleranz sind die Männer- beziehungsweise Frauenabende, die jeder Partner mit seinen Freunden gestaltet. Solche Abende sind wichtig und fördern die Beziehung. Es gilt auch hier, tolerant zu sein und dem anderen seine Freiheiten und getrennten Lebensräume zu lassen.

Kleine Macken akzeptieren lernen

Meist betrachten wir unseren Seelenpartner in der Anfangsphase als perfekt. Während die Verliebtheit dominiert, erkennen wir so gut wie keine Makel und haben das Gefühl, nichts tolerieren zu müssen. Im Laufe der Zeit kommen jedoch kleine Marotten zum Vorschein, die hingenommen oder angefochten werden können. Ist der Partner nicht bereit, einige Eigenschaften abzulegen, die als störend empfunden werden, so fühlen sich letztendlich beide Partner bedrängt. Die fordernde Partei fühlt sich schikaniert und der Aufgeforderte fühlt sich unter Druck gesetzt. Dabei sind es oft die kleinen Angewohnheiten, die eigentlich problemlos vom Partner toleriert werden können. Denn nur weil du etwas tolerierst, bedeutet das nicht gleichzeitig, dass du es auch gut finden musst!

Gemeinsam wachsen mit kleinen Schwächen

Wer eine glückliche und vor allem lange Seelenpartnerschaft führen will, der muss sich immer wieder daran erinnern, dass ein Seelenpartner nicht nur ein Partner, sondern gleichzeitig auch ein eigenständiges Wesen ist. Jedes Individuum braucht Freiräume. Diese Freiräume gilt es zu tolerieren, ohne misstrauisch zu werden oder böse Absichten dahinter zu vermuten. Kleine Macken gehören dazu und sollten ebenfalls akzeptiert werden können. Schließlich wissen wir alle: Den perfekten Partner gibt es nicht und ein Seelenpartner ist es ganz sicher schon gar nicht. Seelenpartnerschaften leben primär von Herausforderungen, die es zu meistern gilt. So entsteht im Idealfall eine perfekte Einheit.

Ideen, Impulse und Inspirationen

Toleranz als Weg zur Liebe ohne Limit

Toleranz ist die Bereitschaft, auf all das, was dein Partner dir abverlangt, mit Gelassenheit zu reagieren. Toleranz und Akzeptanz sind das Gegenteil von Widerstand. Widerstand wiederum ist eine Verteidigungsstrategie, die Menschen einnehmen, um Schmerz zu vermeiden oder sich bestimmten Situationen nicht stellen zu müssen. All das, was sie auf diese Art und Weise aber vermeiden wollen, bleibt bestehen. Nur wenn wir in Toleranz akzeptieren und zulassen, was ist, können wir das Gegenwärtige annehmen. Was wir in Toleranz annehmen, entfaltet sich und bringt uns dann auch voran. Wenn wir uns gegen etwas, was uns widerstrebt, wehren, werden wir es noch verstärken. Tolerieren wir jedoch die Dinge, wie sie sind, dann erkennen wir schnell, dass wir selbst die Möglichkeit haben, zu entscheiden, wie wir uns dazu stellen. Toleranz macht uns stark, während uns Abwehr immer nur schwächt. Toleranz gestattet uns, alles so zu lassen, wie es ist, ganz egal wie es aussieht. So können wir Situationen, die wir zwar negativ empfinden, immer noch akzeptieren und einen positiven Kern darin entdecken.

- Versuche herauszufinden, was in deinem Leben für dich Toleranz erschwert.
- Was verhindert für dich ein tolerantes Annehmen und Akzeptieren dessen, was ist?
- Fällt es dir schwer, deine Widerstände fallen zu lassen, und warum ist das so?
- Kannst du dir vorstellen, dass dein Leben und deine Lebensliebe sich wundervoll entfalten können, wenn du allem, was möglicherweise beschwerlich ist, mit Toleranz begegnest?

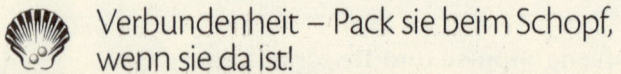
Verbundenheit – Pack sie beim Schopf, wenn sie da ist!

»Das schönste und tiefste, was der Mensch erleben kann, ist das Gefühl der Verbundenheit mit dem Unaussprechlichen. In diesem Sinne bin ich religiös.«

Albert Einstein

Liebe macht uns verletzlich und schenkt uns gleichzeitig Kraft. Daher nimmt die Liebe immer einen großen Platz ein, auch wenn Alltagssituationen oft nicht den Raum bieten, den eine glückliche Liebe braucht. Die eigene Liebesfähigkeit spielt eine entscheidende Rolle dabei, ob wir in der Lage sind, einen Seelenverwandten zu finden.

In der Liebe haben viele Faktoren einen Einfluss darauf, inwieweit die Chancen für eine erfüllte Liebesbeziehung erkannt und genutzt werden können. Neben äußeren Faktoren ist vor allem auch die Fähigkeit, sich instinktiv der Liebe zu öffnen und durch eine innere offene Haltung auch die Grundlage dafür zu schaffen, das passende Gegenstück als seelenverwandten Partner zu erkennen und auf ihn zuzugehen. Diese innere Haltung kannst du mit der nötigen Sensibilität zu einem Teil von dir werden lassen. Auf diese Weise entsteht der notwendige Raum zwischen zwei Menschen, den anderen in sich selbst zu erkennen, die andere Seele mit seinem Inneren zu berühren und damit aufeinander zuzugehen. So könnte die Grundlage für eine erfüllte Liebesbeziehung und die notwendige Verbundenheit entstehen.

Seelenverwandtschaft bedeutet, dass sich das Innerste zweier Menschen berührt und ein großes Gemeinsames bildet. Dieses Gemeinsame ist nicht durch konkrete Begriffe kategorisierbar, sondern spielt sich vor allem auf geistiger, seelischer und emotionaler Ebene ab und äußert sich meist auch in einem Gefühl von einem Grundvertrauen und tiefer Verbundenheit mit dem Seelenpartner.

Seelenbegegnungen sind nicht so selten, wie du vielleicht glaubst. Häufig gibt es Situationen im Alltag, in denen ein kurzer Blick genügt, um den anderen in seiner Seele und in sich selbst zu erkennen. Oft sind dies sehr intensive Momente, die unseren Daseinszustand sofort verändern und uns die Umwelt um uns herum vergessen lassen.

Aus diesem starken Gefühl, eine instinktive Verbundenheit mit dem anderen so intensiv zu spüren, entsteht leider häufig auch die Unfähigkeit, in diesem Moment mit der anderen Person in Kontakt zu treten.

Oft gehen sich beide Partner (erst einmal) aus dem Weg und spüren dennoch die starke Anziehung zueinander. Was bleibt, ist die Erinnerung an den Moment und die Vorstellung eines möglichen Lebens in Gemeinsamkeit, das dennoch nur als ein Wunsch oder Traum gelebt wird. Viele Menschen haben schon oft diese Erfahrungen gemacht, und sie gehen unterschiedlich damit um.

Solche Momente sind viel häufiger, als du vielleicht meinst. Aber nicht jeder ist bereit, diesen magischen Augenblick auch aktiv zu gestalten. Du kannst dich entscheiden, welche Kraft du aus solchen Begegnungen für dich ziehen willst und inwieweit diese Momente dein Verhalten der Zukunft prägen sollen. Gerade in der Liebe ist es hilfreich, sich auf seinen Instinkt zu verlassen, diesen in so einer Situation zu nutzen und mutig auf den anderen Menschen zuzugehen. Zögere nicht!

Verletzlichkeit zulassen

Menschen, die bereit sind, solche Chancen zu nutzen, werden ihren Seelenpartner leichter finden und können eine lebendig gelebte Seelenliebe dann auch gemeinsam gestalten. Die Verbundenheit entsteht dabei umso stärker, je mehr sich beide Partner ihrer Liebe bewusst sind und das Grundvertrauen in der Beziehung aufrechterhalten. Hat man den Seelenverwandten gefunden, so zeigen sich unnötige Streitereien und alltägliche Diskussionen in der Regel dann nicht, wenn beide Partner sensibel und offen miteinander umgehen, sodass sie ihre Verletzlichkeit zuzulassen können. So wird die gegenseitige seelische Öffnung und Verbundenheit umso stärker. Auf diese Weise entsteht auch das notwendige Maß an Intimität, die den Rahmen für eine lang anhaltende Beziehung gestaltet. Die Liebe muss den entsprechenden Rahmen und immer eine gemeinsame Idee, Vision oder Zielausrichtung als Grundlage haben, damit eine Beziehung auch erfüllend sein kann. So entsteht die Grundlage, um sich immer wieder neu zu überraschen und mit kindlicher Naivität die Welt zu betrachten.

Unschuld

Eine Liebe, die auf Seelenverwandtschaft beruht, lässt auch eine gewisse Unschuld dem anderen gegenüber zu. Diese Unschuld ist auch die Grundlage dafür, um das Glück in der Beziehung ausleben zu können. Sie ist ähnlich wie die von Kindern in ihrer Naivität, bis Erziehung und negative Erfahrungen diese Unschuld zerstören oder zumindest verändern. Durch die Seelenverwandtschaft kann jeder in der Partnerschaft der sein, der er wirklich ist. Er teilt dieses Sein mit dem Partner.

Dadurch entsteht eine gemeinsame und sehr intime Liebe, die die Verbundenheit zueinander stärkt und die Liebe ohne Limit immer tiefer werden lässt.

> **Ideen, Impulse und Inspirationen**
>
> **Verbundenheit als Weg zur Liebe ohne Limit**
>
> Es ist wunderschön, wirklich direkt zu zeigen, wie du die Verbundenheit zwischen dir und deinem Partner empfindest. Durch viele kleine Gesten wird der Alltag sehr viel leichter zu leben. Verbundenheit bedeutet aber nicht nur die Verbundenheit mit deinem Liebespartner, sondern auch die Verbundenheit mit deiner eigenen Lebensfreude, mit Zuversicht und Vertrauen in die Zukunft. Deine Liebe zu zeigen, indem du deinen liebsten Menschen berührst, indem du fürsorglich und freiheitlich mit ihm umgehst, indem du dich mit ihm geistig verbindest und dich an ihm erfreust, das zeigt deine Verbundenheit.
>
> - Beschreib deinem Liebsten deine Verbundenheit, zeig deine Gefühle, halte dich nicht zurück!
> - Du kannst die Verbundenheit immer aufrechterhalten, wenn du weißt, wie es deinem Liebten geht, wenn du weißt, was ihn beschäftigt, und wenn du ihm auch deine Befindlichkeit zeigst.
> - Ganz kleine liebevolle Berührungen, wie unabsichtlich oder im Vorbeigehen, können die Verbundenheit am Leben erhalten. Frag dich, womit du deinen Partner erfreuen kannst. Es muss nichts Großartiges sein, sondern einfach nur eine kleine Aufmerksamkeit, die ihm zeigt, dass du an ihn gedacht hast.
> - Gib dir und deinem Partner immer wieder Raum und lass auch Distanz zu, damit die Verbundenheit neu belebt werden kann.

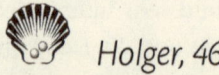

Holger, 46

Unsere Geschichte fängt eigentlich genau da an, wo ich persönlich nie eine Geschichte anfangen lassen wollte: im Internet. Ich hatte mich nach dreijähriger Singlezeit bei einer (wie es hieß) seriösen Kontaktbörse angemeldet, hatte aber nach ein paar Monaten genug. Denn es war weder seriös noch besonders interessant. Meinem späteren Freund ging es ähnlich. So beschlossen wir unabhängig voneinander, aber dennoch zur gleichen Zeit, einen letzten Versuch zu starten und entdeckten uns. Schon die Bilder lösten bei mir und bei ihm eine große innere Wärme aus. Wir tauschten noch am gleichen Abend Telefonnummern, da wir so begierig und neugierig darauf waren, den jeweils anderen zu hören. Wir führten ein langes Telefonat und da war sie (sowohl für ihn als auch für mich), die Stimme, auf die wir ein Leben lang gewartet hatten. Vertraut, ehrlich, aufrichtig, etwas, das nach mehr schrie. Wir trafen uns vier Tage später und begegneten uns zum ersten Mal auf dem Bahnhof.

Was in diesem Moment geschah, können ich und er bis heute kaum beschreiben und haben uns auf folgende Formulierung geeinigt: Es fühlte sich an, wie nach Hause zu kommen, in einen wohligen Hafen einzulaufen, angekommen zu sein. Wir redeten fünf Stunden ununterbrochen miteinander und seitdem gehören wir ganz selbstverständlich zusammen und haben nichts mehr infrage gestellt. Ob es das Physische war, normale Abläufe im Haushalt, nächtelanger verbaler Austausch – es war, als sei es nie anders gewesen. Die gleichen Neigungen, die gleichen Zeiten, das gleiche Alter, die gleichen Wünsche und vor allen Dingen das gegenseitige Gefühl, füreinander da sein zu wollen.

Wir beide haben das gefunden, was wir immer gesucht haben. Natürlich gibt es auch Unterschiede zwischen uns, aber meiner Ansicht nach geht es bei einem Seelenpartner ja auch nicht darum, dass alles genau gleich sein muss, sondern darum, einen Lern- und Erkennungsprozess zu beginnen, der vom jeweils anderen liebevoll begleitet wird. Sicherlich steht man manchmal etwas sprachlos vor diesem Wunder und ist aufgewühlt, aber wichtig ist doch, dieses Wunder anzunehmen, sich zu öffnen und es zu leben. Selbst jetzt, da ich diese Zeilen schreibe, verspüre ich so etwas wie Demut und unendliche Freude darüber, dass ich diesem Mann begegnen durfte.

Vieles hat sich verändert, seit wir uns begegnet sind. Vor allem ich mich und er sich. Bei einer beginnenden Seelenpartnerschaft (zumindest bei unserer) stößt man ja auch häufig auf tief verborgene Ängste, um die man sich bislang häufig herumdrücken konnte. Ich habe bei ihm und er bei mir einen Lernprozess ausgelöst, über den wir aber ganz offen sprechen können. Ob es Verlustängste sind oder Kindheitserinnerungen, die einen geprägt haben, es bleibt nichts unausgesprochen.

Sicher, das kostet manchmal viel Energie, aber es ist ein lohnender und heilender Prozess, wenn man das Glück hat, einen Partner gefunden zu haben, der diese Tiefe auch zulässt und der reflektieren kann. Dieser Umwandlungsprozess, dieses Auflösen der alten verkrusteten Strukturen begann schon in dem Augenblick, als wir uns zum ersten Mal sahen. Sicher, am Anfang sieht man meistens nur die Fassade, aber wir haben beide sofort gespürt, dass da mehr war, mehr Herausforderung, einen ganz neuen Weg zu beschreiten. Vielen Menschen bereitet das verständlicherweise Angst und sie laufen davon, weil sie es nicht verstehen können, was mit ihnen geschieht. Bei uns setzte die umgekehrte Reaktion ein: Wir werden diesen Weg in der innigsten Verbundenheit miteinander beschreiten.

Ehe es sich hier anhört, als wäre alles Harmonie pur: Nein, sicher fielen auf der Suche nach unseren Ängsten und unseren Wunden auch hin und wieder harsche Worte. Aber die Bereitschaft, das zu akzeptieren, zu begreifen, dass der andere manchmal überfordert ist mit dem Prozess, der durch eine Seelenpartnerschaft beginnt, und abwehrend reagiert, haben wir liebevoll gelöst. Dann verstummen die Worte und es zählt die Geste: eine Hand auf die andere legen, dem anderen sanft über die Wange streicheln oder einen aufmunternden Blick zuwerfen. Überhaupt können Blicke manchmal wesentlich mehr Tiefe vermitteln als tausend Worte.

Für mich/für uns gibt es da nur einen Weg, mit diesen Herausforderungen umzugehen: sich darauf einlassen. Akzeptieren, dass es so ist. Dass man manchmal Ruhephasen braucht. Damit meine ich jetzt ausdrücklich nicht, dass man sich weniger sieht, sondern dass man bestimmte Themen auch ruhen lassen sollte, um wieder eine gewisse Leichtigkeit in die Partnerschaft zu bringen. Es spricht überhaupt nichts dagegen, auch mal zu sagen: »Schatz, ich bin jetzt mit diesem Thema überfordert, ich möchte mir erst einmal Gedanken drüber machen und dann irgendwann wieder darauf zurückkommen.« Wenn man diesen Gesprächsmodus gefunden hat und einfach mal abschalten kann, wird selbst die größte Herausforderung etwas kleiner.

Der zweite wichtige Punkt ist aber auch, selbst über das Gesagte und Gefühlte zu reflektieren, sich Zeit zu nehmen, in sich hineinzuhören, was bestimmte Dinge in einem auslösen und warum. Oft reagiert man instinktiv auf das Gesagte und versteht gar nicht so recht, warum das so ist. Gerade dann muss man aufspüren, was einem durch die Seelenpartnerschaft »gespiegelt« werden soll, wobei ich dieses Wort nicht sehr mag, mir aber gerade kein besseres einfällt. Im Grunde geht es doch darum, seine ureigene Angst abzubauen, sich endlich fallen zu lassen – ohne Maske, ohne doppelten Boden, ohne Schatten. Einfach nur sein. Denn: Ich liebe dich nicht, weil du so und so bist. Sondern ich liebe dich, weil du du bist und mich auf liebevolle Weise ergänzt.

Wir lieben und leben so, wie wir sind. Wir lassen uns so, wie wir sind. So haben wir uns als Seelenpartner ja schließlich kennengelernt. Sicher, es gibt zahlreiche Lernprozesse, aber ich muss in meinem Leben nichts Besonderes beachten, um mit meinem Seelenpartner glücklich zu sein oder er mit mir. Das Einzige, was mir einfällt, ist, einander respekt- und liebevoll zu behandeln. Dem anderen Aufmerksamkeit zu schenken. Wenn es darum geht, worauf ich bei mir selbst achten muss, dann gebe ich gern zu, dass ich vielleicht hin und wieder mein Temperament bremsen sollte. Werden wir beide emotional, kann es mitunter schon mal etwas diskussionsfreudiger zugehen. Aber bei aller Seelenpartnerschaft: Man ist ja auch noch Mensch und ich strebe keinen Perfektionismus an.

Was ich allen Menschen in Seelenpartnerschaften sagen möchte: Habt keine Angst davor. Lasst euch darauf ein und rennt nicht weg. Der Weg lohnt sich. Aber (ganz großes ABER): Haltet nicht alles und jeden, der euren Weg kreuzt, für einen Seelenpartner. Es wird so viel Schindluder getrieben mit diesem Ausdruck. Nicht jeder, der euch nahekommt, ist ein Seelenpartner. Man spürt es tief im Herzen, wenn er einem begegnet. Dennoch: Geht mit diesem Begriff sparsam um.

Weiterhin kann ich nur raten: Das wahre Wunder besteht nicht darin, sich zu verlieben. Das ist einfach. Nein, das wahre Wunder besteht darin, zurückgeliebt zu werden. Und wenn ihr das spürt, diese innere Flamme des anderen, die euch wärmt, die euch leuchten lässt, dann könnte es ein Seelenpartner sein. Täuscht euch nicht: Seelenpartnerschaft bedeutet nicht, dass ihr für den Rest eures Lebens von den Banalitäten des Alltags verschont bleibt. Aber euch ist ein riesiges Geschenk gemacht worden, und da kann ich nur sagen: Tretet es nicht mit Füßen. Es gibt da ein schönes französisches Lied mit der Zeile: »Attention fragile, le source de ton bonheur«. Meine Interpretation: »Die Quelle deines Glücks ist nicht einfach nur ewig nutzbar, sondern sie fließt nur dann, wenn du auch etwas gibst.«

Im Falle einer Seelenpartnerschaft heißt das meiner Meinung nach: sich selbst beobachten und auch einsehen, dass man an sich selbst arbeiten muss und nicht nur immer der Partner sich ändern soll. Aber wie gesagt, das ist meine Meinung. Wovor ich warnen möchte, ist die falsch verstandene Seelenpartnerschaft. Seelenpartnerschaft ist selten einfach und bestimmt kein Spiel, aber sie lässt einen nicht ohne Grund leiden und vor allem ist sie eins nicht: boshaft und zerstörerisch. Und vor allem heißt Seelenpartnerschaft nicht, dass ich alles mitmachen und erdulden muss.

Seelenpartnerschaft ist der Weg zu sich selbst, zu einem Uns und zu einer Liebe, die zwar irdisch und geerdet ist, da sie eben hier auf der Erde stattfindet, aber sie ist ein wundervolles Geschenk.

Man sollte sie annehmen. Ohne Angst. Und damit schließe ich ab: Seelenpartnerschaft löst durch ihre Intensität manchmal große Ängste aus, aber nach einiger Zeit, nach vielen Gefühlsstürmen und bei richtiger »Behandlung«, kann sie der Schlüssel zu einem angstfreien Leben sein.

Vergebung – Heilen von Verletzungen

»Willst du einen Augenblick glücklich sein, räche dich. Willst du ein Leben lang glücklich sein, schenke Vergebung.«
Jean Baptiste Henri Lacordaire

Die Fähigkeit zur Vergebung ist das Fundament jeder heilsamen Beziehung. Denn in jeder Partnerschaft wird es Situationen geben, in denen der eine dem anderen etwas zu vergeben hat. Wer nicht vergeben kann, blockiert damit seine eigene Fähigkeit zu empfangen und zu geben. Was wir jedoch anderen vergeben können, können wir uns auch selbst vergeben. Durch die Fähigkeit zur Vergebung können wir sogar alte Ereignisse im Nachhinein transformieren. Sich selbst dafür zu vergeben, dass man Fehler gemacht oder andere verletzt hat, ist sicher besonders schwierig. Vergebung macht aber reinen Tisch und ermöglicht uns, nach vorn zu schauen und neue Wege zu gehen. Wer Vergebung leben kann, wird viel weniger Vorwürfe gegen sich selbst und andere in seinem Leben zulassen.

Auch beim Seitensprung?

Vergebung in der Liebe ist ein besonders heikles Thema. Es gibt Partnerschaften, in denen es echt Schweres zu verzeihen gibt. Ich will hier vor allem das sogenannte Fremdgehen betrachten, denn einen Seitensprung zu verzeihen, ist für viele Menschen eine besonders schwierige Situation, die in einer Beziehung aufkommen kann. Auch ich habe das erlebt und kenne den Schmerz, der dadurch entsteht.

Ein Seitensprung kann ein gavierender Vertrauensbruch sein, wenn ihr euch Exklusivität versprochen habt. Wenn es nun zu einem Seitensprung kommt, fragen wir uns, wie das geschehen konnte. Dabei sind die Ursachen und Erklärungen nicht wirklich wichtig. Die Gründe, warum so etwas geschieht, können vielfältig sein. Um einen Seitensprung zu verzeihen, ist sehr viel Stärke nötig. Denn immer wieder fragen wir uns: Was hatte der andere, was ich nicht habe. Es kommen Selbstzweifel auf, mit denen wir uns lieber nicht beschäftigen möchten. Es liegt aber nicht daran, wie wir aussehen oder wie wir uns geben, sondern es liegt an der Situation selbst, dass Menschen tun, was sie tun.

So, und nun wird es noch unbequemer: Vielleicht sind wir es auch selbst, die den Partner in Situationen treiben, die uns dann später verletzen. Hast du daran schon mal gedacht? Keiner wird an einen Seitensprung denken, wenn er wirklich richtig glücklich in der Beziehung ist. Manchmal entsteht ein Seitensprung, weil dem Partner etwas Wichtiges fehlt, weil er nach etwas sucht, was er in der Beziehung schon lange nicht mehr erlebt hat.

Wie kann man in der Liebe verzeihen? Das Wichtigste ist es erst einmal zu ermitteln, was uns so verletzt hat. War es der Seitensprung, eine Lüge, ein Verhalten, ein Streit, ein Wort? Ist der Stolz verletzt oder das Ego angekratzt? Das hat mit Liebe nicht viel zu tun. Deshalb solltest du dich fragen, ob es tatsächlich Liebe ist und ob du bereit bist, für diese Liebe hundertprozentig alles zu tun und alles zu geben. Solltest du diese Frage mit Nein beantworten, hast du nichts zu verzeihen. Beantwortest du dir die Frage mit einem Ja, dann ist es wichtig, dass du dir einen Weg suchst, um mit der Verletzung umgehen zu können.

Es gibt zwei Möglichkeiten. Entweder du hältst dem Partner immer und immer wieder vor, dass er dich betrogen hat.

Dies wird dazu führen, dass die Beziehung früher oder später sowieso scheitert. Keiner möchte sich seine Fehler, die er einst getan hat, weiterhin anhören, denn auch Schuldzuweisungen müssen irgendwann einmal ein Ende haben. Der zweite Weg ist das Verzeihen. Analysiere, warum eine Situation entstanden ist, in der dich der Partner verletzen konnte. Denke genau darüber nach und versuche herauszufinden, welchen Anteil du daran hast. Erkennst du einen Beitrag deinerseits, dann versuche, dieses Verhalten abzulegen. Im Fall des Seitensprungs kann es sein, dass du deinem Partner zu wenig Aufmerksamkeit geschenkt hast. Oder vielleicht provozierst du immer wieder unsinnige Streitgespräche und schaffst so Distanz. Was letztendlich dazu geführt hat, musst du selbst erkennen.

Akzeptieren und Verzeihen

Das Geheimnis liegt darin, dass du eine Situation so akzeptierst, wie sie ist. Du kannst den Seitensprung nicht mehr ändern. Du kannst das Streitgespräch nicht mehr ändern – du musst die Dinge so akzeptieren, wie sie sind.

Ebenso ist es wichtig, die Situation mit deinem Seelenpartner liebevoll und verständnisvoll zu besprechen. Sobald noch Fragen offen sind, müssen diese beantwortet werden. Erst mit den Antworten auf offene Fragen kann der Prozess des Verzeihens beginnen.

Deswegen solltest du einem Partner, der ständig Seitensprünge braucht, die Fragen stellen, die dich bewegen. Ich kenne eine langjährige Seelenpartnerschaft, die beide nicht beenden wollen und in der der Mann ständig Seitensprünge hat. Die Frau hat das akzeptiert, aber dem Mann eine Bedingung gestellt. Sie sagte: Ich möchte wissen, wann und mit wem du zusammen bist. Ich möchte es außerdem nur von dir erfahren und nicht von anderen. Ich möchte, dass du immer ehrlich zu mir bist, dann werde ich niemals an deiner Liebe zu mir zweifeln und du kannst tun und lassen, was du möchtest. Sollte die Liebe zu mir vorbei sein, dann sei bitte auch so ehrlich und sage mir auch das.

Die allermeisten Menschen haben jedoch nicht diese Haltung. Ganz im Gegenteil, sie beschäftigen sich ständig mit den Kränkungen, Enttäuschungen und Verletzungen, die sie durch ihren Partner erfahren haben und können darunter keinen Schlussstrich ziehen.

Wer sich immer wieder in Erinnerung ruft, was ihn verletzt hat und was er dem anderen nicht verzeihen kann, der wird es schwer haben, eine dauerhafte Seelenpartnerschaft zu leben. Die Liebe ohne Limit kommt nicht ohne die Fähigkeit der Vergebung aus!

Wenn du dich immer wieder quälst und grübelst, warum und weshalb diese Seelenpartnerschaft für dich belastend ist, wirst du nur sehr schwer vergeben können. Wenn du immer wieder nachgetragend bist, zerstörst du damit die Zukunftsperspektiven für euch beide nachhaltig. Du weißt ja, dass deine Gedanken auch deine Realität schaffen. So wirst du auch sehr schnell erkennen, dass dich Gedanken an Verletzungen permanent aus deinem eigenen inneren Gleichgewicht bringen. Es wird dich also zuallererst selbst belasten, wenn du nicht verzeihen kannst.

Vielleicht beschäftigst du dich einmal mit dem Gedanken, ob das Nicht-Vergeben-Können auch eine Art Bestrafung für deinen Partner und die Verletzungen, die er dir vermeintlich zugefügt hat, sein könnte. Vielleicht ist es aber auch der Gedanke, dass du selbst dein Gesicht verloren hast oder

der Gedanke, dass der andere das, was dich verletzt hat, wiederholen wird. Vielleicht kannst du einfach nur nicht loslassen.

Wenn du radikale Vergebung praktizierst, so wie Colin Tipping es in seinem wunderbaren Buch »Radikale Vergebung« beschrieben hat, wirst du leichter eine Liebe ohne Limit leben können, selbst wenn sie kleine Kratzer hat. Vergebung ist heilsam.

Ideen, Impulse und Inspirationen

Vergebung als Weg zur Liebe ohne Limit

Um die Vergebung für irgendwelche Fehltritte deines Partners zu lernen, stell dich ein paar einfachen Reflexionen und Fragen. Das wird dir vielleicht nicht leicht fallen, es ist aber ein wichtiger Schritt in Richtung radikale Vergebung:

- Was hast du selbst dazu beigetragen, dass das Ereignis geschehen ist?
- Versetze dich in deinen Partner hinein und versuche nachzuempfinden, warum er sich dir gegenüber so verhalten hat.
- Überprüfe in dir, ob du glaubst, dass Vergebung etwas mit Schwäche zu tun hat. Vielleicht ist ja auch ein Zeichen von großer innerer Stärke?
- Mach dir bewusst, dass Vergebung keineswegs ein Freibrief sein muss, dass sich das Verhalten deines Partners wiederholen wird.
- Frag dich, ob das Ereignis so grundsätzlich verletzend war, dass es alle anderen positiven Erlebnisse, die du mit deinem Liebsten gehabt hast, infrage stellt.

- Suche den Dialog mit deinem Partner und wenn das derzeit noch nicht geht, schreib ihm einen Brief.
- Such dir ein Foto von euch beiden, das eine sehr liebevolle und angenehme Erinnerung für dich repräsentiert. Dann schau ihn an und frage dich: Bin ich bereit, ihm wirklich zu vergeben? Und bin ich bereit, auch meinen jetzt vorhandenen tiefen inneren Widerstand zu überwinden?
- Sei dir bewusst, dass du nur dann mit deinem Partner deinen inneren Frieden erreichen kannst, wenn dir Vergebung gelingt. Dann kann eure Seelenpartnerschaft heilen.

# Vertrauen – Blind und innig

»Es gibt keinen besseren Maßstab der Liebe als das Vertrauen.«
Meister Eckhart

In der Kindheit vertraust du deinen Eltern und anderen Menschen in deinem Umfeld intuitiv. Das gelingt so lange, wie diese sich als verlässlich, positiv und förderlich für dich erweisen. Jedoch lernst du auch gebrochene Versprechen, entlarvte Lügen (mindestens Notlügen), Ablehnung und mangelnde Wertschätzung kennen. Je älter du wirst, umso vorsichtiger wirst du dann vielleicht mit neuen Bekanntschaften umgehen.

Eine Ausnahme ist die Seelenliebe. Es ist unerklärlich, aber da ist jemand, dem du intuitiv vertraust, oft noch ganz ohne ihn zu kennen. Es gibt keinen Grund dafür, den der Verstand in Worte fassen könnte. Das unterscheidet Seelenliebe von anderen, freundschaftlichen Gefühlen. In der ersten Zeit einer Seelenpartnerschaft ist Vertrauen ein Teil der schönen Dinge, die du mit einem neuen Partner teilst. Aus diesem plötzlich zurückgekehrten Urvertrauen entsteht die Basis einer guten Seelenpartnerschaft. Doch eine langjährig gelebte Partnerschaft tauscht einen Teil der »Schmetterlinge im Bauch« gegen ganz normalen, weniger euphorischen Alltag. Hier beweist sich, ob das Vertrauen dauerhaft Bestand hat.

Es ist ganz normal, dass du in einer Partnerschaft irgendwann in Situationen gerätst, die mit einem früheren Ereignis übereinzustimmen scheinen. Jemand hat dich abgelehnt, belogen oder sein Versprechen gebrochen. Wenn dir deine Liebe ohne Limit ernst ist, dann reicht das Vertrauen in diese Liebe aus, um sofort mit dem Partner darüber zu sprechen, bevor du beginnst, ihn innerlich niederzumachen. Erstens lernt ihr einander auf diese Weise intensiver kennen. Zweitens lassen sich viele zufällige Vergleiche mit alten Erinnerungen sofort ausräumen. Bedenke in solchen Zeiten, dass nicht nur du schon enttäuscht worden bist. Vertrauen als Basis der Seelenpartnerschaft hält die Angst vor Wiederholung gut aus. Das kann es aber nur, so lange ihr immer miteinander im direkten Gespräch seid und wirklich radikal alles auf den Tisch packt, was euch bewegt.

Du hast gewiss in deinem Leben auch lernen müssen, dass Auseinandersetzungen ein Risiko sein können. Statt dass eine Situation geklärt wurde, gab es Streit, der zum Schweigen führte. In jedem kindlichen Umfeld kommt dies immer wieder einmal vor. Eine Seelenpartnerschaft aber ist kein Kinderspiel. Es ist ein extrem intensives gemeinsames Leben. Dieses bedarf deines Mutes, dich mit deinem Partner ständig und immer wieder auseinanderzusetzen. Nur so begreift ihr beide, was zu einer Störung des Vertrauens geführt hat. In den meisten Fällen wird sich herausstellen, dass es eine nicht ausgesprochene Fehlinterpretation oder schlichtweg eine Fehleinschätzung war. Diese wertvolle Auseinandersetzung funktioniert nur dann, wenn jeder Partner seine Gefühle wirklich offen ausspricht. Drucksen und Schweigen oder eine beleidigte Reaktion aus Angst vor dem Disput schwächen jedes Vertrauen. Für eine dauerhafte Seelenpartnerschaft auf einer wertschätzenden Basis bleibt die Auseinandersetzung eine ständige Aufgabe beider Beziehungspartner.

Vertrauen will gepflegt werden

Vertrauen trotz negativer Gedanken ist schier unmöglich. Eifersucht ist der schlimmste Ausdruck von Misstrauen. Berechtigt ist diese Art des Kontrollverlangens nicht, sie kommt aber häufig vor. In den überwiegenden Fällen hatte der Eifersüchtige vor der jetzigen Beziehung vertraut und wurde enttäuscht. Die Angst vor Liebesverlust ist für manchen Menschen wie eine ernst zu nehmende Krankheit. Nur, wenn du es schaffst, eine eindeutige Klarheit über euren Beziehungsstatus zu erlangen, kann sich das Vertrauen stärken. Auch dies erfordert Mut, aber Mut ist nun einmal das, was aus einer schnellen Liebe eine intensive Seelenpartnerschaft macht. Kontrollverlangen muss sich nicht automatisch als Eifersucht äußern. Aber es kann die Liebe regelrecht ersticken, weil es nach und nach das Vertrauen verdrängt.

Vertrauensverlust überwinden

Manchmal geschieht in einer Partnerschaft etwas, das vorübergehend wirklich Grund für mangelndes Vertrauen gibt. Durch sofortige, offene Auseinandersetzung – falls die Liebe nicht zerbrochen ist – könnt ihr das Vertrauen neu erlernen. Das dauert oft lange und funktioniert nur, wenn der Verletzte nicht plötzlich damit beginnt, seinen Partner zu kontrollieren. Zuerst mag das schwerfallen, aber der Mut dazu, neu zu vertrauen, ist der einzige Weg, einer Seelenpartnerschaft die Basis zurückzugeben, auf der sie einst begonnen hat. Kontrolle ist Gift für jede Partnerschaft. Eines Tages nämlich bemerkt der kontrollierte Partner das Misstrauen und wird seinerseits misstrauisch. Dies führt in einen Teufelskreis, an dem eine

Beziehung meist endgültig scheitert. Schaffst du es dagegen, diese einstige Liebe ohne Limit in dir wieder zu beleben, dann erhält das Miteinander allmählich wieder seinen normalen Status der Vertrautheit oder sogar ein innigeres Verhältnis als zuvor.

Über den eigenen Schatten springen

Enttäuschtes Vertrauen ist ein Grund für Angst. Angst behindert den offenen Umgang in jeder Art von Partnerschaft. Ein Miteinander in Verschlossenheit ist für beide Partner ein steter Quell für neue Angst. Seelenliebe ist stark genug, die Angst vor Wiederholungen zu überwinden. Dass dies so bleibt, ist in einer Seelenpartnerschaft eine lebenslange Aufgabe, die nur gemeinsam zu meistern ist. Sich respektvoll zu behandeln, Problemen nicht auszuweichen und selbst im Streit einander Wertschätzung entgegenzubringen, dies ist ein gutes Rezept für die sprichwörtliche »alte Liebe, die nicht rostet«.

Ideen, Impulse und Inspirationen

Vertrauen als Weg zur Liebe ohne Limit

Du kannst Vertrauen entwickeln, wenn du die Kraft deines eigenen Geistes zielgerichtet und gesammelt zum Wohl deiner Seelenpartnerschaft einsetzt. Wenn du dieses klare Ziel deines ausgerichteten Geistes nutzt, dann kann sich dein Leben auch dann, wenn eine schwierige Situation eintritt, immer wieder positiv entwickeln. Mit Vertrauen kannst du jedes Problem in deiner Seelenpartnerschaft lösen. Zu vertrauen ist nicht naiv, und wer vertraut, leugnet auch nicht, dass es immer wieder Leid und negative Gefühle gibt.

- Sei dir bewusst, das Vertrauen zunächst überhaupt nichts mit deinem Partner zu tun hat.
- Vertrauen ist eine dir innenwohnende Gewissheit, dass sich alles zum Guten wenden wird.
- Um deinen eigenen Bezug zum Thema Vertrauen zu erforschen, widme dich einmal intensiv den Ereignissen, in denen du Vertrauen verloren hast. Versuche herauszufinden, wie stark der Vertrauensverlust war und ob es nicht vielleicht sogar eine Alternative dazu gegeben hätte.
- Wir sprechen oft von blindem Vertrauen. Blindes Vertrauen bedeutet, dass es keine Bestätigung und erst recht kein entsprechendes Handeln braucht. Der andere müsste also nichts tun, damit er sich dein Vertrauen erwirbt. Bist du in der Lage, deinem Seelenpartner dieses blinde Vertrauen zu gewähren?

Visionen – Lebens(t)räume müssen atmen!

»Herr, gib mir eine Vision: Hilf mir erkennen, was heute meine Aufgabe ist. Welche Grenze soll ich dazu überschreiten?«

Henry David Thoreau

Ist es nicht merkwürdig? Die Menschen sind in den letzten Jahrzehnten wirklich offener und toleranter geworden. Aber gleichzeitig scheinen viele echt hoffnungslos und orientierungslos zu sein. Visionen helfen, dem eigenen Leben und der Partnerschaft eine besondere Tiefe und Intensität zu geben.

Nein, ich muss es viel drastischer ausdrücken. Eine so abgeschwächte, weichgespülte Formulierung macht die Dringlichkeit meines Appells nicht deutlich und macht nicht klar, was ich wirklich mit vielen Ausrufezeichen ausdrücken möchte: Eine Partnerschaft *ohne* Vision, ohne gemeinsame Lebensträume hat nur eine lauwarme Zukunft und scheitert oft!!!

Visionen machen glücklich

Geld und materielle Werte spielen eine große Rolle in unser heutigen Gesellschaft. Die moderne Technik macht unser Leben bequem und nimmt uns scheinbar viel Denken ab. Wir stehen kaum noch vor ernsten Problemen und Herausforderungen, an denen wir als Persönlichkeit wachsen könnten. Unser technischer Fortschritt erlaubt ein hohes Maß an Bequemlichkeit, doch dadurch bleibt die Persönlichkeitsentwicklung oft auf der Strecke.

Unsere Persönlichkeit hat viel zu wenig Chancen zum Reifen und mit Beziehungen ist es nicht anders. Wir leben so hektisch und ohne wirklich einmal Stille zuzulassen. Und so passen sich viele Menschen leider einfach an, konsumieren unreflektiert Medieninhalte und leben nach den Werten der breiten Masse, anstatt eigene Visionen zu entwickeln und der Weisheit ihres Herzens zu folgen.

Dabei besitzen wir alle die Möglichkeit, unser eigenes Wertesystem aufzubauen und wertvolle Lebensvisionen umzusetzen. Wir haben die Chance, aus unserem Innersten heraus Visionen zu entwickeln und sie zu leben.

Eine Seelenpartnerschaft bietet nicht nur ein wunderbares Fundament für die eigene Vision, sondern benötigt, wie jede Partnerschaft, auch einen gemeinsamen Zukunftstraum als zweite Grundlage ihrer Existenz neben der Zusammengehörigkeit und Verbundenheit der Seelen.

Eine gemeinsame Vision verbindet

Um den Zusammenhalt zwischen den Seelenpartnern zu stärken, ist es wirklich notwendig, die persönliche Lebensvision des geliebten Menschens zu kennen und ihn liebevoll auf seinem Weg zu unterstützen. Denn immer wieder kann es passieren, dass einem Menschen Zweifel an der eigenen Vision kommen oder er den eigenen Weg aus den Augen verliert. Es ist sehr hilfreich, wenn der Partner in solchen Situationen Unterstützung bieten kann, den Weg ebnet und beim Überwinden von Hindernissen hilft.

Eine glückliche und intensive Liebesbeziehung wird durch eine gemeinsame Vision beider Seelenpartner gestärkt. Diese Vision kann Ideen, Wünsche und auch Erwartungen an die

Partnerschaft beinhalten und sollte von beiden Partnern als gemeinsames Bild entworfen werden. Der Zukunftstraum in einer Beziehung kann viele Bereiche umfassen. Der Kinderwunsch kann ebenso eine Rolle spielen wie eine Geschäftsidee, eine politische Einstellung oder gemeinsame Hobbys und Interessen.

Die Umsetzung einer gemeinschaftlichen Vision ist ein Prozess voller spannender Herausforderungen. Er gibt der Beziehung aber auch einen tieferen Sinn und steigert den Zusammenhalt. Ein gemeinsames Ziel, ein gemeinsamer Weg wird eure Seelenpartnerschaft zu etwas ganz Besonderem machen.

Ideen, Impulse und Inspirationen

Visionen als Weg zur Liebe ohne Limit

Um herauszufinden, welche Träume und Ideen euch als Seelenpartner verbinden, müsst ihr euch ausreichend Zeit nehmen und die Ergebnisse eures Austauschs am besten schriftlich festhalten. Vereinbarte Ideen und Ziele sollten ebenfalls aufgeschrieben werden. Da es auf dem Weg zur gemeinsamen Lebens- und Liebesvision auch immer wieder schwierige Zeiten geben kann, hilft es, wenn sie nachgelesen werden kann. Vielleicht träumst du von einer Weltreise, vielleicht möchtest du auswandern, ein Unternehmen gründen oder ihr interessiert euch besonders für Philosophie und habt die Idee, zusammen ein Buch zu schreiben. Lasst euren Träumen freien Lauf, um herauszufinden, welches die Vision eurer Seelenpartnerschaft werden kann. Folgende Fragen können jedem von euch dabei helfen:

- Was würde dich wirklich glücklich machen?
- Wofür brennst du und wünschst dir, dieses Brennen mit deinem Partner lebendig zu halten?

- Wie viel deiner – vermeintlich – eigenen Ziele entsprechen den Erwartungen anderer?
- Wie oft hält Angst dich davon ab, deine Wünsche und Träume umzusetzen?
- Welchen Job würdest du wählen, wenn du völlig frei entscheiden könntest?
- Wo würdest du wohnen, wenn du die freue Wahl hättest?
- Was möchtest du für andere Menschen tun? Allein oder gemeinsam mit deinem Seelenpartner?
- Was möchtet ihr als Paar der Nachwelt hinterlassen?

Nehmt euch Zeit, hört in euch hinein. Besprecht gemeinsam eure Gedanken und findet heraus, wie ihr aus den Ergebnissen einen gemeinsamen Traum entwerfen könnt. Vielleicht werdet ihr ihn im Laufe eurer Liebe ohne Limit erweitern oder verändern. Lasst euch auf diesen aktiven Prozess ein und nehmt euch immer wieder Zeit, um eure Vision zu reflektieren und zu schauen, wie weit ihr schon gekommen seid.

Wachstum – Ganz ohne Projektionen

»Je mehr du gibst, um so mehr wächst du. Es muß aber einer da sein, der empfangen kann.«

Antoine de Saint-Exupéry

Nach gescheiterten Beziehungen fragen sich Menschen oft, was eigentlich wirklich zu den unüberbrückbaren Differenzen, den Mustern, die sich verselbstständigt haben, und den vielen negativen Gefühlen, die man irgendwann füreinander hegte, geführt hat. Einsamkeit, Frust und Schmerz als Folgen sind die Empfindungen, die einen Menschen nach einer beendeten Beziehung verwundet zurücklassen. Und die nächste Partnerschaft bringt dann vielleicht wieder genau dieselben Muster, Auseinandersetzungen und Konflikte, die man mit der vorangegangenen zurückzulassen meinte. Spätestens dann ist es an der Zeit, die Prozesse, im Zuge derer zwei Partner die eigenen Ängste und negativen Gefühle aufeinander projizieren und die beide Beteiligten an der heilvollen Selbstfindung hindern, zu erkennen und zu verbannen. Eine Seelenpartnerschaft ohne Projektionen kann den richtigen Weg zum eigenen Ich weisen und damit in hohem Maß zu einer gesunden Entfaltung der Persönlichkeit beitragen.

Anforderungen der Welt

Die heutige Zeit bringt trotz all der technischen Errungenschaften, Möglichkeiten und Freiheiten, die den Menschen zur Verfügung stehen, auch eine ganze Reihe an Problemen mit sich, die der Seele einiges abverlangen. Die Schnelllebigkeit, mit der das Leben heute abläuft, will so gar nicht dem entsprechen, wie Körper und Geist der Menschen eigentlich ticken. Die oft unrealistischen Anforderungen und ständigen Veränderungen im Berufsalltag, die technischen Hilfsmittel und die Globalität führen dazu, dass die Menschen aus ihrem Rhythmus und ihrer Sicherheit gerissen werden und immer wieder neue Freundschaften schließen müssen, um nicht zu vereinsamen.

Nun ist der Mensch zwar ein äußerst anpassungsfähiges Wesen, das sich auch hohen Anforderungen stellen und diese meistern kann, doch muss für diesen Anpassungswillen auch ein hoher Preis bezahlt werden. Denn die Seele bleibt bei all diesen ständigen Prüfungen oft auf der Strecke und kann sich nicht so entfalten, wie es ihr eigentlich entsprechen würde.

Zwar hast du als eigenbestimmtes Individuum immer die Wahl, dich all diesen Anforderungen des modernen Lebens zu widersetzen, aber auch dies bleibt nicht ohne Folgen. Menschen, die sich zur Wehr setzen und nicht die Rollen spielen wollen, die von ihnen erwartet werden, werden oft als eigenbrötlerisch und »komisch« angesehen, und dies kann eine nicht zu unterschätzende soziale Isolation mit sich bringen. Das bedeutet, dass man den Projektionen des Umfelds nur dann unbeschadet entgeht, wenn man eine ungewöhnlich starke innere Kraft aufbringt. Hast du diese innere Kraft?

Die moderne Welt legt den Menschen nahe, sich in der Gesellschaft ein Image zuzulegen, das wie eine Marke fungiert und die Persönlichkeit definieren soll. Bildung, sozialer und beruflicher Status, Leistung und Können sind die Aspekte, an denen die Identität eines Menschen gemessen wird. Dies bedeutet konkret, dass du versuchst, für dein Umfeld eine bestimmte Rolle zu spielen, die sich an den Projektionen und

Erwartungen der Mitmenschen orientiert. Die Energie, die du für dieses Rollenspiel aufwendest, fehlt dir dann aber, wenn es um deine ganz intime Persönlichkeitsentwicklung geht. Denn die Rollen, die du in der Gesellschaft spielst, sagen wenig bis gar nichts über dein eigentliches inneres Ich aus. Dein inneres Wesen ist frei von Rollen.

Es geht um die Art, wie du anderen Menschen begegnest, deine Begabungen, dein Selbstvertrauen und die Fähigkeit, andere Menschen zu lieben und ihnen nahe zu sein. Dies sind die Aspekte, die dich und deine Persönlichkeit tatsächlich ausmachen. Nur in der bewussten Auseinandersetzung mit diesen Aspekten findest du letztendlich zu deinem Ich, zu deiner Existenz, und erst dann kannst du dein Schicksal auch wirklich annehmen.

Liebe ohne Projektionen – Der Partner als Spiegel

Je weiter ein Mensch sich von seinem eigenen Wesen entfernt, desto eher scheitert die Beziehung, in der er lebt. Schwächen sowie Wunden, Traumata und Ängste, die aus negativen Erfahrungen resultieren, kommen immer wieder hoch und belasten die Beziehung, vor allem dann, wenn sie auf den Partner übertragen werden.

Dadurch, dass Ängste und Schwächen auf den Partner projiziert werden, kommt es zu einer Abhängigkeit, die in dem verzweifelten Willen, die Kontrolle zu gewinnen, mündet und einen Teufelskreis eröffnet. Denn Lügen und unverarbeitete Schmerzen führen zu einer weiteren Selbstentfremdung und hindern beide Partner daran, in der Beziehung zu wachsen.

Nur wenn du die Projektionen zurücknimmst und damit die Schwächen in dir anerkennst, stellst du dich der Herausforderung, diese auch zu korrigieren. Wenn du deinen Seelenpartner als Spiegel betrachtest, in dem du deine blinden Flecken siehst und akzeptierst, kannst du deine versteckten Ängste und Schwächen erkennen, isolieren und in Stärken umwandeln. Wenn dir und deinem Seelenpartner dies mit Vertrauen, Respekt und Mitgefühl gelingt, ist das Heilungspotenzial eurer Beziehung für beide Seiten unermesslich.

In einer freien Liebe ohne Limit, in der es keinerlei Projektionen gibt, machst du dich frei von all den moralischen Vorstellungen und Vorgaben, die dich von außen, von der Gesellschaft bedrängen. Wenn du dies auf die geistige Ebene deiner Seelenpartnerschaft überträgst, gelingt es dir, auch im Beziehungsalltag die Freiheit zu erlangen, die du losgelöst von gesellschaftlichen Konventionen für deine Persönlichkeitsentwicklung benötigst.

Eine Seelenpartnerschaft ohne Projektionen gibt Menschen Antworten auf die Frage nach dem, was sie sind und wie sie an ihren Erfahrungen wachsen können. Wenn du deinen Partner liebst und ihn und dich selbst von deinen Projektionen befreist, kann er dich darauf hinweisen, dass es wunderbar ist, dass du bist, wie du bist. Ein Liebender ohne Limit, also ohne Projektionen, kann seinem Partner zeigen, welche Potenziale und Talente in ihm schlummern. In dieser gegenseitigen Heilung erkennen beide Partner ihr wahres Wesen und können einander viel leichter die Freiheiten zugestehen, um aufzublühen und ihre Persönlichkeiten zu entfalten.

Gemeinsam mit dem Geliebten mehr über sich selbst zu lernen und ihm die eigenen Schwächen zu offenbaren, erfordert ein großes Maß an Mut und Ehrlichkeit. Die Belohnung dafür sind die effektive Bekämpfung der inneren Ängste und ein emotionaler Nährboden für die persönliche Entwicklung und Entfaltung der Seele. Und dies legt den Grundstein für die Kraft, allem Druck und allen Anforderungen von außen standzuhalten. Damit wird die Seelenpartnerschaft zu genau jenem sicheren Hafen, den du brauchst, um den modernen, schnelllebigen Alltag erfolgreich zu meistern.

> **Ideen, Impulse und Inspirationen**
>
> **Wachstum als Weg zur Liebe ohne Limit**
>
> Wachstum in und durch die Seelenpartnerschaft kann dann geschehen, wenn ihr beide bereit seid, über eure Ängste hinauszugehen. Das erfordert Mut und – ich wiederhole mich hier gern – einen klar ausgerichteten Geist auf euer Ziel hin. Eine Seelenpartnerschaft ist kein Spaziergang, sie ist eine ständige Herausforderung, der Aufruf an dich, das Beste in dir zu entdecken und zu leben, was möglich ist. Frag dich bitte:
>
> - Wie könntest du deine allerbesten Seiten noch mehr lebbar machen?
> - Wie könntest du deinen Partner dabei unterstützen, seine allerbesten Seiten zu leben?
> - Wie könnt ihr als Paar Vorbild für andere Menschen sein und mit eurer Seelenpartnerschaft eine Art Referenzmodell darstellen, das andere Menschen inspiriert und ermutigt?

 ## Wertschätzung – Denkmal der Liebe

»Wir unterschätzen das, was wir haben, und überschätzen das, was wir sind.«

Marie von Ebner-Eschenbach

In einer Seelenpartnerschaft ist die gelebte Wertschätzung des Partners ein tragender Pfeiler, der immer wieder belebt und aktiviert werden darf. Wann hast du deinem Partner zuletzt gesagt oder gezeigt, wie wichtig er dir ist? Wann kamen dir zuletzt die berühmten drei Worte über die Lippen, nicht als Floskel, sondern tief gemeint, aus deinem Inneren heraus? Wenn du deinem Seelenpartner wertschätzend begegnest, können auftauchende Probleme viel leichter gemeinsam gelöst werden.

Viele Menschen fühlen sich von ihrem Partner zu wenig geschätzt. Gleichzeitig fällt es vielen Menschen schwer, ihre Gefühle und die Wertschätzung zu ihrem Partner in Worten und Gesten auszudrücken. Das liegt vor allem daran, dass die heutige Kultur sich mehr um Probleme kümmert als sich an den Vorzügen des Lebens zu erfreuen.

Es ist viel einfacher, sich Vorwürfe zu machen als wertschätzend miteinander umzugehen. Moderne Männer tun sich oft generell schwer, Frauen für ihr Weltbild zu schätzen. Immer wieder werden ihre enorme Kreativität und Vitalität herabgewürdigt. Das Gleiche gilt für die Herzensgüte, die Weisheit und auch die sexuelle Kraft der lebendigen Frau. Dabei lieben Männer oft genau diese Stärke an einer Frau. Frauen wiederum unterschätzen die berufliche Orientierung von Männern, ihre geistigen Fähigkeiten, ihre maskuline Kraft und auch die Bedeutung ihrer Potenz, in vielen Bereichen. Dabei würden sie diesen Qualitäten jenseits von Rollenklischees so gern vertrauen.

Diese Missinterpretierungen führen dann unweigerlich zu Meinungsverschiedenheiten und zu Problemen, auch in einer Seelenpartnerschaft. Wenn beide Geschlechter das andere Geschlecht würdigen und schätzen würden, wäre das Zusammensein in vielen Punkten viel einfacher. Aber lieber brechen wir das Selbstbewusstsein des anderen, als es zu stärken und zu heilen. Was für eine schräge Entwicklung!

Mann und Frau bekämpfen sich und werfen sich Lieblosigkeiten an den Kopf, verfallen in einen Kleinkrieg und entfernen sich immer weiter voneinander. Die Folgen sind unliebsame Kämpfe, Trennungen und Scheidungen. Würden wir die Tugenden und Kenntnisse sowie Fähigkeiten des Seelenpartners lobend anerkennen und bewundern, würden wir so manche Schwierigkeiten schon im Keim ersticken. Jeder Mensch hat diese wunderbaren positven Eigenheiten, aber je nach Fokussierung können wir sie manchmal einfach nicht wahrnehmen.

Wertschätzung ist ein Zauberwort, das wir uns immer wieder vor Augen halten sollten. Die Wertschätzung wird oft auch unbewusst deswegen nicht zur Geltung gebracht, um dem Partner damit nicht zu nahe zu kommen und die Intensität seiner Liebe nicht annehmen zu müssen. Viele kennen den Begriff Liebe gar nicht mehr richtig, das Leben ist so voller Verletzungen, dass man befürchtet, auch in der Liebe verletzt zu werden. Deshalb lässt man Liebe erst gar nicht aufkommen, geschweige denn eine unfassbar große Seelenliebe ohne Limit. Dadurch kommt man auch nicht in Bedrängnis, Nähe zulassen zu müssen. Es ist oft ein langer Weg, Wertschätzung einem Seelenpartner gegenüber zu lernen und sie ihm auch zu zeigen.

Wir dürfen lernen, den Partner trotz Misserfolgen zu schätzen

Wenn du etwas annehmen musst, das dir nicht gefällt, dann ist es auch schwer, diesen Punkt zu schätzen. Viel leichter ist Wertschätzung für Dinge und Eigenschaften, die du magst und mit denen du dich identifizieren kannst. Wahre Größe kannst du zeigen, indem du auch das Unvollkommene annimmst. Auch für Dinge, die nicht so funktionieren, wie man es sich vorgestellt hat, sollte man sich und auch den Partner schätzen. Das ist wirklich die wahre Wertschätzung.

Du musst lernen, dich selbst zu schätzen und anzunehmen, auch wenn mal etwas danebengeht. Wenn du das geschafft hast, kannst du auch den Partner in schwierigen Situationen schätzen. Schließlich wollen wir von unseren Partnern auch dann noch geschätzt werden, wenn wir einmal keinen Erfolg haben. Misserfolge gehören zum Leben wie das Salz in der Suppe. Wir müssen »nur« lernen, damit umzugehen. Der Partner, die Partnerin ist nicht immer so, wie man es sich in Träumen ersehnt hat, trotzdem können wir zu ihnen stehen und sie so lieben, wie sie sind. Du musst lernen, deinen Seelenpartner auch dann noch zu lieben, wenn dir alles gegen den Strich geht und du nicht einverstanden bist. Erst wenn du das geschafft hast, schätzt du deinen Lieblingsmenschen wirklich richtig.

Mit kleinen Gesten die Wertschätzung zeigen

An jeder Situation, in der die Partnerin oder der Partner gerät, kannst du etwas Wertvolles erkennen – dann funktioniert die Wertschätzung erst richtig. Zuallererst musst du erkennen, was du an der Person so schätzt. Dann solltest du deine Wertschätzung dem Partner aber auch mitteilen. Das kann mit einer kleinen Geste oder mit wenigen liebevollen Worten geschehen. Wertschätzung heißt, sich zu respektieren, zu lieben und den Partner für etwas Besonderes zu halten. Wer dies kann, der wird auch zur goldenen Hochzeit noch verliebt sein, so wie meine beiden geliebten Oldies, die fast sechzig Jahre miteinander verheiratet sind.

Zur Wertschätzung gehört Offenheit. Das ist auch im intimen, sexuellen Zusammensein wichtig. Wenn ich weiß, was mein Partner liebt, kann ich ihm das geben und umgekehrt. Ein erfülltes Sexualleben ist für jede Partnerschaft wichtig, die kann jedoch nur funktionieren, wenn ich dem Partner gegenüber offen und ehrlich bin. Offenheit ist auch hier ein Bestandteil der Wertschätzung.

Den Partner nicht ändern wollen

Vor allem, wenn etwas nicht so läuft, wie du dir das vorstellst, brauchst du anerkennende Worte der Wertschätzung. Wenn du deinem Partner zeigst, dass alles nicht so schlimm ist, kommt er mit seinen Problemen viel besser zurecht. Wir dürfen den anderen nicht belehren und ändern wollen. Er ist so, wie er ist, und dafür schätzen wir ihn doch. So haben wir uns in ihn verliebt.

»Ich liebe dich so, wie du bist, mit all deinen Vorzügen und auch Fehlern«, das ist die Grundlange einer tollen Seelenpartnerschaft. Damit wird es dir möglich, das zu schätzen, was du sonst vielleicht nur schwer tolerieren kannst. Wenn du den Partner auch nicht immer ganz verstehst, du brauchst dich mit dieser Haltung nicht darüber aufzuregen und es wird dir viel besser gehen.

Ideen, Impulse und Inspirationen

Wertschätzung als Weg zur Liebe ohne Limit

Wertschätzung schafft Verbundenheit und nährt jede zwischenmenschliche Beziehung. In der Seelenpartnerschaft erschafft sie Gemeinsinn und baut die Liebenden auf. Wenn Wertschätzung lebt, kann Wertlosigkeit nicht entstehen. Was wir für wertvoll erachten, darauf geben wir acht, wir geben ihm damit Bedeutung. Wertschätzung lässt keinen Raum für Schuld und Versagen, im Gegenteil: Sie schenkt Hoffnung und Wahrheit.

- Hast du deinem Partner heute schon gezeigt, wie sehr du ihn schätzt?
- Was ist es genau, wofür du ihn schätzt? Sei dir dessen immer bewusst.
- Mach aus deiner Wertschätzung für deinen Seelenpartner ein Denkmal eurer Liebe!
- Schenk deine Wertschätzung auch deinem Umfeld: Was liebst und schätzt du, was ist dir wertvoll und wichtig? Was verdient gerade jetzt und heute, in diesem Moment, deine Wertschätzung und wofür bist du dankbar?
- Richte den Scheinwerfer deines Bewusstseins auf all das, was dir Sinn vermittelt.

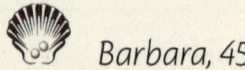 ## Barbara, 45

»Wir kennen uns eigentlich schon unser Leben lang; das heißt seit über fünfundvierzig Jahren.« Das ist unsere Standardantwort, wenn jemand fragt, wie lange wir nun zusammen sind. Zwischen unseren Geburtstagen liegen genau neun Tage und unsere Mütter teilten sich damals ein Zimmer im Krankenhaus.

Die ersten siebzehn Jahre unseres Lebens hatten wir keinen Kontakt, obwohl wir im gleichen Stadtviertel und kaum einen Kilometer entfernt voneinander lebten. Wirklich kennengelernt haben wir uns, als Simon zu einem Treffen der katholischen Jugend kam. Wir musizierten den ganzen Abend zusammen. Mir war bereits an diesem Abend klar, dass wir unser Leben gemeinsam verbringen werden. Es war weniger Liebe auf den ersten Blick, sondern einfach das Wissen, dass wir zusammengehören. Wir bereiteten dann gemeinsam die Musikuntermalung für ein Johannisfeuer vor und gestalteten diesen Abend für die ökumenische Jugend unseres Landkreises – er für die evangelische Jugend und ich für die katholische. Die Liebe entwickelte sich. Vier Monate später waren wir ein Paar. Mit zweiundzwanzig Jahren, im Sommer 1991, haben wir – zwei Jahre nach einem verrückten Heiratsantrag in einem Maisfeld – geheiratet.

Wir haben viele Höhen und Tiefen gemeistert und es war nicht immer einfach. Wir hatten Todesfälle in der Familie, können keine leiblichen Kinder bekommen und eine Zeit lang verloren wir unsere Beziehung berufsbedingt aus den Augen. Aber wir hatten auch traumhafte Momente zusammen, unsere Musik, einen tollen Pflegesohn oder die Liebe und Fürsorge einer Tante, die für mich fast zum Mutterersatz wurde. Das Einzige, was für uns nie außer Frage stand war, dass wir zusammengehören.

Für viele Jahre gab es uns immer nur im Doppelpack. Wir gingen überall zusammen hin und wurden auch nur als Paar wahrgenommen.

Mit Mitte dreißig konnte ich das nicht mehr ertragen, und wir begannen, auf meinen Wunsch hin, diesen Zustand zu ändern. Wir haben immer noch viele Gemeinsamkeiten und Interessen (zum Beispiel die Musik und das Singen, Hunde, Kaffeetrinken, aber auch Hilfsaktion für unsere Mitmenschen). Nichtsdestotrotz hat sich in den Jahren jeder von uns auf seine Art weiterentwickelt. Wir haben uns beruflich verändert. Jeder hat eigene Freundschaften, die wir teilweise allein und teilweise gemeinsam pflegen. Das ist auch okay. Jedoch hat keiner von uns Bereiche, von denen er den anderen bewusst ausschließt. Freunde, Hobbys, es gibt keine Geheimnisse und der Partner kann sich auch mal mit einklinken, wenn er gerade Lust hat.

Wir achten vor allem darauf, dass der andere nicht zu kurz kommt oder sich ausgeschlossen fühlt, und wenn wir zwischen verschiedenen Prioritäten entscheiden müssen, steht der Partner immer an erste Stelle. Wir sind einander treu und können uns bedingungslos aufeinander verlassen.

Wir sind bis heute emotional sehr verflochten, was das Leben nicht einfach macht. Wir merken immer sofort, wenn es dem anderen schlecht geht, und wir kennen uns in der Zwischenzeit wirklich gut. Jeder weiß, wie er den anderen in kürzester Zeit richtig wütend machen kann, und es ist selbstverständlich, dass wir das nicht bewusst ausnutzen. Wir achten beide sehr auf die Bedürfnisse des anderen, nehmen uns selbst dafür (zu) oft zurück und verlieren uns dann in allerlei Wenn und Aber und in Bedenken. Aber wir arbeiten daran, dass jeder mehr auf sich achtet und die tatsächlichen Bedürfnisse von uns beiden geäußert und beachtet werden.

Neben unseren Gemeinsamkeiten sind wir sehr gegensätzlich: Simon ist der Bremser und ich bin der Motor. Gegensätze sollen sich ja bekanntlich anziehen, aber so etwas bietet eben auch viel Konfliktpotenzial und gehört zu den größten Herausforderungen in unserer Partnerschaft. Ich bin extrovertiert und hochmotiviert. Simon ist gern der stille Beobachter und achtet mehr auf sich und seine (und oft genug auch auf meine) notwendigen Ruhephasen. Manchmal kann ich ihm dafür dankbar sein und manchmal flippe ich dann komplett aus. Dafür bin ich beispielsweise die treibende Kraft in Sachen Steuererklärung und nerve oft genug, bis bei Simon der Geduldsfaden reißt und es richtig kracht.

Unsere besten Zeiten waren und sind immer noch die seltenen Momente, wo wir vom Alltag losgelöst Zeit zu zweit verbringen können. Das schweißt uns immer wieder zusammen und gibt uns die Kraft, alles zu meistern.

Im Alltagsleben geht jeder seinen Weg, wobei wir sehr darauf achten, dass sich unsere Wege häufig kreuzen – selbst wenn es mal nur ein gemeinsamer Kaffee in der Mittagspause ist. Und das nicht nur, um den Einkaufszettel zu besprechen, sondern um sich nahe zu sein, sich von seinen Freuden und Sorgen zu erzählen oder manchmal auch nur, um miteinander zu schweigen. Es ist uns wichtig, dass wir einfach Zeit miteinander verbringen.

Ich denke, wir haben im Lauf der Zeit immer mehr begonnen, nicht mehr so viel so ernst zu nehmen. Simon tut sich da leichter. Ich habe noch so meine Schwierigkeiten, merke aber auch: Wenn ich anfange, mich über Brotkrümel in der Spüle aufzuregen (Anmerkung: Die Zahnpastatube – das obligatorische Beispiel – schrauben wir beide zu), dass ich dann meist eher eine Pause brauche als einen sinnlosen kräftezehrenden Streit. Und wenn ich etwas erholter bin, dann kann ich auch mal selbst zum Lappen greifen und die Krümel wegmachen. Das soll nicht heißen, dass wir alles hinnehmen, aber Konflikte gibt es eher über die wichtigen Dinge und weniger über die Nebensächlichkeiten. Wir nehmen uns immer mehr so, wie wir sind, mit unseren Stärken und Schwächen, freuen uns gemeinsam über das Erreichte und helfen uns ebenso gemeinsam über die Klippen, die wir noch zu bewältigen haben.

Wenn mich jemand fragt, was man für eine gelingende Partnerschaft braucht, würde ich sagen: Respekt, Achtsamkeit, Wertschätzung, Geduld und eine Liebe, aus der dies alles erwächst.

Zärtlichkeit – Hauchfeiner Kitt der Seelenliebe

»Je weniger ein Mensch selber zärtlich sein kann, je nötiger hat er's, daß man's mit ihm sei: Aber nur Herzen erschließen Herzen.«

Rahel Antonie Friederike Varnhagen von Ense

Zärtlichkeit ist ein elementares Grundbedürfnis bei jedem Menschen. Von kurzen Streicheleinheiten am Kopf bis hin zum ausgiebigen Kuscheln im Bett oder auf dem Sofa führen diese Arten von Berührung zu seelischem und körperlichem Wohlbefinden. Darüber hinaus ist der Austausch von Zärtlichkeiten ein tiefer Vertrauensbeweis zweier Menschen und damit eine wichtige Grundlage für die Seelenpartnerschaft.

Zärtlichkeit hat viele Gesichter. Neben aktiven Handlungen können – je nach Dauer und Intensität einer Beziehung – deine Blicke, Worte und sogar bestimmte Gesten deinem Seelenpartner das Gefühl von Zärtlichkeit vermitteln. So sind zum Beispiel Kosenamen oder liebevoll gemeinte Worte gern gesehene Begleiter im Alltag. Sie schaffen eine permanente Verbundenheit. Hier kennt der Erfindungsgeist von Menschen beziehungsweise Paaren offensichtlich keine Grenzen.

Menschen, die in ihrer Kindheit viele Umarmungen, Küsse oder Streicheleinheiten bekommen haben, gehören zu denjenigen, die enge Nähe zum Partner suchen und zulassen können. Wenn du und dein Seelenpartner Nähe zulassen könnt, ist ein regelrechtes Feuerwerk der Zärtlichkeit vorprogrammiert.

Zärtlichkeit ist das Rückgrat einer jeden Partnerschaft. Aktuelle Studien zeigen, dass etwa ein Drittel aller befragten Partner über zu wenig Zuwendung von ihrem Gegenüber klagen und letztendlich mit der Beziehungssituation unzufrieden sind. Wer mit seinem Partner nicht darüber spricht, entfremdet sich sehr rasch. Vertrautheit und Wohlgefühl weichen Frust und immer größer werdenden Streitigkeiten. Damit ist das Aus einer Beziehung nur noch eine Frage der Zeit.

Natürlich solltest du bei einer frischen Partnerschaft nicht mit den allseits bekannten »Kanonen auf Spatzen« feuern. Dadurch würdest du einen neuen Liebling nur verunsichern oder – was wesentlich schlimmer wäre – in Bedrängnis bringen. Viel Geduld und die drei einfachen Worte »Gefällt dir das?« reichen vollkommen aus, um sich einander Schritt für Schritt anzunähern. Dadurch werden negative Erfahrungen erst gar nicht ins Gedächtnis gerufen und zugleich wird die Kommunikation untereinander gefördert.

Insbesondere in Stresssituationen empfiehlt es sich, dem Partner Zärtlichkeit und Aufmerksamkeit zu schenken, sodass sich dieser nicht allein fühlt oder mit emotionaler Verletzung reagiert.

Risikofaktor »Langjährige Beziehung«

Lange, über mehrere Jahre andauernde Liebesbeziehungen sind einerseits sehr schön und andererseits eine Herausforderung für beide Partner. Der Trott des Alltags schläfert ein, die »rosarote Brille« ist längst weggepackt und die Zärtlichkeit bleibt leider allzu oft auf der Strecke.

Um die Harmonie trotz aller Umwelteinwirkungen aufrechtzuerhalten, könntest du mit deinem Partner feste Liebeszeiten einführen. Innerhalb des vereinbarten Zeitraums gibt es nur euch beide. Reden und Zuhören, Streicheln, Küssen sollten hierbei ein fester Bestandteil sein. Damit schafft ihr ein Gefühl von Nähe und Geborgenheit, das auf den Fundamenten der Zärtlichkeit aufgebaut ist. Das kann vor allem während einer stressigen Phase ein wahrer Segen für beide Partner sein.

Sobald du Zärtlichkeiten mit deinem Seelenpartner austauschst, wird im Gehirn das Bindungshormon Oxytocin ausgeschüttet. Dieser körpereigene Wirkstoff wirkt sich beruhigend auf den Menschen aus. Zudem konnten Wissenschaftler nachweisen, dass Zärtlichkeit Stress mindert, psychische Anspannungen löst und für die Senkung des Blutdrucks sorgt. Oftmals konnte ein schnelleres Abheilen bei Wunden festgestellt und eine geringere Anfälligkeit für Schlaganfälle und Herz-Kreislauf-Erkrankungen verzeichnet werden.

Du siehst also: Eine tägliche Dosis Zärtlichkeit hält nicht nur die Liebe ohne Limit frisch, sondern wirkt sich mindestens ebenso positiv auf deine Gesundheit aus.

Zärtlichkeit richtig dosiert

Auch für Zärtlichkeit gilt es, das richtige Maß zu finden. Eine Beziehung ist schließlich keine One-Man-Show, in der du deine Bedürfnisse oder Ansichten durchsetzen willst. In enger Gemeinsamkeit findet ihr im Laufe der Zeit heraus, was dem anderen gefällt beziehungsweise missfällt. Meist stellt sich während dieser Phase ganz automatisch ein bestimmtes Maß an Zärtlichkeit ein, die beiden Partnern das gibt, was sie brauchen.

Zärtlichkeit ist keineswegs eine einfache Übung. Da wir in einer Seelenpartnerschaft unsere Persönlichkeit ständig weiterentwickeln und sich unsere innere Bedürfnis-Waage hin und wieder neue justiert, empfinden wir Zärtlichkeit von Zeit zu Zeit anders. Was dir beispielsweise am Anfang eurer Liebe sehr gut gefallen hat, kann dir heute zu viel sein. Zärtlichkeit ist enorm zart und dabei komplex und dynamisch. Wer am sensiblen Projekt »Zärtlichkeit« permanent arbeitet, wird eine wundervolle Seelenpartnerschaft erfahren, die selbst die tiefsten Schlaglöcher auf dem Lebensweg heil überstehen wird.

Ideen, Impulse und Inspirationen

Zärtlichkeit als Weg zur Liebe ohne Limit

Du kannst deinem Seelenpartner deine Zärtlichkeit auf vielen Wegen zeigen: durch Blicke, Gesten, durch das, was du für ihn tust und wie du mit ihm sprichst. Einige Impulse zur Zärtlichkeit mit deinem Seelenpartner:

- Weißt du eigentlich, dass du niemals auf deinen Partner gleichzeitig wütend sein und ihm zärtliche Gefühle entgegenbringen kannst? Du hast die Wahl!
- Wenn du deinem Partner einmal in einer kritischen Beziehungsphase »Wind aus den Segeln nehmen« willst, ist Zärtlichkeit unglaublich heilsam. Versuch es einfach.
- Seelenpartnerschaft braucht wie jede andere Beziehung Zärtlichkeit. Wie aber ist die zärtliche Beziehung zu dir selbst? Gehst du mit dir zart oder hart um?
- Zärtlichkeit ist Zuwendung, Hingabe, Vorurteilslosigkeit. Kannst du den Mut dazu aufbringen, innennackt und ohne Bedingungen zu sein?

Zuversicht – Geilgute Grundlage des Liebeslebens

»Der Lauf der Dinge lehrt uns allenthalben Zuversicht.«

Ralph Waldo Emerson

Ob allein oder in einer Partnerschaft, die Zuversicht ist ein wichtiger Grundstein für ein richtig vollfettes, lebendiggeiles gutes Leben. Wer in allem nur das Negative sieht, gibt die negative Einstellung auch an andere weiter. Das Resultat wird sein, dass sich die Menschen aus dem Umfeld zurückziehen und einen anderen Weg einschlagen. Wer jedoch eine gesunde Portion Zuversicht im Gepäck hat, kann sich und seinem Seelenpartner das Leben erleichtern und verschönern. Damit ist jedoch nicht die rosarote Brille gemeint, sondern die Kraft, auch in negativen Situationen das Positive zu erkennen.

Warum verwandelt sich die Liebe oft in einen Zustand, wo nur noch eine Trennung möglich ist? Dass die Liebe als Zustand und Nährboden des Lebens nie wirklich erlischt, wird klar, wenn man an die Liebe von Eltern denkt. Ganz gleich, was geschieht – die Liebe stirbt nie. Das, was der Liebe im Weg steht, sind destruktive Gefühle, die sich wie ein Schleier über sie legen und ihr die Sicht nehmen. Schon kommt es zu einer Trennung.

Wenn sich ein kleiner Funken Zuversicht zeigen kann, hat ein wahrhaft liebendes Seelenpaar eine Chance. Doch um die Zuversicht zu erkennen, sind die meisten Menschen zu verletzt und Verletzungen machen blind. Nur wer sich immer vor Augen hält, dass nach einem Gewitter die Sonne wieder scheint, der hat eine Chance, eine stabile Zuversicht in Flautezeiten einer Seelenpartnerschaft zu entwickeln.

Fehler erkennen und handeln

Oft erkennen Paare, die sich trennen, erst hinterher, welche Fehler sie gemacht haben. Hätten sie davor gehandelt, wäre die Partnerschaft immer noch lebendig. Doch wenn es zur Einsicht kommt, ist es oft zu spät. Darum lautet das Grundrezept für eine gute Seelenpartnerschaft zuallererst: nie die Zuversicht und den Glauben in die Liebe ohne Limit verlieren. Besonders den Glauben daran, dass die Liebe, die man einst füreinander empfunden hat, auch weiterhin existiert und vielleicht nur im Moment nicht sichtbar ist.

Da wir nun mal Menschen sind, passieren immer wieder Fehler in unserem Leben. Die Kunst ist es, die Fehler zu erkennen, daraus ein Resümee zu ziehen und letztendlich das als falsch oder ungünstig Erkannte nicht zu wiederholen. Leider aber vergessen viele Paare das Versprechen, das sie sich irgendwann einmal gegeben haben: In guten wie in schlechten Tagen ...

Die Zeit steht nie still

Mit der Zeit verändern sich Menschen, ob sie wollen oder nicht. Im Alter wird man reifer und hat andere Interessen. Wie oft hört man den Satz: Das hast du doch früher nicht gemacht! Doch früher als Kinder haben wir möglicherweise keinen Spinat gegessen – und heute ist es vielleicht das Lieblingsgemüse. Menschen verändern sich ebenso wie die Umwelt. Die technischen Entwicklungen schreiten voran und alles wird noch schneller, noch höher und noch größer.

In einer Partnerschaft ist es nicht anders. Wir wachsen an den Dingen, die wir machen. Wir entwickeln uns in verschiedene Richtungen, haben plötzlich Interesse für etwas, was uns nie interessiert hat. Es werden unwichtige Dinge wichtig und, anders herum, was wir einst für wichtig hielten, ist mit einem Mal uninteressant. Das zu akzeptieren ist nicht einfach. Das Geheimnis liegt darin, zusammen zu wachsen und gemeinsam neue Wege einzuschlagen.

Dabei sollte man nie den Respekt voreinander verlieren, denn Respekt legt den Grundstein dafür, dass immer ein Funken Zuversicht zu erkennen ist. Zuversicht ist, die Dinge so zu nehmen, wie sie sind, und das Beste daraus zu machen. Wer versucht, den Partner zu ändern, wird sein Leben lang daran verzweifeln. Zuversicht in einer Seelenpartnerschaft ist wie das Wasser, das der Mensch zum Leben braucht.

Ideen, Impulse und Inspirationen

Zuversicht als Weg zur Liebe ohne Limit

Zuversicht ist die Grundlage der leichten und lockeren Entfaltung des Potenzials jeder Beziehung. Zuversicht ist die Basis von Vertrauen und Verbundenheit, vor allem in miesen Zeiten, wenn man am liebsten alles hinschmeißen möchte. Wenn Zuversicht blühen kann, verschwinden Probleme und weichen dem Wissen, dass es nichts zu verlieren gibt. Zuversicht ist der Glaube an die Kraft deines Wesens, die Strahlkraft deiner Liebe. Sie vermittelt immer positive Gefühle in deiner Umgebung. Mit Zuversicht im Herzen kannst du andere inspirieren und motivieren, sich nicht dem destruktiven Grübeln des Verstandes hinzugeben.

- Kannst du dich der Zuversicht hingeben?
- Willst du mit der Kraft deines Herzens positiv und optimistisch in die Zukunft blicken?

- Bist du bereit, auch in schweren Zeiten, die Zuversicht zu nähren und zu schützen?
- Weißt du um die Macht deiner Zuversicht und wie transformierend sie sich auf alle Menschen in deiner Umgebung auswirkt – wenn du sie lebst?

Stolperfallen beim Lieben ohne Limit

Auf den Wegen zur Seelenpartnerschaft tauchen immer wieder die gleichen Stolperfallen und offenen Fragen auf. Ich habe hier die wesentlichen Themen zusammengefasst, die sich aus den Gesprächen mit meinen Klienten und vielen Zuschriften herauskristallisiert haben.

Viele Menschen versuchen alles Mögliche, um in sich Selbstwert und Selbstliebe zu entwickeln. Sie haben tiefe Sehnsucht nach grenzenloser Liebe und geraten dennoch immer wieder an den falschen Partner oder bleiben verzweifelt auf der Suche. Oft sind wiederkehrende Muster des Scheiterns schon bei der Partnerwahl erkennbar. Wenn diese Muster nicht durchschaut und überwunden werden, ist es unmöglich, die Liebe ohne Limit zu erleben. Daher lohnt es sich bei den aufgeführten Mustern nachzuforschen, ob dir das eine oder andere bekannt vorkommt.

Denken wir mal ganz genau: In Wahrheit hattest du niemals ein echtes Beziehungsproblem. Du hast nur nie gelernt, präzise und fokussiert über Beziehungssysteme nachzudenken und zu beobachten, was warum passiert. Du hast wahrscheinlich wenig funktionierende Vorbilder für eine innennackte, brennende, supergeile, romantischschöne Partnerschaft. Also legen wir mal alle starren Vorstellungen zur Seite und betrachten die verschiedenen Stolperfallen der Liebe genauer.

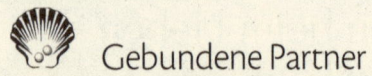 # Gebundene Partner

Was kann ich tun, wenn ich nur Partner anziehe, die gebunden sind?

Wenn du das öfters erlebst, ist die Wahrscheinlichkeit groß, dass in dir eine Angst wirksam ist, deine eigene Freiheit zu verlieren. Unter Umständen verbindest du mit dem Eingehen einer Beziehung nicht nur den Verlust deiner Freiheit, sondern auch eine Angst, dich selbst in dem anderen zu verlieren. So ist es dann sehr natürlich, dass du unbewusst einen Partner suchst, der keine besonderen Befürchtungen bezüglich deiner Freiheit auslöst, weil er nicht frei für eine Beziehung ist. Eine andere Möglichkeit besteht darin, dass du selbst tatsächlich keine feste Partnerschaft wünschst, sondern eher das Abenteuer und eine ständige Wiederholung der Verliebtheit suchst. Wenn du in dich hineinfühlst und dort merkst, dass du tatsächlich Freude an dieser Art des Schmetterlingslebens hast, dann kann es sein, dass du dir diese Haltung bisher einfach nicht erlaubt hast. Unter Umständen hast du aber auch Angst vor dem, was eine wirklich tiefe und damit transformierende Liebesbeziehung für dich bedeuten könnte. Gerade hochsensible, hochsensitive und hochbegabte Menschen haben in ihrem Leben oft die Erfahrung gemacht, dass die Anforderungen einer Partnerschaft sich nur schwer mit ihren außergewöhnlichen emotionalen und kognitiven Besonderheiten vereinbaren lassen.

Auswege

Setze dich intensiv mit dem auseinander, was Freiheit für dich bedeutet. Gerade die moderne Frau verbindet oft äußere Freiheit, finanzielle Unabhängigkeit und ein selbstbestimmtes Leben mit der Idee, dass sie bei einer intensiven emotionalen Bindung zur Sklavin ihrer Gefühle wird. Dabei ist sie längst Sklavin ihrer Vorstellung von Freiheit geworden. Wenn sie erkennt, dass Freiheit niemals gegeben oder genommen werden kann, sondern dass Freiheit immer in der eigenen Fähigkeit zu entscheiden liegt, kann sie sich leichter auf eine Beziehung einlassen. Die Liebe ohne Limit wird niemals die Frage nach Freiheit oder Unfreiheit stellen. Durch die Erkenntnis, dass wir alle untrennbar miteinander verbunden sind wie alle Wassermoleküle im Ozean, entsteht das Bewusstsein, dass bedingungslose Liebe und tiefe Verbundenheit wahre Freiheit entstehen lassen. Wenn du das Gefühl empfindest, dass ein Partner etwas von dir fordert, hast du die Wahl, dieses Gefühl zu hinterfragen oder ungefragt anzunehmen. Eine Möglichkeit ist, dass diese Anforderung tatsächlich besteht, dann hast du wiederum die Wahl, darauf einzugehen oder nicht. Zweite Möglichkeit ist, dass sich durch das Gespräch mit deinem Partner herausstellt, dass deine Sorge vor dieser Anforderung gar nicht begründet war.

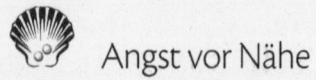 Angst vor Nähe

Was kann ich tun, wenn ich immer wieder Partner mit Angst vor Nähe anziehe?

Gemäß dem Resonanzprinzip wirst du einen Partner mit Angst vor Nähe anziehen, wenn du selbst unbewusst unter Verlustängsten leidest. Die wirksamste Bekämpfung deiner eigenen Verlustängste liegt für dich vielleicht in einer möglichst innigen und intensiven Beziehung. So beugst du unbewusst der Angst vor dem Verlassenwerden und der dann folgenden Einsamkeit vor.

Auswege

Es führt kein Weg daran vorbei: Akzeptiere, dass du diese Verlustangst hast. Verlustangst entsteht oft durch einen Mangel an Urvertrauen, unter dem viele Menschen zunehmend leiden. Angst vor Nähe und Angst vor Einsamkeit sind Schwestern, sie sind nicht selten, sondern für viele Menschen geradezu normal. Erinnere dich daran, auch hier hast du wiederum ganz allein selbst die Entscheidung in der Hand, ob du weiter distanziert bleiben willst und damit der Liebe aus dem Weg gehst oder ob du der Sehnsucht in dir nachgibst und dadurch den Mut entwickelst, dich zu öffnen. Tief im Innern weißt du, dass ein Leben ohne Nähe und Liebe für dich sinnlos ist. Vertraue in die Weisheit deines Herzens, denn sie hat dich bis zu dem Punkt geführt, an dem du jetzt stehst.

Überleg einmal, was das, was du in deinen Beziehungen erlebst, mit deinem Denken zu tun hat. Wenn du dich mal in die Überlegung vertiefst, dass alles das, was du über einen Menschen denkst, dein eigenes Denken ist und dass du dir damit quasi diesen Menschen erdenkst – wie geht es dir damit? Und kannst du erkennen, was das, was du über diesen Menschen denkst, mit dir zu tun haben könnte? Du erdenkst dir nicht die Eigenschaften dieses Menschen, aber du erdenkst dir auf jeden Fall, welche Bedeutung du diesen in deinem Leben gibst. So, wie du über diesen Menschen denkst und über die Rolle, die er in deinem Leben hat oder haben darf(!), beeinflusst du das Öffnen oder Schließen der Türen zu deinem Herzen. Dein Denken entscheidet damit und nicht dein Herz! Wenn du mehr deinem liebenden Herzen und weniger deinem zweifelnden Verstand zuhörst, wirst du viel leichter liebevolle Menschen in dein Leben ziehen.

 Unehrlichkeit

Wieso erlebe ich in meinen Partnerschaften immer wieder Unehrlichkeit?

Viele Menschen berichten, dass eine der häufigsten Wiederholungen in ihrem Leben die Erfahrung der Unehrlichkeit ihrer Partner ist. Dies führt natürlich zu einer starken Ablehnung jeder Form von Unehrlichkeit, bis hin zur übertriebenen Wertung: »Bereits das Weglassen von Wahrheit ist für mich Unehrlichkeit.« Meist ist diese Haltung bereits in der Kindheit begründet. Eine andere Möglichkeit ist, dass du an dir selbst die Neigung zur Unehrlichkeit oder zum Weglassen von Wahrheiten feststellen kannst. Weil du diese Neigung an dir selbst aber massiv ablehnst, selbst wenn sie ein Schutzmechanismus aufgrund von früheren schlechten Erfahrungen ist, wirst du sie auch bei jedem Partner ablehnen oder gar intensiv bekämpfen.

Auswege

Eine wesentliche Erleichterung wird dir die Erkenntnis bringen, dass es keine absolute Wahrheit gibt. Sie ist nur eine Illusion. Es gibt genauso viele Wahrheiten, wie es Menschen und deren persönliche Geschichten und Erlebnisse gibt. Also hat jeder seine eigene, ganz persönliche Wahrheit. Sei dir bewusst, dass es immer Gründe dafür gibt, warum ein Mensch auf eine bestimmte Art und Weise handelt, und vor allem auch, dass diese Gründe überhaupt nichts mit dir persönlich zu tun haben müssen. Sie gehören einfach nur zur individuellen Geschichte deines Partners. Und, seien wir mal ganz ehrlich, kein Mensch ist immer ehrlich. Und kein Mensch hat das Recht, seine eigenen, ganz persönlichen Wertmaßstäbe auf andere Menschen zu übertragen. Ich möchte sogar noch weitergehen und dir die Überlegung nahelegen, dass jeder Mensch jede Art der Empfindung in sich trägt. Du genauso wie ich. Wir alle haben unterschiedliche Ausprägungen dieser Veranlagungen. Jeder ist gleichzeitig beides: zugewandt und ablehnend, ehrlich und unehrlich, vertrauensvollen und ängstlich. Es ist ganz normal und gehört zum Menschsein dazu. Die Akzeptanz dieser Tatsache wird dir vielleicht den Weg zu deinem Seelenpartner ebnen.

 # Entscheidungsschwäche

Was kann ich tun, wenn ich immer wieder Partner habe, die keine Entscheidungen treffen können?

Kann es sein, dass du dir selbst in Bezug auf deinen Partner irgendwie unsicher bist und Signale aussendest, die deinen Partner verunsichern? Hast du dir schon einmal Gedanken gemacht, was deine eigenen klaren Entscheidungen für Folgen haben könnten? Möglicherweise verunsichern dich die Sorgen über die Konsequenzen von Entscheidungen zutiefst. Die Angst vor Fehlern kann zu einer weitgehenden inneren Lähmung führen. Diese Sorgen und Ängste werden sich unmittelbar auf deinen Partner auswirken und er wird auf sie reagieren. Je unklarer du selbst bist, umso unklarer wird auch dein Gegenüber sein. Möglicherweise bewegt dich auch die Angst vor Ablehnung, wenn du den ersten Schritt machen würdest. Vielleicht steht dir dein Partner Auge in Auge gegenüber und wartet nur darauf, dass du den ersten Schritt gehst und dich zuerst zu ihm bekennst.

Auswege

Meine Empfehlung würde ich am liebsten bereits mit drei Ausrufezeichen einleiten. Jeder, der mich kennt, wird sie bereits kennen: Eine Entscheidung, die eine Entscheidung *gegen* etwas ist, ist immer eine schwache Entscheidung! Eine Entscheidung, die jedoch *für* etwas ist, ist eine starke Entscheidung! Entscheide dich also für deinen Partner, für eure

Liebesbeziehung und womöglich auch dafür, dadurch mit deinen eigenen Ängsten konfrontiert zu werden. Wenn du beginnst, dich selbst zu beobachten, und die Motive für deine eigenen Entscheidungen oder deren Unterlassung ständig überprüfst, wirst du automatisch Klarheit in dir entwickeln und dadurch auch Menschen anziehen, die selbst ebenso klar und entscheidungsfreudig sind.

 Homosexualität

Als heterosexueller Mensch verliebe ich mich immer wieder in einen Menschen meines eigenen Geschlechts. Was kann ich tun?

Heute verschwimmen die Grenzen zwischen den Geschlechtern immer mehr und die Klarheit über das, was Männlichkeit und Weiblichkeit ausmacht, ist dadurch auf der Strecke geblieben. Manche Menschen propagieren sogar Androgynität als ein zukunftsträchtiges Rollenmodell. Immer mehr Frauen vermännlichen und immer mehr Männer verweiblichen. Das kann dazu führen, dass sich auch die Eindeutigkeit der geschlechtlichen Orientierung nach und nach auflöst. Hinzu kommt eine zunehmende Toleranz der Gesellschaft gegenüber gleichgeschlechtlicher Liebe. Das kann dazu führen, dass bei vielen Menschen die in ihnen schlummernde Neigung nach und nach zum Tragen kommt. Eine andere Möglichkeit ist, dass die Anziehung zum gleichen Geschlecht die Maskierung einer Angst vor Nähe ist (siehe oben).

Auswege

Die Auseinandersetzung zwischen der eigenen Vorstellung von dem, was männlich und weiblich ist, kann dir erste Hinweise geben, ob hier möglicherweise eine Irritation in dir wirksam ist. Beschäftige dich auch intensiv mit der Frage, wie du deine eigene Geschlechtlichkeit empfindest, wie du sie genießen kannst oder welche Anteile davon du unbewusst ablehnst. Entdeckst du in dir Klarheit und Eindeutigkeit, frage dich weiter, ob du in dem Glauben verhaftet bist, dass Seelen ein Geschlecht haben. Ist es nicht vielmehr so, dass nur der menschliche Körper ein Geschlecht besitzt und dass die Seele sich lediglich für eine bestimmte Zeit in einem männlichen oder weiblichen Körper befindet?

 Gespielte Gefühle

Immer wieder erlebe ich, dass mir jemand nur Gefühle vorspielt und unehrlich ist. Was kann ich tun?

Vielleicht stellst du dir als Erstes die Frage, wie sehr du dich danach sehnst, diese Gefühle selbst zu erleben. Möglicherweise entsteht durch die Sehnsucht in dir sogar eine Einbildung, dass dort Gefühle sind. Die Hoffnung darauf, dass dir jemand intensive Liebesgefühle entgegenbringt, kann dadurch allerdings oft die Realität überdecken. Du steckst praktisch den Kopf in den Sand und siehst nicht mehr, was tatsächlich los. Eine Möglichkeit, die dazu führen könnte, dass dir jemand Gefühle vorspielt oder unehrlich ist, liegt vielleicht in dir selbst begründet. Kann es sein, dass du selbst Gefühle vorspielst? Bei Kindern ist dieses unbewusste Reaktionsmuster oft zu beobachten. Sie spielen den Clown, um in der Familie gute Laune herzustellen, oder sie entwickeln große Fürsorglichkeit für andere, die mit dem unbewussten Wunsch verbunden ist, selbst fürsorglich behandelt zu werden. Sie haben also die Hoffnung, durch ihr eigenes Verhalten als Reaktion bestimmte Gefühle zu verursachen. Auch hier lade ich dich dazu ein, dich selbst unter dem Aspekt des Gesetzes der Anziehung kritisch zu überprüfen.

Auswege

Versuch eine Auflösung der Gefühlsschauspielerei durch das Eintauchen in deine eigenen Gefühle zu erreichen. Wenn du keine Angst vor Ehrlichkeit dir selbst gegenüber hast, zieh auch in Betracht, dass dein eigenes Verhalten erst zu den Reaktionen deines Partners führt. Wenn du dir hier nichts vormachst, kannst du gleichzeitig sehr viel über dich selbst und über deine Erwartungshaltungen in der Partnerschaft verstehen. Nachdem du dich der Selbsterkenntnis gewidmet hast, wende dich den Menschen um dich herum zu. Schau dir einfach an, wie sie ihre eigenen Gefühle ausdrücken und welche Wahrnehmung du dazu hast. Verurteile sie nicht. Versuch einfach nur herauszufinden, wer ein anderer Mensch ist und was hinter dem, was er vorspielt, wirklich steckt. Vielleicht entdeckst du die Gründe dafür, warum er dies tut. Vielleicht erkennst du, welche Ängste damit verbunden sind.

 Komplizierte Beziehungen

Ich erlebe in meinem Leben ständig eine Fülle von Problemen und Komplikationen, nie ist es leicht. Was kann ich tun?

Kann es sein, dass du selbst von dir die Meinung hast, ein komplizierter Mensch zu sein? Oder dass du glaubst, es sei für andere Menschen schwierig, mit dir umzugehen? Vielleicht glaubst du auch, dass du ganz besonders komplizierte Charaktermerkmale hast, die andere Menschen nicht haben. Viele Menschen glauben, dass intensive Liebe und dramatische Gefühle zusammengehören. Zudem nähren sie auch die Überzeugung, dass Harmonie und Zufriedenheit langweilig wären. Oder, noch schlimmer, sie glauben, dass friedliche Liebe, ganz ohne Dramen und Kompliziertheit, ein Anzeichen für schwindende Liebe sei. Vielleicht meinst du auch, dass das Nachlassen der Schmetterlinge im Bauch und der ständig präsenten Aufregung in Anwesenheit deines Seelenpartners bedeuten, dass eure Liebe abnimmt. All das sind Glaubensmuster, die überhaupt nichts mit der Realität zu tun haben müssen.

Auswege

Sobald dir bewusst ist, dass all deine Überzeugungen dazu führen, dass du selbst die Lebensbedingungen und Umstände schaffst und genau das anziehst, was diese Überzeugung nährt, kannst du auch erkennen, dass du selbst es in der Hand hast, diese Lebensbedingungen zu verändern. All das, was du von dir glaubst, könnte ebenso gut völlig anders sein. Es sind oft alte Geschichten, die du dir selbst nochmal und nochmal erzählt hast, solange bis du sie glaubst. Möglicherweise bist aber auch schon mit all diesen Glaubenssätzen groß geworden, weil du sie in deinem Elternhaus zu oft gehört hast. Das bedeutet jedoch nicht, dass sie wahr sind. Wenn du erkennst, dass diese vergangenen Erfahrungen nichts weiter sind als Erinnerungen, weißt du auch, dass du selbst entscheiden kannst, ob du dich diesen Erinnerungen immer wieder hingibst und weiter nur in diesem Rahmen denkst oder ob du sie einfach Vergangenheit sein lässt. Solange du im Augenblick bist und wirklich und konsequent im Hier und Jetzt, haben diese alten Einflüsse keine Macht mehr über dich und darüber, wie du deine Beziehungen fühlst. Schreib einmal auf, was du von dir selbst glaubst. Schreib auch auf, was du über Liebesbeziehungen, Partnerschaft und bedingungslose Liebe glaubst. Schreib ebenso auf, was dir wirklich wichtig ist: Was sind deine Ziele und welche Umstände soll eine glückliche Beziehung für dich haben? Stell dir dazu vor, wie es wäre, wenn all die Dramen und Komplikationen aus deinem Leben verschwinden würden, weil du selbst ihnen keinen Raum mehr gibst. Wie würde sich das anfühlen? Und woran wirst du merken, dass all die alten Erinnerungen keine Kraft mehr besitzen?

Wenn für dich zu deinen Überzeugungen gehört, dass Eifersucht ein Zeichen für wahre Liebe ist, bitte ich dich, diese Überzeugung ebenfalls zu überprüfen. Du hast es auch in der Hand, diese Eifersucht umzuwandeln. Wenn du klug und mutig bist, dann kann es dir gelingen, diese Eifersucht zu transformieren. Du nimmst sie zwar noch wahr, aber du weißt, was sie dir eigentlich sagen will. Damit bleiben dir nicht nur die Dramen erspart, sondern auch viel an Leid.

Liebe will nicht besitzen, Liebe will geben und verschenken. Liebe führt zu Verständnis und zu einer inneren Treue in der Liebe, in der die Eifersucht keinen Raum mehr hat. Wenn dieser Gedanke einer reifen Liebe sich bei vielen Menschen als ein Ideal herumspricht, wenn die Menschen merken, dass Liebe auch ganz ohne Eifersucht gelingen kann, dann wird es für sie alle leicht, wahrhaftig zu lieben. Mit diesen Grundgedanken kannst du deinen Partner offen und ehrlich lieben, dann bleibst du dir in dieser Liebe selbst treu und das ist es, was zählt.

 Alte Verletzungen

Was kann ich tun, wenn ich meine alten Verletzungen aus vergangenen Partnerschaften nicht überwinden kann?

Alte Verletzungen haben meist den Ursprung in einer Fehlwahrnehmung. Denn wir können nur dann verletzt werden, wenn wir uns von einem geliebten Menschen selbst zurückziehen oder wenn wir Liebe nur dann schenken, weil wir hoffen, dafür etwas zurückzubekommen. Diese Erwartungshaltung lädt Verletzungen geradezu ein. Da Lieben und Geben eins sind, gibt es keine Verletzungen. Liebe verlangt nichts, Liebe ist frei von Erwartungen. Meist entstehen Gefühle der Verletzung durch eine Zurückweisung durch einen anderen Menschen. Psychologisch gesehen können wir uns aber nur dann zurückgewiesen fühlen, wenn wir selbst Widerstand leisten und selbst abweisend sind. Wenn uns jemand abweist oder zurückweist und wir ihn danach wieder vorbehaltslos annehmen können, dann können wir weitergehen. Wenn wir

Verletzungen durch ein Verhalten eines Menschen erleben und dieses verstehen, indem wir alle Gefühle erkennen, die zu seinem Verhalten geführt haben, dann verursacht sein Verhalten keinen Schmerz. Tatsächlich entspringen die Verletzungen oder auch Zurückweisungen häufig aus Fehlinterpretationen des Verhaltens eines anderen Menschen, der das überhaupt nicht beabsichtigt hat. Wir können uns nur dann verletzt fühlen, wenn wir etwas zu bekommen versuchen oder nehmen wollen, was derzeit wirklich nicht angebracht ist.

Auswege

Schau dir einmal eine alte Situation in deinem Leben an, in der du dich verletzt gefühlt hast. Dann fragte dich, was die andere Person dazu verleitet hat, so zu handeln, dass eine Verletzung bei dir möglich wurde. Was hast du selbst getan, um eine Verletzung oder Zurückweisung zu verursachen? Geh in dein negatives Gefühl völlig hinein, fühl ihn noch mal, diesen Schmerz. Was hast du dabei über die andere Person gedacht?

Stell dir den anderen nun mal als äußerst liebenswert, positiv und hilfreich vor, und schau dir die Situation dann noch einmal an. Wie empfindest du diesen Menschen jetzt dir gegenüber und wie handelt er aus diesem Blickwinkel heraus? Stell dir vor, dass du deine Seele öffnen und annehmen kannst, was das Leben dir gebracht hat – auch mit diesem Menschen. Lass einfach zu, dass sich verschiedene Blickwinkel und Emotionsebenen in dir verschieben. Sobald du die enge Vorstellung von Verletzung aufgegeben hast, kannst du wieder mit Liebe und voller Liebenswürdigkeit im Leben stehen und erkennen, dass du verdient hast, selbst unendlich geliebt zu werden.

 Chaotische Teufelskreise

Meine Partnerschaften sind immer von großem Chaos geprägt. Das Chaos zieht sich wie ein roter Faden durch mein Leben. Wie komme ich aus diesem Teufelskreis raus?

Permanentes Chaos ist ein Anzeichen für fehlende innere Klarheit, für die Unfähigkeit Entscheidungen zu treffen und entschlossen zu handeln. Meist ist damit verbunden, dass wenig oder gar kein Gefühl dafür vorhanden ist, was du selbst willst, und dass du es dir nicht erlaubst, deine Wünsche und Bedürfnisse überhaupt wahrzunehmen. Möglicherweise bist du auch noch nicht wirklich frei für eine neue Partnerschaft. Das mag daran liegen, dass du mit einer vergangenen Beziehung noch nicht abgeschlossen hast und in Erinnerungen daran festhältst.

Auswege

Der Weg zu mehr Klarheit und zur Entscheidungsfähigkeit führt zunächst immer über eine wirklich ehrliche Bestandsaufnahme dessen, was ist. Nur dann kannst du wirklich Entscheidungen treffen, in allen Bereichen deines Lebens und auch unabhängig von dem, was andere Menschen um dich herum von dir erwarten. Wenn du das Bild des Chaos einmal ganz wörtlich nimmst, schau dich in deinem Leben um. Wo herrscht Unordnung? Wie sieht deine Wohnung aus? Wie dein Arbeitsplatz? Oder noch deutlicher, wie schaut es in deinem

Keller oder Kleiderschrank aus? All diese Orte sind vielleicht für dich Hinweise, dass du schlicht und einfach aufräumen solltest. Je mehr du im Außen aufgeräumt bist, umso aufgeräumter bist du auch im Innern. Dann kannst du auch Klarheit dafür gewinnen, was du überhaupt wirklich willst. Schreib auf, was du willst! Und dann triff Entscheidungen, die dir helfen, Ordnung und Klarheit in dein Leben zu bringen.

Fehlende Achtung

Warum erlebe ich immer wieder enorme Missachtung und wenig Wertschätzung in Beziehungen?

Viele Menschen, die immer wieder Missachtung und wenig Wertschätzung in ihren Beziehungen erfahren, haben genau die gleiche Beziehung zu sich selbst. Sie schätzen sich nicht, sie mögen sich nicht, sie erlauben sich nicht so zu sein, wie es sie glücklich macht. Natürlich laden sie dann andere Menschen in ihr Leben ein, die ihnen genau das auch widerspiegeln. Viele Menschen, die diese Erfahrungen machen, haben sehr klare Vorstellungen davon, was gut und richtig ist, sie bewerten und vergleichen. So fällt es ihnen natürlich sehr schwer, Menschen zu akzeptieren, die andere Verhaltensweisen und Werte haben. Dieses Urteilen und Verurteilen ist Gift für jede Partnerschaft.

Auswege

Aus diesem Teufelskreis kannst du herauskommen, wenn du überprüfst, ob das, was dir dein Partner entgegenbringt, tatsächlich immer das bedeutet, was du selbst meinst. Vielleicht denkst du auch einmal in Alternativen: Könnte es nicht auch etwas ganz anderes bedeuten? Kann es sein, dass das, was du für Missachtung hältst, vielleicht einer eigenen Überzeugung von dir entspringt, die jedoch nichts mit der Realität zu tun hat? Kann es sein, dass du das immer wieder erlebst, weil du selbst nicht mit dir im Reinen bist? Schreib auf, wie es wäre, wenn du selbst dich vollkommen wertschätzen würdest, und was sich dann in deinem Leben zum Positiven verändern kann.

Ich möchte dir noch einen anderen Gedanken nahebringen. Vielleicht ist dieser Mensch, mit dem du gerade zusammen bist, wirklich nicht besonders wertschätzend und liebevoll. Aber möglicherweise kann er gar nicht anders, vielleicht meint er gar nicht dich, vielleicht meint er nur sich selbst. Vielleicht spiegelt ihr einander die eigene Unfähigkeit, bedingungslos zu lieben. Dann muss einer von euch beiden aus diesem Teufelskreis aussteigen und sozusagen in Vorleistung gehen: Entwickle Selbstliebe und gehe damit als ein leuchtendes Beispiel voran.

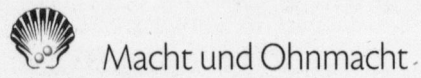# Macht und Ohnmacht

Was kann ich tun, wenn ich immer wieder typische Alpha-Menschen anziehe, die Macht über mich ausüben und mich schlecht behandeln?

Nun, auch hierbei sind die Muster deutlich erkennbar: Je mehr du dich selbst schlecht behandelst, umso wahrscheinlicher wirst du Menschen anziehen, die dich ebenfalls nicht gut behandeln. Vielleicht neigst du dazu, Menschen in dein Leben einzuladen, die mehr erreicht haben als du, mehr Einfluss haben als du, mehr darstellen als du und dadurch bewunderungswürdig für dich sind. Vielleicht verbindest du mit diesen Alpha-Menschen auch die Überzeugung, dass jeder andere Partner kraftlos, blass und farblos sein würde. All das sind Vorstellungen und Erwartungen, die nichts mit der Realität zu tun haben. Es sind Bilder in deinem Kopf. Es sind Klischees, die du irgendwann einmal als wahr angenommen hast. Eine andere Möglichkeit ist, dass das, was du am andern bewunderst, nach deiner Einschätzung in dir selbst zu wenig vorhanden ist.

Auswege

Du kannst diese Erfahrungen verändern, indem du als Erstes erkennst, dass kein Mensch jemals mehr oder weniger wert sein kann als du selbst. Definiere einmal, was für dich ein starker und bewundernswerter Mensch ist und welche Eigenschaften ihn auszeichnen. Dann fragst du dich: Wann empfindest du dich selbst als stark und bewundernswert? Was denkst du über deine eigenen scheinbaren Schwachpunkte und was lehnst du an ihnen ab? Warum tust du das? Hat man dir das irgendwann eingeredet? Und stimmt das überhaupt? Ich habe oft erlebt, dass Menschen, die irgendeine Schwäche an sich selbst bemängeln, durch eine liebevolle Analyse dieser Schwächen erkennen, dass diese in Wahrheit echte Stärken sind. Vielleicht ist es auch bei dir so? Wie so vieles ist auch das von der eigenen inneren Einstellung zu uns selbst abhängig.

 Unmännlich und unweiblich

Warum ziehe ich ständig Menschen an,
die wenig männlich/weiblich sind,
obwohl ich das so gern hätte?

Was bedeutet Männlichkeit und Weiblichkeit für dich? Welche Attribute verbindest du mit diesen jeweiligen Geschlechtern? Oftmals sind derartige Zuschreibungen durch gesellschaftliche Konventionen entstanden, durch vorgelebte Rollenbilder der Eltern oder durch klischeehafte Darstellungen in den Medien. Im Zuge der eigenen persönlichen Entwicklung zum erwachsenen Menschen werden solche Überzeugungen zunächst einmal einfach übernommen. Viele Menschen erleben derzeit eine starke Irritation. Konventionelle Rollenmuster lösen sich auf und das, was wir lange für männlich oder weiblich gehalten haben, gilt nicht mehr.

Auswege

Frage dich selbst, welche geschlechtstypischen Eigenschaften du dir selbst attestierst. Und welche Eigenschaften wünschst und erwartest du von einem Partner? Kann es sein, dass der Mangel an einem gewünschten typisch männlichen oder typisch weiblichen Partner einem mangelnden Selbstwertgefühl entspringt? Vielleicht hältst du dich nicht für so liebenswert als voll weibliche Frau oder vielleicht lehnst du ein mannmann-typisches Sein in dir ab? Liebe kennt keine Geschlechter. Seelenliebe hat zunächst nichts mit einer Körperlichkeit zu tun. Spüre in dich hinein, ob du diesen Behauptungen folgen kannst und ob du annehmen kannst, dass es einen Versuch wert ist, über die Grenzen der Geschlechtsstereotypen hinauszugehen. Ich verspreche dir, dass sich dieses Beziehungsmuster sehr stark verändern wird, sobald du frei von Dogmen diesbezüglich bist und allein die Ausstrahlung eines Wesens und der Seele wahrnimmst.

 Quälende Eifersucht

Oft schon habe ich extreme Eifersucht in einer Partnerschaft erfahren. Was kann ich tun?

Seit es Menschen gibt, die sich innig lieben, gibt es auch die Eifersucht, deren Auswirkungen manchmal so zerstörerisch sein können wie selten etwas anderes. Wer eifersüchtig auf seinen Partner ist, der liebt ihn nicht mehr – wenigstens in diesem Moment nicht. Hier liegt schließlich auch der Schlüssel dazu, die Eifersucht zu überwinden und von dieser geheilt zu werden.

Wenn du eifersüchtig werden möchtest, dann brauchst du dich nur mit anderen zu vergleichen. Das ist bereits eine gute Basis für Eifersucht und die damit verbundene Verlustangst. Doch du selbst bist einzigartig – und du wirst genau deswegen von deinem Partner geliebt. Ist dir das bewusst, dann strahlst du aus dir selbst heraus, dann liebst du wirklich, anstatt Angst um den Besitz des Partners zu haben. Die Eifersucht ist eine solch negative Kraft, dass sie die Liebe zerstören kann. Wenn du als dein Lebensziel bestimmst, dass du Liebe schenken willst, dass du andere glücklich machen willst, dann bist du innerlich erfüllt und reif für den Fluss der Liebe. Doch die Eifersucht ist trickreich und schlau. Sie versucht, sich im Namen der Liebe neu einzuschleichen und diese zu zerstören. Sie verwendet dafür Schuldgefühle als Mittel zur Erpressung. Doch die Liebe lässt sich nicht gern erpressen. Stattdessen kann dir die Macht der Eifersucht aber auch zeigen, welche Aufgaben du selbst zu lösen hast. Wenn du sie nutzt, dann kann sich das Leben in der Beziehung völlig verändern und die Eifersucht löst sich einfach auf. Wenn du deine Liebe leben kannst, ohne dass du Angst davor hast, verlassen zu werden, ohne eifersüchtig oder hasserfüllt zu sein, dann wird dein Leben reicher werden.

Auswege

Wenn du eine reife und stabile Seelenpartnerschaft aufbauen möchtest, dann solltest du in allererster Linie dazu willens sein, dich selbst zu entwickeln. Solange du der Meinung bist, dass du das Recht hast, deinen Partner zu besitzen, solange wird dich die Eifersucht fest in ihrem Griff haben. Wenn du sie besiegen willst, dann kommt es auf deine eigene Verankerung im Leben an und auf deine eigenen Interessen. Wenn du dazu bereit bist, dich selbst zu entwickeln und dein Inneres wachsen zu lassen, dann findest du wahre Freundschaft und Liebe, die unabhängig vom jeweils anderen sind. Wenn du Vertrauen zu dir und deiner Fähigkeit zu lieben hast, dann kannst du deinen Partner wirklich und wahrhaftig lieben. Dabei kommt es nicht darauf an, dass du in allen Punkten perfekt sein musst, es kommt vielmehr darauf an, dass du die Eifersucht als eine Art Krankheit anerkennst, die sich wirklich heilen lässt. Erst dann bist du dazu in der Lage, in der Liebe zu wachsen und innerlich treu zu sein. Diese Wahrheit klingt so leicht und einfach, und trotzdem wird genau diese Wahrheit dann verleugnet und verachtet, wenn es um die Liebe zu einem Partner geht. Doch es gibt eine Liebe ohne Limit erst in dem Moment, wenn du bereit bist, selbst innerlich zu wachsen, dich selbst weiterzuentwickeln, statt nur den Partner als die notwendige Ergänzung anzusehen. Eine wahre Liebe kann sich erst dann entfalten, wenn die Beziehung zum Partner ehrlich und wahrhaftig ist.

Wenn du Angst davor hast, allein mit dir zu sein, oder wenn dir allein schlecht geht, dann hat dich die Eifersucht schnell fest im Griff. Denn dann soll der Partner für dein Glück verantwortlich sein. Doch niemand außer dir selbst kann einen wirklichen Sinn in dein Leben bringen. Die Eifersucht zeigt, was du lernen sollst. Wenn du diese Aufgabe löst, dann verwandelt sich das Gespenst der Eifersucht und du beginnst zu lieben. Dann kannst du deinen Partner mit neuen Augen sehen und mit ihm offen über alle Aspekte reden, die dein Leben, deine Liebe, deine Gefühle betreffen. Dann wird nicht nur deine Beziehung stärker und liebevoller als je zuvor, sondern sie erhält auch ein ungeahntes Maß an Offenheit. Diese Offenheit wirkt nicht nur auf dich und deinen Partner, sondern auch auf die Menschen, mit denen ihr umgeht: Hier ergibt sich eine neue Dimension des Miteinander-Lebens.

Lass dich wachküssen, Dornröschen!

Wahrscheinlich kennst du das Märchen Dornröschen. Wovon handelt es? Dornröschen fällt an der Schwelle zum Frausein, mit fünfzehn Jahren, in einen tiefen Schlaf, der hundert Jahre andauert. Um sie herum wächst eine undurchdringliche Dornenhecke, die nach hundert Jahren Rosen hervorbringt. Erst an diesem Tag gelingt es einem Prinzen, zu Dornröschen zu gelangen. Er küsst sie wach. Sie heiraten. Soweit das Märchen.

Derzeit erlebe ich viele Menschen, die auf die eine oder andere Art aufwachen. Sie beenden einen tiefen Schlaf, ein langes Warten auf den richtigen Augenblick, sie genießen die Lebendigkeit, entdecken ihre Identität als Frau oder Mann. Nicht immer brauchen sie dazu den Kuss eines Prinzen.

Manchmal sind es Erlebnisse und Erfahrungen in einem Coachingprozess, manchmal in einer Atemsitzung oder auch nach einer Hypnose, in einer Meditation oder einem Stille-Retreat, wo plötzlich alles so klar und wach wurde. Das sind die autonomen Heckenscheren, die wir auch alle in uns haben, aber ebenso wie wir das Wachsein schlicht vergessen haben. Plötzlich, wenn die Zeit reif ist, bekommen wir die Kraft, die (oft selbstschützende) Dornenhecke fallen zu lassen. Sie ist nicht mehr notwendig.

Sehr oft sind es allerdings Begegnungen mit anderen Menschen – in Freundschaft oder erotischer, platonischer, agapischer Liebe –, die das Aufwachen auslösen. Immer dann, wenn wir in tiefe Seelenresonanz zu einem Menschen gehen, kann Aufwachen geschehen. Das ist der Kuss des Prinzen – der durchaus auch eine Frau sein kann, ein Lehrer, ein Kind, ein alter Freund oder ein Mentor.

Der Kuss kann für Codeworte stehen. Er kann auch für gebende Liebe stehen, die nichts will, die nichts verlangt, die das Gefühl vermittelt, wirklich gemeint zu sein. Der Kuss kann dich überall erreichen.

Der hundertjährige Schlaf kann für Zeiten der inneren Einkehr und Selbstreflexion stehen, in denen du ganz allein mit dir bist, selbst gewählt oder vom Leben so gestaltet. Er kann aber auch die Reaktion auf ein traumatisches Erlebnis sein, wenn du Zeit für Heilung und Schutz vor Verletzlichkeit brauchst.

Die Dornenhecke kann für Abwehr und Ausgrenzung von allem Unerwünschten stehen, für einen Schutzwall, der das zarte Kind in dir behütet, bis es reif ist, um als bewusster erwachsener Mensch ins Leben zu gehen. Die Dornenhecke kann für Angst vor der Liebe und dem Leben stehen ... und für vieles mehr.

Bei größeren Veränderungen im Leben sind für ein erfolgreiches Wachstum sowohl aktive wie geruhsame Perioden nötig. Zu einem Sich-nach-innen-Kehren, das nach außen wie Passivität (oder Verschlafenheit) wirkt, kommt es dann, wenn sich in dem betreffenden Menschen innere Prozesse von solcher Wichtigkeit abspielen, dass er keine Energie mehr für nach außen gerichtete Aktivitäten aufbringt.

»Und es kam der Tag, da das Risiko, in der Knospe zu verharren, schmerzlicher wurde als das Risiko, zu blühen.« schrieb Anaïs Nin einmal.

Viele Menschen in meiner Umgebung sind kurz vor dem Zeitpunkt, an dem die abwehrende Dornenhecke zu einer blühenden, duftenden, buntfarbigen Rosenhecke wird, die dann durchlässig ist für den Prinzen und seinen Kuss – wie auch immer dieser erscheint.

Wie ist das bei dir? Wie weit ist das Wachstum deiner Hecke? Blüht sie schon? Wird sie durchlässig? Und wieder die Frage nach Kairos ... der rechten/richtigen Zeit ... für dich. Wie knapp vor der Blüte empfindest du dich?

Alles Liebe für dich – von Herzen

Anne

Aus den vedischen Schriften

»Für die Seele gibt es zu keiner Zeit Geburt oder Tod.
Sie ist nicht entstanden, sie entsteht nicht,
und sie wird nie entstehen. Sie ist ungeboren,
ewig, immerwährend und urerst.
Sie wird nicht getötet, wenn der Körper getötet wird ...
Wie ein Mensch alte Kleider ablegt und neue anzieht,
so gibt die Seele alt und unbrauchbar
gewordene Körper auf und nimmt
neue materielle Körper an.
Die individuelle Seele selbst jedoch kann weder
von Waffen zerschnitten noch von Feuer verbrannt
noch von Wasser benetzt noch vom Wind verdorrt werden;
sie ist unzerbrechlich und unauflöslich.
Sie ist immerwährend, überall gegenwärtig, unwandelbar,
unbeweglich und ewig dieselbe.
Wer dies weiß, sollte nicht um den Körper trauern.«

Srimad Bhagavatam 2.1.15

Anhang

Die Autorin/Kontakt

Anne Heintze arbeitet seit 1988 mit Menschen. Dabei lehrt sie Lebensfreude, Selbstliebe und Selbstakzeptanz und bringt Klarheit in die bunten Facetten des (Liebes-)Lebens.

Sie ist die Gründerin der *OpenMind Akademie* (www.open-mind-akademie.de) und führende Expertin für Hochsensibilität, Hochbegabung bei Erwachsenen und für vielbegabte Scanner-Persönlichkeiten in Deutschland. Ihr Herz schlägt für alle Menschen, die VIEL vom Leben wollen, die MEHR fühlen, TIEFER wahrnehmen und GROSSE Visionen realisieren wollen. Anne ist eine konsequente Possibilistin: Sie denkt in Möglichkeiten, erfühlt Lösungen und entdeckt so Chancen. Als begeisternde Inspirateuse und Mutmacherin bewegt sie viele Menschen. Dabei ist sie eigensinnig, humorvoll und nimmt kein Blatt vor den Mund. Ihr Wissen als Menschenbegleiterin gibt sie leidenschaftlich gerne weiter.

Mehr über Annes Haltung als Mensch und als Coach, über ihren Werdegang und ihre Werte findest du hier:

Profil:	www.open-mind-akademie.de/anne-heintze
Videos:	www.youtube.com/OpenMindKanal
Facebook:	www.facebook.com/AnneHeintzeAutorin
Kontakt:	office@open-mind-akademie.de

Buchtipps

Die genannten Bücher haben mich in meinem Leben und meiner Arbeit beeinflusst, sie mögen deiner persönlichen Anregung dienen.

Adam, Birgit: Think Single. Gebrauchsanweisungen für ein glückliches Leben allein. Südwest 2007

Asgodom, Sabine: Liebe wild und unersättlich. Für Frauen, die sich trauen das Glück zu leben. Kösel 2008

Baird, James D./Nadel, Laurie: Glücksgene. Wie Sie das verborgene Potenzial Ihrer Zellen aktivieren. Integral 2010

Balsekar, Ramesh S.: Kein Weg. Kein Ziel. Nur Einheit. Die Essenz des Advaita. Lotos 2009

Barbach, Lonnie: Für einander. Das gemeinsame Erleben der Liebe. Rowohlt 1985

Bauer, Joachim: Das Gedächtnis des Körpers: Wie Beziehungen und Lebensstile unsere Gene steuern. Piper 2004

Beaumont, Hunter: Auf die Seele schauen. Spirituelle Psychotherapie. Kösel 2008

Bergner, Thomas: Schein oder Sein. Der Schlüssel zu unserem Selbst. Schattauer 2014

Bickel-Renn, Silvia/Renn, Klaus: Küsst die Liebe wach. Paare im »kreativen Dialog«. Klett-Cotta 2011

Blume, Jutta D.: Minenfeld Partnerschaft. Wege aus der Beziehungs-Krise. Humboldt/Schluetersche 2009

Brahm, Ajahn: Nur dieser Moment. Anleitungen für die buddhistische Praxis. Lotos 2009

Brockhausen, Berit: Du hast Recht und ich meine Ruhe? Effektive Beziehungsstrategien für Konfliktscheue. Südwest 2009

Bucher, Anton A.: Psychologie der Spiritualität. Handbuch. Beltz 2007

Byron, Katie über Liebe, Sex und Beziehungen. Goldmann Arkana 2007

Byron, Katie: Lieben was ist. Wie vier Fragen Ihr Leben verändern können. Goldmann Arkana 2002

Callahan, Clinton: Wahre Liebe im Alltag. Das Erschaffen authentischer Beziehungen. Genius 2007

Cayton, Karuna: Mit dem Geist eines Buddha. Warum wir unsere Probleme selbst erschaffen und wie wir sie lösen. Lotos 2013

Clement, Ulrich: Guter Sex trotz Liebe. Wege aus der verkehrsberuhigten Zone. Ullstein 2008

Crowley, Jonette: Soul Body Fusion. Heilung und Transformation des ganzen Menschen. Das Praxisprogramm. Ansata 2011

Dahlke, Ruediger: Das Schatten-Prinzip. Die Aussöhnung mit unserer verborgenen Seite, Arkana 2010

Dahlke, Ruediger: Die Schicksalsgesetze. Spielregeln fürs Leben. Resonanz Polarität Bewusstsein. Arkana 2009

Dahlke, Ruediger: Mythos Erotik. Eine Lebenskraft tritt aus dem Schatten. Scorpio 2013

Davies, Brenda: Das Herz Chakra. Beziehungen durch die Kraft der Liebe heilen. Aquamarin 2011

Edwardes, Allen: Juwel im Lotos. Sexualpraktiken im Orient. Gala 1980

Eichenbaum, Luise/Orbach, Susie: Ganz Frau und wirklich frei. Econ 1984

Engl, Joachim/Thurmaier, Franz: Wie redest du mit mir? Fehler und Möglichkeiten in der Paarkommunikation. Herder 2009

Ernst, Heiko: Weitergeben! Anstiftung zum generativen Leben. Hoffmann und Campe 2008

Evans, Jules: Philosophie fürs Leben ... und für andere gefährliche Situationen. Lotos 2012

Ferguson, Don: Krokodile küsst man nicht. Wie Paare besser miteinander reden können. Patmos 2007

Fischer-Fabian, Siegfried: Mit Eva fing die Liebe an. Heyne 1964

Friday, Nancy: My secret garden. Pocket Books 1973

Fromm, Erich: Die Kunst des Liebens. Ullstein

Furman, Ben: Es ist nie zu spät, eine glückliche Kindheit zu haben. Borgmann

Gordon, Thomas: Gute Beziehungen. Wie sie entstehen und stärker werden. Klett-Cotta 2013

Grube, Udo: Bleep – oder wie man Spiritualität mit 3 Whisky-Cola verbindet. Integral 2011

Gunther, Randi: Beziehungssaboteure. Verhaltensweisen erkennen und bewältigen, die Liebe zerstören. Junfermann 2012

Hansen, Hartwig: Respekt – der Schlüssel zur Partnerschaft. Klett-Cotta 2008

Hargens, Jürgen: Zu einem Paar gehören mehr als zwei ... oder: So´n paar Probleme. Borgmann 2005

Heintze, Anne: Außergewöhnlich normal – hochbegabt, hochsensitiv, hochsensibel. Wie Sie Ihr Potenzial erkennen und entfalten. Ariston 2013

Howell, Patty/Jones, Ralph: Der kleine Beziehungstherapeut. Zu zweit lieben lernen. Klett-Cotta 2004

Jäger, Willigis: Ewige Wahrheit. Das Geheimnis hinter allen spirituellen Wegen. Kösel 2010

Jellouschek, Hans/Jellouschek-Otto, Bettina: Grenzen der Liebe. Nähe und Freiheit in Partnerschaft und Liebe. Klett-Cotta 2013

Jellouschek, Hans: Wie Partnerschaft gelingt. Spielregeln der Liebe. Beziehungskrisen sind Entwicklungschancen. Herder 2009

Jordan, Wolf: Aus Eifersucht kann Liebe werden. Herder 2000

Kast, Verena: Neid und Eifersucht. dtv 1998

Kirshenbaum, Mira: Ich will bleiben, aber wie? Neuanfang für Paare. Ein Beziehungs-Check. Scherz 1999

Kornfield, Jack: Meditation für Anfänger, inklusive einer CD mit sechs geführten Meditationen für Einsicht, innere Klarheit und Mitempfinden, Goldmann 2007

Kreische, Reinhard: Paarbeziehungen und Paartherapie. Kohlhammer 2012

Krüger, Wolfgang: Aus Eifersucht kann Liebe werden. Die Heilung eines ungeliebten Gefühls. Kreuz 2013

Krüger, Wolfgang: Das Geheimnis der Treue. Paare zwischen Versuchung und Vertrauen. Herder 2012

Kruse, Eckhard: Der Geist in der Materie. Die Begegnung von Wissenschaft und Spiritualität. Crotona 2013

Lama, Dalai: Die Essenz der Lehre Buddhas. Zeitlose Weisheit für moderne Menschen. Lotos 2012

Lipton, Bruce H.: Der Honeymoon-Effekt. Liebe geht durch die Zeiten. KOHA 2013

Lindau, Veit: Liebe radikal. Wie du deine Beziehungen zum Erblühen bringst. Kailash 2014

Lindau, Veit: Heirate dich selbst. Wie radikale Selbstliebe unser Leben revolutioniert. Kailash 2014

Lindau, Veit: Seelengevögelt. Manifest für das Leben. Goldmann 2013

Livingston, Gordon: Die ideale Partnerschaft. Wie man richtig wählt und ein Leben lang liebt. Integral 2009

Malinowski, Peter: Flourishing. Welches Glück hätten Sie gern? Positive Eigenschaften kultivieren und Schwierigkeiten meistern. Irisiana 2010

Mary, Michael: Erlebte Beratung mit Paaren. Klett-Cotta 2008

Müller, Wunibald: Allein – aber nicht einsam. Vier Türme 2006

Oetinger, Manuela: Gedankenkräfte. Wie Gedanken das tägliche Leben prägen. Aquamarin 2012

Peichl, Jochen: Destruktive Paarbeziehungen. Das Trauma intimer Gewalt. Klett-Cotta 2008

Petri, Horst: Der Wert der Freundschaft. Schutz, Freiheit und Verletzlichkeit einer Beziehung, Kreuz 2005

Platsch, Klaus-Dieter: Was heilt. Vom Menschsein in der Medizin. Theseus 2007

Reisch, Elisabeth/Bojanowski, Eberhard: Beziehungsglück. Die Kraft der Großzügigkeit. Klett-Cotta 2010

Retzer, Arnold: Systemische Paartherapie. Konzepte – Methode – Praxis. Klett Cotta 2007

Richardson, Diane: Zeit für Gefühle. Die Krux mit den Emotionen in der Partnerschaft. Innenwelt 2006

Richardson, Diane: Zeit für Liebe. Sex, Intimität und Ekstase in Beziehungen. Innenwelt 2013

Rinpoche, Lama Zopa: Glück empfangen und schenken. Lotos 2009

Riso, Walter: Liebe und du leidest nicht. Irisiana 2009

Rosenberg, Marschall B.: Gewaltfreie Kommunikation. Eine Sprache des Lebens. Junfermann 2012

Rosenberg, Marschall B.: Wie ich dich lieben kann, wenn ich mich selbst liebe. Ein praktischer Ratgeber zu einer neuen Art von Beziehungen. Junfermann 2006

Sachse, Rainer: Therapeutische Beziehungsgestaltung. Hogrefe 2006

Salcher, Andreas: Der verletzte Mensch. An Verletzungen wachsen statt zerbrechen. Goldmann 2011

Schellenbaum, Peter: Das Nein in der Liebe. Abgrenzung und Hingabe in der erotischen Beziehung. Kreuz 1984

Schnarch, David: Die Psychologie sexueller Leidenschaft. Piper 2009

Schnarch, David: Intimität und Verlangen. Sexuelle Leidenschaft in dauerhaften Beziehungen. Klett-Cotta 2014

Schneider, Stephanie: Wenn es leicht ist, ist es Liebe. Betriebsanleitung für ein Leben zu zweit. Kösel 2007

Spezzano, Chuck: Zwei Herzen im Einklang. Das Wunder erfüllter Partnerschaft erleben. Integral 2012

Tipping, Colin C.: Radikale Selbstvergebung. Liebe dich so, wie du bist, egal was passiert! Integral, 2009

Tipping, Colin C.: Wachsen in der Liebe. Wie wir unseren Lebensplan entschlüsseln und unser innerstes Potenzial entfalten. Integral 2012

Wagner, Ursula: Die Kunst des Alleinseins. Theseus 2006

Watzlawik, Paul: Anleitung zum Unglücklichsein. Piper 2009

Watzlawik, Paul: Menschliche Kommunikation. Formen, Störungen, Paradoxien. Huber 2007

Weiss, Halko: Das Achtsamkeitsbuch. Klett-Cotta 2010

Wilber, Ken: Das Atman-Projekt. Streben nach Einheit. G. P. Probst 2012

Willi, Jürg: Psychologie der Liebe. Persönliche Entwicklung durch Partnerbeziehungen, Rowohlt 2004

Willi, Jürg: Therapie der Zweierbeziehung. Klett-Cotta 2008

Williamson, Marianne: Das Gesetz des göttlichen Ausgleichs. Ein spiritueller Kurs für ein reicheres Leben. Ansata 2014

Yilmaz, Bahar: Trance Healing. Der mediale Weg zur Heilung und Selbstheilung. Ansata 2012

Zurhorst, Eva-Maria: Liebe dich selbst und es ist egal, wen du heiratest. Goldmann 2004

Alles außer gewöhnlich

Anne Heintze | Außergewöhnlich NORMAL
Hochbegabt, hochsensitiv, hochsensibel: Wie Sie Ihr Potential erkennen und entfalten
288 Seiten, Klappenbroschur, ISBN 978-3-424-20094-2

Sie erbringen intellektuelle Höchstleistungen, erfassen Zusammenhänge schneller als alle anderen – und bleiben dennoch oft weit unter ihren Möglichkeiten: Viele Hochbegabte, Hochsensible (sehr empathisch) und Hochsensitive (haben den 6./7. Sinn) verfügen über enorme Fähigkeiten, leiden aber oft an ihrer Besonderheit. Coach und Therapeutin Anne Heintze hilft diesen außergewöhnlichen Menschen, ihre Fähigkeiten nicht als Hindernis, sondern als Gabe und Geschenk zu begreifen.

Vielbegabung l(i)eben

Anne Heintze | Auf viele Arten ANDERS
Die vielbegabte Scanner-Persönlichkeit: Leben als kreatives Multitalent
272 Seiten, Klappenbroschur, ISBN 978-3-424-20116-1

Sie haben Hunderte Ideen und eine unbändige Neugier auf eine Vielzahl von Themen: Kreative, vielbegabte Multitalente verfügen über außergewöhnliche Fähigkeiten. Meist gelingt es ihnen, sich innerhalb kürzester Zeit ein Thema überdurchschnittlich gut anzueignen.

Anhand vieler Fallgeschichten und der Erfahrungen aus ihrem Praxisalltag ermutigt Anne Heintze vielbegabte Scanner-Talente, selbstbewusst zu sich selbst und ihrer Vielseitigkeit zu stehen: für ein Leben, das Platz für alle Träume und Wünsche bietet. Ein vielfältiges Buch für vielfältige Menschen!